国家社科基金一般项目“共益型科技领军企业促进产业创新生态系统能级跃迁的创新引领机制研究”（项目编号：24BGL048）
湖北产业政策与管理研究中心课题“未来产业的高质量创新发展路径——以智能网联汽车产业为例”（项目编号：2024CY201）

中国汽车新供应链企业竞争力研究

黄天蔚　著

中国轻工业出版社

图书在版编目（CIP）数据

中国汽车新供应链企业竞争力研究 / 黄天蔚著 . 北京：中国轻工业出版社，2025. 4. --ISBN 978-7-5184-5159-3

Ⅰ. F426.471

中国国家版本馆 CIP 数据核字第 2024E0Y902 号

责任编辑：张　弘　　责任终审：李建华　　封面设计：锋尚设计
版式设计：华　艺　　责任校对：刘小透　晋　洁　　责任监印：张　可

出版发行：中国轻工业出版社（北京鲁谷东街 5 号，邮编：100040）
印　　刷：三河市万龙印装有限公司
经　　销：各地新华书店
版　　次：2025 年 4 月第 1 版第 1 次印刷
开　　本：170 × 240　1/16　印张：14
字　　数：300 千字
书　　号：ISBN 978-7-5184-5159-3　定价：68.00 元
邮购电话：010-85119873
发行电话：010-85119832　010-85119912
网　　址：http://www.chlip.com.cn
Email：club@chlip.com.cn

241336W6X101ZBW

前　言

引领全球汽车行业百年未有之大变局的新能源和智能网联革命，极大推动了汽车产业与相关产业的跨界融合，也带来了汽车产业链的重构。我国自 2009 年以来已连续 15 年成为全球汽车生产和销售的第一大国，极高的普及度使整个行业规模无比庞大，这不仅彰显了我国汽车工业的雄厚实力，更体现出我国已构建了一个规模庞大、体系完备的汽车产业生态链。

从零部件的生产制造到整车组装，汽车供应链企业构成了连接生产、销售、物流等各个环节的纽带，涌现出一批具有国际竞争力的企业。这些企业在技术创新、产品质量、市场响应速度等方面都取得了显著进步。汽车供应链企业竞争力的提升是构建汽车强国的基础，关乎企业的运营管理效率、经营存续风险，更直接影响到企业可持续发展能力。

党的二十大报告明确指出，“要坚持以推动高质量发展为主题”“着力提升产业链供应链韧性和安全水平”。聚焦目前蓬勃发展的新能源与智能汽车产业，保障产业链供应链稳定，提升汽车供应链企业竞争力优势，获得消费者信赖度，是新发展阶段推动我国汽车行业高质量发展的重要着力点。

本书将汽车供应链划分为十二大重点细分板块：自动驾驶汽车行业、电池产业链行业，智能座舱行业、服务行业、轮胎行业、芯片行业、软件行业、电子器件行业、零部件行业、充电桩设备制造行业、充电桩运营商行业、氢能源行业。进而在各行业中挑选百家翘楚作为研究对象。首先对企业所在的细分行业发展现状进行分析，进而基于企业 1991—2022 年的财务报表数据及其他发展概况，剖析其发展面临的风险，提出发展策略。同时，基于近几年公司财务数据释放的信息及业内专家对各方面指标的权重赋分，给出各企业的“值得信赖”维度评价指标及其发展可持续性分析。

本书旨在向行业内外展示中国优秀的汽车供应链企业，为业内企业进行横向比较及纵向互联提供了依据，释放行业发展新信号，归纳优秀汽车供应链企业发展特征，以期共同推动中国汽车产业的发展和进步，构建“最受信赖”的汽车供应链创新生态体系，支撑汽车产业高质量创新发展。

黄天蔚

2025 年 1 月

目 录

第一章　自动驾驶汽车行业

近年来，《中华人民共和国道路交通安全法》明确了自动驾驶汽车的合法地位，允许自动驾驶车辆在特定场景下进行道路测试和商业化运营。《新一代人工智能发展规划》将自动驾驶汽车列为重点发展领域，提出到2025年实现高度自动驾驶的商业化应用目标。从场景应用到政策支持，自动驾驶汽车行业都“驶”出了加速度。

本章以寒武纪、万集科技、炬光科技三家公司作为分析对象，剖析其发展面临的风险及公司业务特点。

一、自动驾驶汽车行业发展环境分析

自动驾驶是指通过车载传感系统感知道路环境，并根据感知所获得的道路、车辆位置和障碍物信息，控制车辆的转向和速度，从而使车辆能够安全、可靠地在道路上行驶并到达预定地点。经历了近半个世纪的历程，自动驾驶汽车行业已经成为汽车工业的重要发展方向之一。

（一）正逢集成电路行业战略发展窗口期

党的二十大报告提出要加快实施创新驱动发展战略，这意味着高水平科技自立自强在中国式现代化建设新征程中的历史重要性和战略地位都将达到全新的高度。集成电路产业是引领新一轮科技革命和产业变革的关键力量，是支撑经济社会运转和保障国家安全的战略性、基础性和先导性产业，是新发展格局下高水平科技自立自强的重要支柱。我国已成为集成电路设备的最大消费国，为推动产业自主发展，近年来我国在集成电路产业设备领域涌现出一大批开拓者，正处于战略发展窗口期。

（二）正逢“双智”建设机遇

2021年5月，工信部和住建部印发《关于组织开展智慧城市基础设施与智能网联汽车协同发展试点工作的通知》，提出加强智慧城市基础设施建设，实现不同等级智能网联汽车在特定场景下的示范应用，推动建设“车城网”平台。紧跟政策动态，把握“双智”建设机遇。

（三）激光和微光学技术在汽车产业开拓了广阔的应用空间

基于激光与微光学技术的汽车激光雷达（LiDAR）正被逐步应用于辅助驾驶与无人驾驶技术领域。基于近红外VCSEL[①]激光光源的智能舱内驾驶员监控系

① VCSEL：直腔面发射激光器。

统（DMS）将逐步取代传统 LED[①] 光源，为人工智能预警系统提供更丰富准确的舱内驾驶员行为信息以做出更准确的判断。基于激光显示的增强现实抬头显示系统（AR HUD）可将辅助驾驶信息和导航信息即时投射在前挡风玻璃上。近年来，越来越多量产汽车已经开始搭载激光雷达，为激光和微光学技术开拓了广阔的应用空间。

本行业选取寒武纪、万集科技、炬光科技作为“值得信赖”自动驾驶汽车行业的分析对象。按指数计算出上述公司在偿债能力、营运能力、盈利能力以及发展能力方面的数值，如图 1 所示。

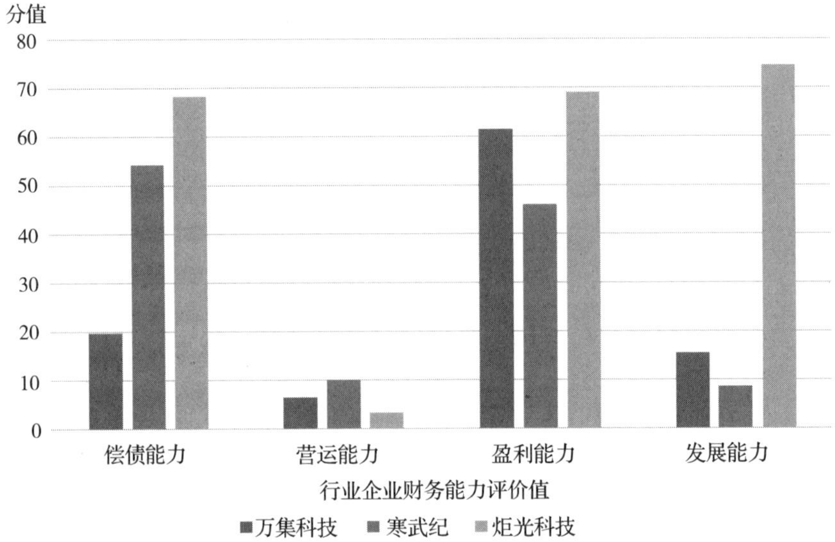

图 1 “智能驾驶”赛道企业偿债能力、营运能力、盈利能力及发展能力评价对比图（100 分制）

二、寒武纪：需实现研发投入与盈利之间的平衡

寒武纪是全球领先的智能芯片及系统提供商，全面掌握通用型智能芯片与基础系统软件研发核心技术。公司主营业务是应用于各类云服务器、边缘计算设备、终端设备中人工智能核心芯片的研发、设计和销售。尤其在智能驾驶领域，其“云边端车”全系列产品独具优势，前景广阔。近年来，寒武纪加大研发投入，强化人才团队，凭借深厚技术积淀，推动营收稳健增长。然而，面对初创期经营时间短与研发高风险的挑战，平衡研发投入与盈利增长，成为其在车载智能芯片领域突破重围的关键策略。

（一）优势与风险

1. 智能芯片领域领先技术优势

（1）比较深厚的核心技术积累。寒武纪能提供云边端一体、软硬件协同、训

① LED：发光二极管。

练推理融合、具备统一生态的系列化智能芯片产品和平台化基础系统软件。其掌握的核心技术具有壁垒高、研发难、应用广等特点，对集成电路行业与人工智能产业具有重要的技术价值、经济价值和生态价值。

（2）较强的创新人才团队。寒武纪在技术研发、供应链、产品销售等方面均建立了成熟团队，核心骨干均有多年从业经验。研发队伍结构合理、技能全面，有力支撑了技术创新和产品研发。

（3）优质的客户资源。目前寒武纪产品广泛服务于知名芯片设计公司、服务器厂商和产业公司，辐射互联网、云计算、能源、教育、金融、电信、医疗等行业，支撑人工智能行业快速发展。借助运营积累的客户基础，寒武纪进一步提升了品牌认可度和市场影响力，有利于进一步开拓其他客户。

（4）不断提升的品牌影响力。公司迭代推出多款智能芯片、处理器 IP 产品，通过提供过硬的产品性能、可靠的产品质量、完善的技术支持积累了良好的市场口碑，在业内的知名度不断提升。

2. 可能面临的风险

（1）行业竞争激烈、研发风险较高。寒武纪所处行业为技术密集型行业，是行业内少数全面系统掌握智能芯片及其基础系统软件研发和产品化核心技术的企业之一，具有一定技术壁垒。虽行业竞争激烈，多家初创公司聚焦于此，但研发项目不确定性高，面临投入大、回报难预测的风险，需审慎应对。

（2）宏观环境风险。寒武纪采购部分境外 IP、软件，主要通过美元进行结算，公司自签订采购合同至收付汇具有一定周期。随着公司经营规模的不断扩大，因汇率风险导致的结汇汇兑损失，对公司的财务状况及经营业绩有可能造成不利影响。

（3）客户集中度较高的风险。寒武纪客户集中度较高，若主要客户对公司产品的采购量大幅降低或者公司未能继续维持与主要客户的合作关系，将给业绩带来显著不利影响。此外，寒武纪面临着新客户拓展的业务开发压力。

（4）供应商集中度较高且部分供应商难以取代的风险。寒武纪采用 Fabless（无晶圆厂）模式经营，与主要供应商保持了稳定的合作关系。由于集成电路领域专业化分工程度及技术门槛较高，部分供应商的产品具有稀缺性和独占性，短时间内难以低成本切换至新供应商。

（5）自身不足。寒武纪运营时间较短，业务与商业模式尚处动态发展阶段，未来持续经营与前景具不确定性。其核心智能计算集群业务依赖于自研云端芯片与软件系统的持续增长潜力，但面临可持续性风险。作为技术密集型企业，寒武纪面临高壁垒、研发挑战及产品快速迭代等难题，应高度重视人才队伍建设，力求稳定高层次研发团队，以巩固技术优势，提升研发效能，应对行业挑战。

（二）“值得信赖”维度评价

1. 企业规模发展不稳定

（1）总资产增长受挫。2019—2021 年总资产分别为 46.68 亿元、73.10 亿元、69.89 亿元。2020 年总资产规模同比增加 56.60%，但在 2021 年由于本期经营亏损，导致总资产同比减少 4.39%。

（2）营业收入高速增长。2021 年公司市场拓展取得突破，全年实现营业收入 7.21 亿元，比 2020 年同期增长 57.12%，其中智能芯片及加速卡业务贡献收入 2.15 亿元。

（3）员工规模不断扩大。高度重视人才队伍建设，2021 年在职员工合计 1497 人，同比增长 18.06%。此外，2021 年的企业价值为 380.50 亿元，较同赛道的其他企业处于领先水平。

2. 品牌价值居于市场前列

在目前智能驾驶领域中，寒武纪品牌价值处于行业领先位置，且根据目前上市的三家“智能驾驶”领域的企业销售收入，寒武纪市场份额为 34%，仅次于万集科技（44%）。但由于寒武纪主营业务应用于各类云服务器、边缘计算设备、终端设备中人工智能核心芯片的研发，且于 2021 年才开始致力于智能驾驶领域，因此该品牌价值仍带有主营业务品牌溢出效应。

3. 研发强度大，全面推进“云边端车”发展战略

控股子公司行歌科技深耕智能驾驶，专注车载智能芯片研发，力推“云边端车”战略。公司研发实力强劲，2021 年研发投入高达 11 亿元，占比营收 157.51%，研发人员增长显著，达 24.03%，拥有发明专利 547 项，领跑智能驾驶研发前沿。

4. 重视公司治理和人才队伍建设

（1）公司治理体系比较完善。2021 年，寒武纪“第一大股东持股比例 / 第二大股东持股比例”为 1.82，处于行业较低水平，股权制衡度较高，避免了一股独大的局面。董事会独立性较强，并实现了两职分离，能够形成良好的监督机制，避免出现“内部人控制”的局面。

（2）积极完善人才队伍建设。在人才培养方面，寒武纪积极引进优秀人才、保持公司研发团队稳定，其中研发人员占比 81.03%。此外，公司实施了较大规模股权激励计划，以保证公司的长远发展。

三、万集科技：需在激光雷达领域寻求战略转型

万集科技是智能交通领域的领军企业，是 A 股目前唯一的新能源汽车激光雷达及专注于智能交通领域的领跑厂商。公司融合车路激光雷达、V2X[①] 协同、ETC（电子不停车收费系统）、动态称重及汽车电子标识等多元产品线，为智慧交通构建全方位解决方案。作为行业先锋，公司荣获国家高新技术企业称号，依托 ETC 市场的强劲占有率与产业化优势，于 2019 年借 ETC 建设热潮实现营业收入飞跃。然而，面对一次性红利后续乏力，万集科技正加速战略转型，深耕激光雷达等前沿领域，力求在新兴市场中开辟持续增长的新篇章，巩固并扩大其在智能交通行

① V2X：车对外界的信息交换。

业的领先地位。

（一）优势与风险

1. 万集科技 ETC 市场位势突出

（1）ETC 市场的领先者。专用短程通信业务主要应用于 ETC。由于具有典型的规模经济效应，加之行业实行资质准入制（需通过中华人民共和国交通运输部交通工程监理检测中心的物理层测试和互操作性测试），ETC 行业集中度较高。在我国 ETC 市场中，万集科技市场份额连续五年位列前三。

（2）较为完善的智能交通产业链。万集科技在智能交通行业深耕 28 年，在智能交通设备的研发、设计、制造领域积累了丰富的经验，一方面熟悉交通行业对产品特性的要求并形成了工艺积累，另一方面积累了丰富的产品全流程管理和品控经验。其通过工厂管理系统数据实时采集、多端多角色实时协同、大数据可视化呈现、深度学习智能决策，进一步提升公司生产品控能力。

（3）矩阵式的营销组织。万集科技设立矩阵式营销管理模式，设有产品事业部，负责统筹产品线的营销工作。同时按照区域设有销售分公司或者派出机构，以分公司作为支点覆盖区域销售工作，保证市场的无缝隙网络覆盖，不断将产品与服务向覆盖区域渗透。公司在多个地区设有营销机构，同时建立了一支跨越三大洲六个国家的高效的全球销售团队。此外，万集科技重视营销网络梯队建设和培训工作，各营销机构设有销售经理、副经理，并着力培养经验丰富的销售业务骨干。

（4）快速响应客户的服务能力。万集科技各产品线配备了技术服务、质量控制等专业技术人员，在售前售后提供技术支持，并根据用户的使用情况及时向公司反馈。在总部设立技术服务中心，统筹各区域的客户服务管理工作，并实现与质量管理部门、各事业部的业务协同。此外，还建立了覆盖全国的客户服务体系，具备快速响应客户的服务能力。

2. 可能面临的风险

（1）政策波动风险。万集科技业务的发展受到国家对智能交通行业支持性政策及国家在交通基础设施行业的投资及交通治理、城市化进程等方面投入程度的影响。还将受到未来国家对智能交通有关领域支持政策的影响。

（2）行业竞争风险。智能交通行业对市场需求把握容易出现偏差，致使公司的核心技术未能满足客户发展方向的需求，导致技术落后，或者不能及时调整技术和产品方向，或者新技术、新产品不能有效实现成果转化，公司可能丧失技术和市场的领先地位。

（3）自身不足。万集科技应收账款回收能力不足，应收账款期末余额较大，公司有较大的资金压力。公司管理层尚缺乏适时调整公司的组织结构、管理体系和人才储备以适应公司内外部环境的变化的能力，经营管理能力适应性不足。公司未来可能存在组织模式和管理制度不完善、内部控制有效性不足、内部约束机制不健全导致的管理能力滞后于经营规模增长的风险。万集科技研发投入不足，相较寒武纪有不小的差距。作为技术密集型企业，技术创新仍然是该行业的制胜法宝。

（二）“值得信赖”维度评价

1. 企业规模实质性发展尚有难度

（1）总资产曲折上升。2019—2021 年总资产分别为 30.18 亿元、28.09 亿元、33.22 亿元。2020 年总资产规模同比下降 6.93%，2021 年总资产规模同比增加 18.26%，可见万集科技对扩大企业规模的决心。

（2）营业收入连续下滑。2019 年全年实现营业收入 33.51 亿元，同比增长 384.10%，主要受益于 2019 年全国撤销高速公路省界收费站工作的全面推进，以及交通部门大力推广普及 ETC 建设，然而该业务发展后劲不足，2020 年、2021 年营业收入分别为 16.63 亿元、9.45 亿元，同比下降 50.39% 和 43.17%。

（3）员工规模不断扩大。万集科技积极推动人才队伍建设，公司职工稳步增长。2019—2021 年在职员工从 1115 人增长到 1508 人。

2. 市场份额位于市场前列

万集科技的品牌优势值在上市的三家“智能驾驶”领域的企业中并未有明显的优势，但从销售收入来看，万集科技市场份额为 44%，在这三家企业中位于领先水平。

3. 底层技术仍需突破

近年，为寻求战略转型，万集科技在激光雷达、智能网联、汽车电子方面寻求新的突破，公司持续加大研发投入，2021 年度研发费用 2.34 亿元，较 2020 年度增长 53.03%。但在研发强度方面，研发投入占比为 25.61%，与寒武纪仍有较大差距，且发明专利数也远低于寒武纪，但研发强度也并非越大越好，还需谨防出现寒武纪研发投入与盈利无法平衡的困境。

4. 公司管理情况良好

（1）公司治理体系较为健康。股权制衡度较高，2021 年，万集科技第一大股东持股比例和第二大股东持股比值为 9.29，股权制衡度处于健康状态，避免了一股独大的局面。且在独立董事占比以及两职分离方面均有较好表现。

（2）注重人才队伍规模的扩张。公司注重规模建设，2021 年在职员工人数为 1508 人，同比增长 12.96%，且主要聚焦于销售队伍的建设。公司持续构建海外本地化员工团队以扩大全球销售队伍，分布多个国家，但相较于寒武纪研发人员规模，仍有不小的差距。

四、炬光科技：需合理增加研发投入，推动科技创新成果孵化

炬光科技是一家由归国留学人员团队、中国科学院西安光学精密机械研究所与国投高科技有限公司共同投资的高科技企业。随着新一代智能汽车对于激光雷达的蓬勃需求，为光子行业带来新的发展机遇，推动着激光和微光学技术不断更迭。炬光科技依托自身高水平的研发团队、协同运作的研发平台以及高标准的质

量管理体系，近年来在智能驾驶领域中不断开拓，已实现核心技术的自主供给，未来发展势头良好。但是，在探索新兴领域的过程中，风险与机遇并存。炬光科技在防范行业风险的同时，还需关注自身研发投入偏低、营运能力较弱的问题，并积极寻求解决方案。

（一）优势与风险

1. 炬光科技核心技术优势显著

（1）自主研发与技术创新成果颇丰。炬光科技牵头承担了国家重大科学仪器设备开发专项等国家重大科技项目和牵头制定《半导体激光器总规范》《半导体激光器测试方法》两项国家标准。现已自主研发形成共晶键合技术、热管理技术等九大类核心技术。截至 2022 年年底，公司拥有境外发明专利 114 项，境内发明专利 128 项，实用新型专利 149 项和外观设计专利 31 项，此外还拥有 7 项软件著作权。

（2）拥有高层次专家和技术人才。炬光科技拥有在光电子和大功率激光器领域享有国际盛誉的专家和技术人才。以数名归国留学人员组成的团队覆盖了大功率半导体激光器研发和生产所必需的技术领域的专业人才。两位院士受聘为公司顾问。

（3）高标准的质量管理优势。炬光科技制定了“全员参与、持续改进、不断超越顾客需求”的质量方针，建立了完善的研发、生产及质量管理体系，实施 ERP 及数据库管理系统，确保整个公司的业务活动规范有序。同时参照国际上先进管理理念，实施人性化管理，实行全员目标管理，绩效考核，确保了各个环节的高效运转。

2. 可能面临的风险

（1）研发能力未能匹配市场需求的风险。对于一些新兴的应用方向，公司还处于研发投入和应用拓展阶段，尚未取得较大稳定盈利。加之技术研发是一个不断探索未知的过程，产品化和市场化也始终具有不确定性。

（2）新兴应用领域风险。炬光科技正在拓展智能辅助驾驶、半导体集成电路芯片制程、显示面板制造、消费者医疗健康等新兴应用领域，上述新兴应用领域的销售存在较大不确定性。且智能辅助驾驶行业总体仍处于前期发展阶段，商业化量产进度和不同技术路线的选择上仍有较大不确定性。

（3）跨国经营和原材料风险。炬光科技海外客户是公司重要的收入和盈利来源，公司未来的生产经营和盈利能力有受到未来国际政治环境、经济环境和贸易政策发生重大变化的风险。同时，公司部分原材料来自境外供应商，存在未来贸易政策变动、贸易摩擦加剧的影响。

（4）自身不足。虽然公司在上游元器件细分领域存在一定技术优势和市场地位，但相比同行业国际龙头企业来说，成立时间较短，在产品布局上存在较大差距。在“智能驾驶”赛道中，寒武纪 2022 年研发投入占营业收入比重为 208.92%，万集科技 32.05%，而炬光科技该项比值仅为 13.89%。一般企业设置的总资产周转率为 0.8 左右，而 2021 年炬光科技的总资产周转率仅为 0.19，说明该年度企业资产投资的效益不好，企业营运能力较弱，资产利用效率较低。

（二）“值得信赖”维度评价

1. 企业规模已有实质性突破

（1）总资产成倍增加。炬光科技于 2021 年 12 月 24 日上市，2022 年该公司的总资产达到 27.07 亿元，较 2019 年翻了三倍，且 2022 年继续延续增长态势，增长率为 7.55%。

（2）主营收入持续扩大。炬光科技在 2021 年、2022 年的主营收入分别达到了 4.72 亿元和 5.49 亿元。2022 年公司主营业务收入按照上游、中游业务划分，上游收入 4.57 亿元，较上年同期增长 15.27%；中游收入 0.93 亿元，较上年同期增长 21.75%。目前上游业务是公司收入的主要贡献者，中游业务虽然目前收入贡献占比少，但是未来增长潜力大。

（3）员工结构不断优化。炬光科技于 2021 年上市，员工人数为 733 人，2022 年增长到 797 人。其中，技术人员由 146 人增长至 181 人，为公司科技创新提供了更加充足的人才资源，人员配置不断优化。

2. 品牌价值居于赛道下游

炬光科技注重品牌建设，旗下 Focus light 品牌已在全球半导体激光行业和激光光学行业初步建立影响力。公司销售网络分布于全球重点区域，已积累丰富的客户资源。客户涵盖下游先进制造、医疗健康、科学研究、汽车应用、消费电子五大领域的国内外知名企业及科研院所等优质客户。但是，在与“智能驾驶”赛道其他企业品牌价值的比较中，炬光科技还有进一步发展的空间。

3. 创新研发实力有目共睹

（1）积极发展异地协同创新，打造校企联合的创新主体。炬光科技在中国西安、东莞、海宁，以及德国多特蒙德均拥有生产基地和核心技术团队，并在韶关建设医疗健康产业基地、在合肥建设泛半导体制程光子应用解决方案产业基地。同时，与西安交通大学第一附属医院共建光医学应用联合实验室，孵化出一批创新性科技成果，实现产业化示范应用。

（2）技术创新成果颇丰，但研发投入有待加强。炬光科技自主研发高功率半导体激光和激光光学领域核心技术和产品，拥有经验丰富的技术研发团队，在技术创新方面不断输出高水平成就。但是，炬光科技的研发投入偏低。在“智能驾驶”赛道中，寒武纪 2022 年研发投入占营业收入比重为 208.92%。位列其次的万集科技该值也高于 30%，但炬光科技仅为 13.89%。

4. 运营管理稳健运行

（1）强化内部控制和科学决策。炬光科技董事会下设战略委员会、提名委员会、审计委员会、薪酬与考核委员会。委员会积极参与及负责制定公司的整体策略、监督达成有关目标的情况、监督公司的财务表现及账目编制、制定企业相关内部制度及政策，以及修订本公司的内部监控和风险管理制度。

（2）实行差异化股权激励，深度绑定核心员工。炬光科技确定 2022 年 4 月

26 日为激励计划首次授予日，向符合授予条件的 539 名激励对象首次授予限制性股票合计 86 万股。通过差异化激励加大对科技创新人才倾斜力度，全面推动科技人员收益与项目成果挂钩的激励机制，推动股权激励方案落地，探索如岗位分红、员工持股等中长期激励模式，持续深化短中长期激励机制的优化与探索，将员工利益与公司发展深度捆绑，激发员工的主人翁精神。

第二章　电池产业链行业

在全球碳达峰、碳中和的共同目标下，能源紧缺与环境问题日益凸显。各国陆续推出燃油车禁售时间表等一系列战略性支持政策。在通信领域，随着5G基站的爆发性建设，也带来储能锂电池需求的大幅增长。锂电池作为新能源重要部品，正深刻改变人类的生产和生活方式。锂电池行业正处于快速发展的战略机遇期，产品需求量呈现增长趋势，动力电池厂商具有明显的发展机遇。

一、电池产业链行业发展环境分析

近年来，全球生态环境、气候变暖问题日益突出，各国政府均在推动能源结构向清洁能源加速转型，并陆续宣布了碳减排目标。其中中国提出了碳排放在2030年前达到峰值，在2060年前实现碳中和的目标。

（一）正处于行业快速发展的战略机遇期

随着“双碳”政策的实施以及5G基站的加速建设，新能源汽车销量维持强劲增长势头，未来动力电池和储能电池需求将大幅增长。随着碳减排成为国际共识以及我国“双碳”目标的不断推进，能源结构低碳化转型进入加速阶段，新能源汽车行业蓬勃发展，以锂离子电池为代表的电化学能源技术应用场景日益丰富，技术日益成熟，未来成长空间广阔。

（二）新能源汽车需求助推动力电池行业强劲增长

长期来看，新能源商用车将随着技术和规模发展迎来成本和技术驱动阶段。随着世界范围内原始设备制造厂商（OEM）车厂电动车型的上市，电动汽车制造增长趋势迅猛，全球电动化增长有望加速。动力电池行业仍处在快速迭代、快速发展的过程中。全固态电池、钠离子电池，以及富锂锰基、硅碳负极等新材料等一旦实现大规模商业化，将对现有动力电池产业格局产生重大影响。

（三）锂需求增长形成稳固支撑

伴随锂电材料、电芯技术和系统集成技术进步，以及产业链规模效应进一步显现，全球锂电池成本持续大幅下降，极大拓展了其应用空间，特别是锂电池储能产品应用场景大幅拓展，比如电力储能、新能源发电端储能、便携储能、5G基站储能、家用储能、储能充电桩、商用楼宇及数据中心储能等。

（四）全球光伏市场需求持续旺盛

光伏发电相比水力发电、风力发电条件更加宽松，应用场景更加广泛，且随着生产技术不断进步，光伏度电成本持续下降，海外部分国家光伏发电已经实现平价上网，因此光伏市场需求激增。

本行业共选取 13 家公司作为“值得信赖”汽车电池产业链行业的分析对象。按指数计算出 2021 年各公司在偿债能力、营运能力、盈利能力以及发展能力方面的数值，并绘制成图 2。

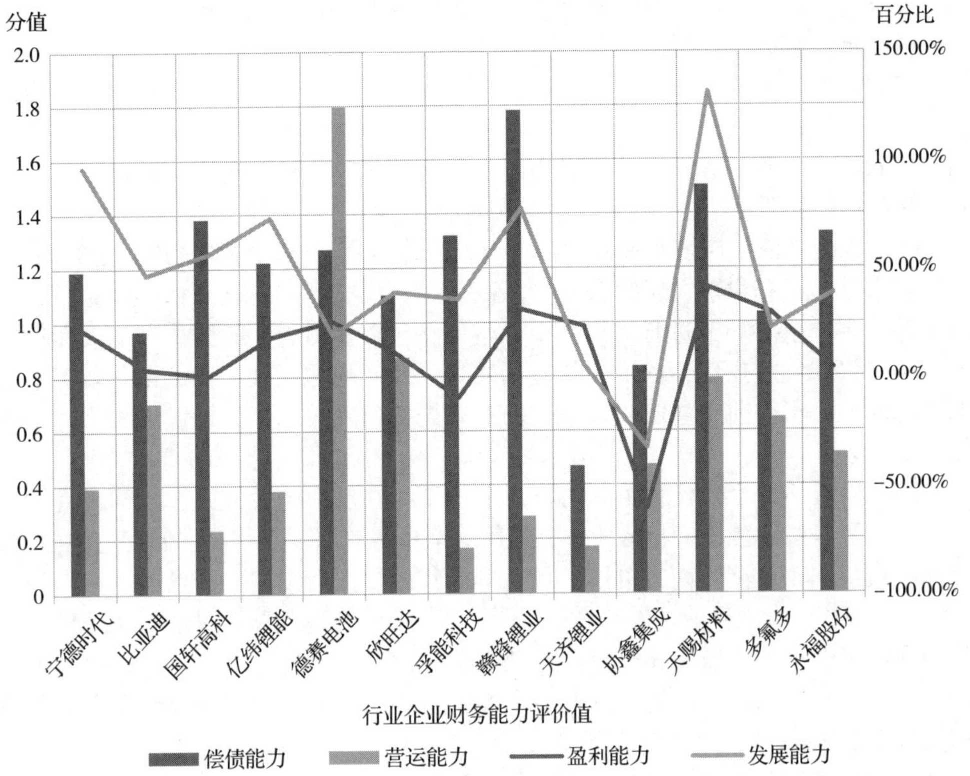

图 2　电池产业链行业公司偿债能力、营运能力、盈利能力以及发展能力评价对比图（单位为 1）

二、宁德时代：需要对标世界一流企业，提升突破性创新能力

宁德时代是致力于为全球新能源应用提供一流解决方案和服务的新能源创新科技公司。在电池领域，宁德时代凭借出众的综合竞争优势成为中国动力电池行业的龙头企业。近三年，宁德时代的规模持续扩大，品牌价值在“电池供应链”赛道中居于首位，运营能力表现出色，国际化水平领先。在发展的全过程中，公司聚焦乡村振兴、可持续发展等领域，以实际行动感谢并回馈社会的关爱与支持。但值得关注的是，宁德时代虽然在经营管理、创新研发等方面有出众的表现，但与世界一流创新企业相比仍有提高和强化的空间。未来，公司需要对标世界一流企业，优化高端人才体系，提高原始性、突破性创新能力，不断将企业做优做强。

（一）优势与风险

1. 积极探索，打造全方位发展的综合竞争优势

（1）以深厚的研发实力夯实企业领先地位。宁德时代高度重视产品和技术工艺的研发，建立了涵盖产品研发、工程设计、测试验证、工艺制造等领域完善的研发体系，同时，公司积极与国内外知名企业、高校和科研院所建立深度合作关系，与上海交通大学成立未来能源研究院、与厦门大学共建厦门时代新能源研究院。

（2）以先进的体系打造智能制造标杆企业。宁德时代致力于打造领先的极限制造体系。宁德时代从生产效率、产品质量、安全保障等方面入手着力提升制造能力，利用人工智能、先进分析和边缘计算等技术，积极改进现有制造工艺和提升产品质量，公司电池生产率、一次合格率等指标较上年大幅提升。

（3）以全面的供应链布局深化产业合作。为应对上游原材料供需紧张的局面、确保核心生产设备供应，保障公司产品高效、高质交付，宁德时代在资源、材料与设备等多个重要环节进行布局。宁德时代在正负极材料、隔膜、电解液和设备等领域与多家优质供应商深度合作，同时进一步布局包括锂、镍、钴、磷等资源端。此外，公司提前布局回收领域，拥有领先的回收技术，镍钴锰回收率达99%以上。

（4）以密切的合作伙伴关系协同行业发展。在动力电池方面，宁德时代拥有最广泛的客户群体覆盖，与特斯拉、现代等全球客户深度合作。在储能电池方面，宁德时代与国家电网、南方电网，包括华能集团、大唐集团、国投电力在内的国内“五大四小”发电企业，以及晶科能源、东方日升等风光新能源企业以及Fluence等国际知名客户形成或深化战略合作伙伴关系。在中型电池方面，宁德时代拟与ATL成立合资公司，双方优势互补，全面推进电动二轮、家用储能、无人机等应用场景电动化。

2. 处于波动的市场环境，面临多元风险

（1）市场竞争加剧风险。锂离子电池市场在快速发展的同时，不断吸引新进入者通过直接投资、产业转型或收购兼并等方式参与竞争，国内外头部电池企业不断发布大规模的产能扩张计划，部分车企拟自建部分电池产能，市场竞争也日趋激烈。

（2）原材料价格波动及供应风险。宁德时代生产经营所需主要原材料包括正极材料、负极材料、隔膜和电解液等，上述原材料受锂、镍、钴等大宗商品或化工原料价格影响较大。受相关材料价格变动及市场供需情况的影响，公司原材料的采购价格及规模也会出现一定波动。同时，以碳酸锂为代表的原材料价格大幅上涨，对成本形成较大压力，公司的毛利率和利润也随之受到影响。

（3）新产品和新技术开发风险。由于对能量密度、安全性等更高性能的追求以及对替代、可持续电池技术的需求，钠离子电池、固态电池、氢燃料电池等在近年来得到了广泛的重视。需求的变化给宁德时代提出新的挑战，如果公司不能始终保持技术水平行业领先并持续进步，市场竞争力和盈利能力可能会受到影响，

龙头地位也会被撼动。

（4）自身不足。宁德时代对基础研究不够重视，缺乏高技术研究领域的重大突破。公司主要进行的是渐进式创新，缺乏原始性创新、突破性创新。公司高端人才数量较少。在吸引、管理和保留人才方面，宁德时代采取的措施是构建具有市场竞争力的薪酬体系以及培训体系，方法陈旧单一。目前宁德时代还未充分营造全员创新的文化氛围，公司开展的创新活动是有局限的，未能充分发挥每个员工的力量。

（二）“值得信赖”维度评价

1. 企业规模持续扩大

（1）总资产规模不断增大。2019—2021年，宁德时代的总资产大幅增加，2021年资产达到3076.67亿元，同比增加96.44%。其中，固定资产增加111.94%，在建工程增加439.07%，可见2021年宁德时代加大了经营性投资的力度，公司正在扩大规模。

（2）收入规模大幅扩大。2019—2021年，宁德时代的营业收入从457.88亿元上升到1303.56亿元，同比增长184.69%，增长幅度较大。2021年，宁德时代各类产品创造的收入均有所增加，公司收入规模大幅扩大。

（3）员工规模加速扩大。2019—2021年，宁德时代在职员工的数量由2.6万人增长到8.4万人，增长率是223.08%。其中，3132名具备硕士学历，190名具备博士学历，同比增加了29.25%、45.40%，由此可见，公司重视人才建设，持续引进高层次人才。

（4）品牌影响力持续提升。2019—2021年，宁德时代的品牌影响力不断提高，由2019年的6.65%增加到2021年的12.90%。其中，公司的资产份额由4.04%上升到8.03%，市场份额由2.61%上升到4.87%，说明2019—2021年宁德时代不断扩大资产规模，提升产品竞争力，抢占市场份额，持续提升品牌影响力。

2. 创新能力强劲，但与世界一流企业仍有差距

作为中国动力电池龙头企业，宁德时代具备雄厚的研发实力。在战略的指引下，宁德时代以自主研发为主，紧紧围绕材料创新、结构创新与极限制造创新，凭借经验丰富的研发团队和广泛、深入开展的对外合作，建立了多部门、内外协同的研发模式，构建了规范、标准、高效、持续的研发体系。

但是通过与“电池产业链”的其他企业对比，宁德时代的研发投入仅为5.90%，低于该赛道内的孚能科技、国轩高科、亿纬锂能、欣旺达。同时对标世界一流创新企业，西门子、IBM、微软、苹果等世界领军企业平均研发强度均在8%以上。宁德时代需持续重视技术创新，进行高强度的研发投入。

3. 运营能力出色

（1）健全的治理体系为公司发展保驾护航。宁德时代构建了健全的治理体系，严守商业道德，以保障自身长期稳健发展。公司委员会全面负责公司不同体系和分子公司的廉洁合规管理，建立以反腐败与商业道德为核心的全面规章制度和流

程，促进公司在经营中落实反腐败政策，遵行商业道德标准。

（2）人才体系仍有完善空间。近几年，宁德时代为了吸引、激励和保留优秀人才，支持公司快速健康发展，构建了具有市场竞争力的薪酬体系。但目前宁德时代的人才构成与竞争对手比亚迪存在差距，还有提升空间。

4. 国际化发展道路持续走实走深

宁德时代采取全球化发展战略，致力为全球新能源应用提供解决方案和服务。未来，宁德时代仍将坚持“三大发展方向”，加快全球化布局，坚定不移地走国际化发展道路。

三、比亚迪：谨防财务杠杆系数过高，引发债务危机

比亚迪品牌诞生于深圳，于 1995 年成立，业务横跨汽车、轨道交通、新能源和电子四大产业。在掌舵人王传福的带领下，比亚迪始终注重技术创新和产品质量，积极布局动力电池、新能源汽车等领域。凭借自主研发优势和垂直整合的供应链管理体系，比亚迪努力打造成为领先的高端制造企业。经过 20 多年的发展，比亚迪已在全球设立 30 多个工业园，实现全球六大洲的战略布局。近几年，比亚迪的规模持续扩大，不断形成规模优势，并积极承担对经济、环境和社会的可持续发展责任。随着新能源汽车市场蓬勃发展，比亚迪产品的订单量快速增加，但也暴露出公司产能不足、财务风险较高等问题。在高速发展中，比亚迪需谨防过高的财务杠杆系数引发的负效应。

（一）优势与风险

1. 基于技术优势打造高端制造企业

（1）基于高瞻远瞩的战略眼光。得益于掌舵人高瞻远瞩的战略眼光，比亚迪多次抓住时代机遇，现已成为中国新能源汽车行业的领先企业。

（2）推动供应链自主创新发展。比亚迪在核心零部件资源平台建设上，从垂直整合的战略起点出发，逐渐步入市场化战略布局发展新阶段，始终掌控着电池、电机、电控及芯片等新能源车全产业链的核心产品部件自主研发和生产能力。

（3）高度重视自主研发能力。作为全球新能源汽车产业的领跑者之一，比亚迪拥有庞大的技术研发团队和强大的科技创新能力，拥有一系列全球领先的前瞻性技术，建立起新能源汽车领域的全球领先优势。目前，比亚迪已在动力电池领域建立起全球领先的技术优势和成本优势，并通过动力电池产能的快速扩张建立起了领先的规模优势。

2. 电池业务将面临多元挑战

（1）政府补贴取消，仍面临替代品威胁。随着新能源汽车补贴取消，加之车企营业成本较高、净利率较低，企业将会提高新能源汽车的价格，这可能会导致销量减少。目前，新能源汽车行业并未发展到完全成熟的阶段，政府补贴逐渐退出、燃油汽车仍有优势。

（2）行业竞争激烈，恐将陷入价格战。电池企业之间的竞争日趋激烈。在宁德时代发布降价计划之后，蜂巢能源也宣布推出10%的降价计划，这些举动将迫使包含比亚迪在内的其他厂商采取相应的降价措施，从而导致整个动力电池市场的价格下跌。这意味着动力电池企业的毛利率和利润将会下降。

（3）财务风险较高。2021—2024年，比亚迪的流动比率从0.97降低到0.41，呈现下降趋势，且流动比率始终低于行业均值。同时，比亚迪的资本构成中，负债占比始终在65%左右，这意味着比亚迪举债经营的程度较高，财务杠杆系数过高。

（4）产能略显不足。随着订单量大幅增加，比亚迪逐渐暴露出产能不足的问题。2021年5月，比亚迪就曾对于交付速度问题进行道歉。汽车零部件供应商的生产能力和交货时间可能会影响比亚迪汽车的产能。此外，原材料价格波动和供应不稳定也会导致产能受限。

（5）担保过多可能加大企业风险。比亚迪对外担保业务过多，担保对象包括深圳腾势汽车有限公司、天津宏迪融资租赁有限公司、储能电站（湖北）有限公司等5家企业，承担连带责任。

（二）"值得信赖"维度评价

1. 企业快速扩张形成规模优势

（1）总资产规模持续扩大。2017—2021年，比亚迪的总资产逐渐上升，从1780.99亿元上升到2957.80亿元，增长率66.08%。2021年比亚迪总资产增速达到47.14%，投资活动产生的现金流量净额同比变动214.34%，主要是比亚迪购建固定资产、无形资产和其他长期资产支付的现金增加所致，反映出比亚迪积极扩大公司规模。

（2）收入规模大幅增大。2017—2021年，比亚迪销售收入复合增长率是19.52%。2024年上半年比亚迪的新能源汽车销量达到302万辆，且仍然持续保持强劲的增长势头，比亚迪的销量已经远远超过南北大众的总和，再夺桂冠。

（3）员工规模快速增加。截至2023年12月，比亚迪全球员工总数达70.3万人，比上一年新增13.3万人。公司扩张战略引发关注。

2. 科技创新成果丰富

在消费类电池领域，比亚迪生产的锂离子电池广泛应用于各种消费类电子产品及新型智能产品领域。比亚迪持续开展刀片电池技术、储能产品（BMS-active）、DM-i超级混动、DM-p技术平台等研发项目，一大批科技创新成果竞相涌现。

3. 运营能力总体较好

（1）持续完善公司结构。比亚迪董事会根据法律法规及公司制度召开股东大会，报告近期工作，形成执行股东大会的决议；同时监督、指导管理层进一步健全规章制度，提高投资决策的效率和质量。在发展过程中，比亚迪持续改善法人治理结构，不断谋求建立科学、完善的现代公司结构，提高利益相关方的满意度。

（2）重视人才培养与发展。在人才培育方面，比亚迪积极推进数字化人才培养平台的建设工作，搭建了 E-learning 在线学习平台，让员工随时、随地都可以获取知识。

4. 积极布局国际化市场

比亚迪加速实施国际化战略，进军国外市场，致力打造出全球化品牌。比亚迪将与更多的公司建立战略合作关系，共建汽车产业生态。与其他中国品牌携手合作，共同打造令人尊敬的世界级品牌。

四、国轩高科：需制定合理的应收账款信用政策，谨防坏账风险

国轩高科成立于 1995 年 1 月，主要从事动力电池、储能电池等生产销售。凭借核心技术、人才储备、产业链布局等优势，并随着全球市场需求扩大，国轩高科稳步推进国际化战略，持续扩大企业规模，大量引进高端人才。但在发展过程中，国轩高科出现了信息披露不及时、坏账风险过高等问题，未来需要加强相关管理。

（一）优势与风险

1. 注重打造技术、人才、产业链多方位的核心竞争优势

（1）领先的核心技术。国轩高科在全球布局了八大研发中心，同时，国轩高科在中国建立起四大检测验证基地，并与众多知名大学和机构建立了良好的合作研发机制。国轩高科的专利技术除了在中国有大量分布外，在欧、美、日、韩等多个地区和国家也有分布，并且涵盖多个方面，技术布局覆盖电池的全产业链。

（2）深厚的人才储备。作为国家级企业技术中心，国轩高科拥有一支深耕锂电池行业多年的技术创新团队。团队成员均具有较高的专业技能和丰富的业务管理经验。近年来，国轩高科以激励机制为纽带，进一步吸引众多优秀人才，并通过优化薪资结构和考核体系，为人才发展提供足够的空间。同时国轩高科注重校企合作，和多所高校都有深度合作。

（3）完整的产业链布局。为保障原材料的稳定供应，国轩高科进行了延链、补链、强链等措施，建立了从矿产资源端、材料端到电池产品端全产业链的前瞻性垂直布局。此外，国轩高科与铜陵有色、天赐材料等多家主流材料供应商建立了长期稳定的合作关系。

2. 动力电池产业面临多重挑战和风险

（1）行业政策难以预测，竞争日趋白热化。我国持续 13 年的新能源汽车购置补贴政策终止。原材料价格居高叠加补贴退场影响，包括国轩高科在内的企业可能面临成本压力。加之美欧相继出台《通胀削减法案》和《欧洲关键原材料法案》，全力保障资源自控，使我国新能源相关产业布局全球和出海发展受到限制。目前，中国、韩国、日本三国占据着当前全球动力电池市场的近 90% 的份额。为了赢得更多市场，中韩两国持续出台扶持电池发展的政策，两国企业纷纷扩大海外业务，未来全球动力电池市场的竞争将更加激烈。

（2）技术持续快速迭代。随着电动汽车的普及和需求的增加，动力电池技术不断创新。此外，动力电池行业还面临着来自其他新兴技术的挑战，比如超级电容、氢燃料电池等，这些技术也在不断发展和创新，可能会对动力电池技术造成竞争压力。

（3）需进一步强化财务管理，改善财务状况。国轩高科财务信息披露存在缺陷。虽然2022年的年报中表明已完成整改，但可能降低投资者信任，影响公司信誉。

（二）“值得信赖”维度评价

1. 公司规模不断扩大

（1）总资产持续增加。2019—2021年国轩高科的总资产由251.70亿元上升至436.13亿元，这三年资产增长率分别是22.26%、10.58%和56.69%。这主要由于公司在2021年对项目进行扩建，扩大自身规模，经营性投资增加。

（2）营业收入破百亿。2019—2021年国轩高科的营业收入分别是49.59亿元、67.24亿元和103.56亿元，营业收入不断提升。尤其在2021年，营业收入首次突破百亿元大关，同比增长54.02%，取得近5年来最大增幅。因此，该公司需要避免采取过于激进的措施，造成“增收不增利”的局面。

（3）员工队伍不断壮大。2021年国轩高科拥有11410名员工，同比增加45.96%。2022年国轩高科的产业规模持续扩大，公司在职员工共计19564人，其中技术人员占比达到32.03%。

2. 具备先进的研发创新能力

（1）创新成果丰硕。在“电池供应链”赛道，国轩高科的研发强度达到11.27%，仅次于孚能科技。国轩高科的技术创新取得了丰硕成果——高镍三元7系电芯市场应用成功；低温铁锂材料实现全面量产；铁锂电芯和半固态三元电芯研发关键技术取得新突破等。在智能制造上，国轩高科打造了电池制造数字化平台，成功实现远程运营、实时监控。

（2）重视知识产权保护。国轩高科拥有研发技术人员6200多人。截至2023年3月底，国轩高科累计申请专利6594项。国轩高科累计发表研究论文280篇，软件著作权登记143项。国轩高科主持及参与标准制定共计66项。

（3）形成科创激励制度。国轩高科颁发了《创新创造项目管理办法》，面向全员征集“金点子”“金种子”双创项目，鼓励科技研发人员继续发挥创造热情，提升研发实力，创造更优科技成果。

3. 运营能力整体较好

（1）在治理中牢筑风控防线。在常规治理中，国轩高科十分注重风险管理，通过识别、评估和管理，明确需重点管理的风险领域，筑牢三道防线。

（2）打造人才集聚高地。为引进高质量人才，国轩高科积极与海内外高校开展合作，参与高校举办的就业活动，合作开展人才培养。同时，国轩高科通过完善组织发展、人才招聘、培训及薪酬绩效体系，不断优化人力制度流程、建设共享服务中心（SSC）和人力信息化平台（EHR）。

4. 稳步推进全球战略

截至 2022 年年底，国轩高科 GDR 是唯一一家在瑞士成功上市的中国动力电池制造企业。经过多年发展，国轩高科已成为全球领先并快速增长的新能源解决方案提供商。通过渗透电池全产业链的商业模式、先进的电池软硬件技术以及行业领先的研发实力，国轩高科已实现与全球众多客户战略合作，并积极开拓全球应用市场，在全球建设电池和材料基地，落地国际化战略布局。

五、亿纬锂能：需有效化解“增收不增利”的不利处境

历经 20 多年的发展，亿纬锂能凭借强劲的技术研发实力、独特的品质品牌和显著的生产规模等优势，成为中国锂电池行业的领先企业。在立足本国市场的同时，亿纬锂能积极开拓国外市场，持续完善全球化布局，境外经营取得佳绩。公司追求产品质量，树立品牌口碑；重视自主创新能力的培育，在高强度的研发投入下取得了丰硕的创新成果。但动力电池行业竞争激烈，过快的扩张速度可能为公司埋下财务隐患，原材料价格波动较大。随着大客户小鹏汽车陷入困境，亿纬锂能出现“增收不增利”的态势，未来需要化解这一困境。

（一）优势与风险

1. 高质量发展中持续提升核心竞争力

（1）具备强劲的技术研发实力。亿纬锂能是行业内少数同时掌握消费电池和动力电池核心技术的锂电池制造商。自成立以来，亿纬锂能坚持将科技创新作为企业核心竞争力，高度重视产品研发投入和提升研发实力。针对行业发展趋势，积极做好新产品研发和技术储备工作。

（2）注重一流人才的培养和发展。基于战略发展与人才规划的需求，亿纬锂能成立了研修院，培养一流人才，打造学习型组织。研修院着重分类培养各类紧缺人才，包括总经理、厂长、项目经理、高级技师、储备干部等。通过组织集中学习，加深员工对企业文化的理解，加强流程报表的熟练运用，提高专业技能的掌握以及领导力提升。

（3）搭建智能化锂电池能源解决方案平台。亿纬锂能同时掌握消费电池和动力电池的核心技术，在电化学材料、结构、工艺等领域有深厚积累和独到见解，以强大的科技创新能力建立了锂电池设计和制造平台。亿纬锂能发挥平台优势，拥有全面的能源解决方案，产品种类齐全，可以充分满足国内外客户各种无绳化、电动化、智能化的需求。

（4）形成显著的生产规模优势。锂锰电池和电池电容器采用先进的全自动化生产线，保证了充足的产能与良好的产品品质。小型锂离子电池方面，亿纬锂能通过生产方式优化升级，进一步提升了小型软包电池和豆式电池的生产水平，能够满足消费电子市场一流客户的要求。

2. 面临风险及挑战

（1）动力电池行业竞争激烈。一方面，动力电池行业的竞争正呈现“白热化”趋势，市场格局一直处于变化之中。另一方面，电池厂商需要不断通过技术创新降低成本进而扩大市场占有率。

（2）原材料价格波动较大。近几年锂电池原材料价格波动较大，对于亿纬锂能的产品成本以及采购决策产生较大影响。

（3）大客户小鹏汽车陷入困境。小鹏汽车是亿纬锂能动力电池领域里十分重要的客户，但是小鹏汽车销量遭遇瓶颈。2023 年一季度，小鹏汽车的销量为 1.82 万辆，同比下降 47%，这意味着亿纬锂能最大客户的销量出现颓势。

（4）财务业绩显现不利信号。2022 年亿纬锂能的盈利能力有所削弱，出现了“增收不增利”的不利情况。近几年，亿纬锂能不断进行扩张。近五年，亿纬锂能的收现比持续小于 1，说明亿纬锂能的扩张可能存在失控。持续高强度的扩张可能给亿纬锂能在行业景气下行期埋下财务隐患。

（二）“值得信赖”维度评价

1. 公司规模持续扩大

（1）总资产增速明显。亿纬锂能的总资产呈现明显上升的趋势，从 2019 年的 162.95 亿元上升到 2021 年的 445.34 亿元。2019—2021 年，亿纬锂能的总资产增速均在 50% 以上，甚至在 2021 年达到了 73.28%，总资产规模持续扩大。

（2）收入大幅增加。2021 年，亿纬锂能的营业收入是 169 亿元，同比增长 107.06%，增长幅度较大。其中，动力电池业务实现营业收入 100.07 亿元，与上年同期相比增长 146.25%。究其原因，2021 年亿纬锂能产能逐步扩张，锂电池制造平台初步建成，应用于乘用车领域的软包三元电池随着新建产能持续释放。

（3）不断吸纳大量员工。2019—2021 年，亿纬锂能员工总人数分别是 9104 人、9669 人和 14826 人。2019—2021 年，亿纬锂能不断招聘新员工，其中生产人员的数量明显增加，由 2019 年的 6278 人增加至 2021 年的 10042 人，增长率达 59.96%。

2. 高度重视自主创新能力的培育

（1）高强度的研发投入。2021 年，亿纬锂能具备研发人员 2159 人，占公司总人数的 14.60%，其中学历硕士及博士人员有 666 人，30 岁以下人员有 1223 人。亿纬锂能的研发投入共计 13.79 亿元，占营业收入的 8.16%。在“电池产业链”赛道中，亿纬锂能的研发强度较高，仅次于孚能科技和国轩高科，说明公司注重研发和创新。

（2）丰硕的知识产权成果。亿纬锂能是国家知识产权示范企业，始终坚持自主开发和技术创新，与国内众多科研机构、高校友好合作。

3. 运营水平较高

（1）重视公司治理体系的建设。亿纬锂能设立了可持续发展委员会，以保障公司持续稳定发展。在合规经营方面，亿纬锂能持续建设合规管理队伍，通过搭建多通道反馈途径，接受来自专业审计人员、全体员工及商业合作伙伴的监督和反馈，保证公司及各子公司的合规运营。

（2）注重人才发展，构建多层次培养体系。亿纬锂能提供大量就业岗位吸纳人才。同时，公司十分重视人才的培训和发展。设立了亿纬研修院涵盖从基层员工到高管的培养课程，提供定制化学习方案。通过职业技能等级认证、学历提升、内部讲师培养、在线学习等双通道人才发展模式，为优秀人才缩短与拟发展职位之间的差距提供各种形式的培训，帮助关键人才成长，大力培养国际化人才。

4. 积极开拓国外市场

亿纬锂能已建立了可服务全球的销售和售后服务，并且规划在欧洲、东南亚建设锂电池制造基地。境外业务毛利率开始反超境内业务毛利率，公司境外经营创造了良好的业绩。

六、德赛电池：亟须改善现金流状况以支撑公司的经营活动

德赛电池是国内锂电池制造领域的先行者。经过多年的发展，德赛电池通过持续打造高效制造平台、不断完善品质控制预防体系、持续优化业务结构，形成全方位的竞争优势。随着消费类锂电池的需求下降，德赛电池积极布局动力电池和储能电池业务。但业务转型的时间较晚，德赛电池在动力电池的前景并不明朗。作为高杠杆经营的企业，德赛电池面临现金流不足的风险，容易陷入经营困境，未来需要优化资本结构、改善现金流状况。

（一）优势与风险

1. 持续打造集研发、制造为一体的全面综合优势

（1）以技术研发优势推动发展。德赛电池深耕技术创新，构建核心竞争力。凭借多年积淀，公司拥有强大技术底蕴与研发能力，持续引领行业创新。致力于优化研发平台，广纳英才并强化人才培育，在智能手机、智能穿戴、电动工具等多领域锂电池电源管理系统及封装技术上领跑全球，展现了卓越的创新实力。

（2）打造全面的制造体系。为获得更高的生产效率、更好的产品质量和更强的生产柔性，德赛电池全力推行精益生产、工业工程、六西格玛、自动化产线升级、云制造等系统性的管理改善活动。生产线采用国际领先的信息化管理模式，通过自动化测试定位识别和参数管理，不断提高生产线的效率和准确度，有力保障了产品质量。

（3）良好的品质保障能力。德赛电池长期服务于全球高端消费类电子和电动工具厂商，积累了丰富的制造管理经验，拥有完善的质量管控体系。在发展过程中，德赛电池持续完善品质控制预防体系，强调预防和过程控制，产品品质获得客户肯定，使公司在智能手机、智能穿戴、电动工具、吸尘器等锂电池电源管理及封装集成领域获得了较高的市场份额。

（4）持续推进数字化建设。德赛电池拥有专门的自动化设备开发团队，紧跟锂

电池行业自动化前沿技术，持续打造灵活高效、高性价比的柔性化、自动化制造平台。2022年德赛电池进一步完善智能制造平台，努力打造智能化、数字化工厂。

2. 面临不可预见的外部环境波动风险

（1）需时刻应对外部环境的变化。全球能源转型促进锂电池行业增长，但地缘政治紧张与通胀加剧导致经济承压，消费电子需求或降温。外部环境与政策变动对锂电池行业影响显著，德赛电池经营业绩面临波动风险。

（2）业绩十分依赖主要客户。德赛电池对前五大客户的销售占营业收入的比例相对较高。如果德赛电池的主要客户短期内订单不足、销售毛利率下降、经营情况出现较大不利变化或者回款不及时，将会对公司经营产生不利影响。

（3）易受汇率波动的影响。德赛电池出口主要采用美元作为结算货币，业务经营在一定程度上受到人民币汇率波动的影响。

（4）陷入现金流不足的困境。德赛电池是一家高财务杠杆企业，公司的资产负债率经常在70%左右。根据其2022年度的现金流量表，德赛电池生产经营赚取的现金不足以弥补业务投资带来的资金投入。为了应对正常的资金周转，德赛电池不断进行借款和融资。若可支配的现金流并不充足，容易陷入财务困境。

（5）业务转型前景并未明朗。动力电池技术迭代加速，德赛电池需深耕化工并紧跟技术趋势。向上游扩张耗资巨大，面对转型迟滞，公司仍主要依赖消费电子市场，面临着挑战。

（二）"值得信赖"维度评价

1. 为满足业务需要不断扩大公司规模

德赛电池伴随资产扩张，营业收入稳步增长。公司采取融资与子公司设立策略扩大规模，初期以轻资产模式运营。当营业收入破百亿后，德赛电池在惠州自建厂房以应对业务扩张，特别是储能与智能硬件业务对厂房的高需求。近年来，德赛电池整体投入近20亿元，显著提升了融资总额，以支撑其持续发展。

2. 注重研发创新能力的培育

（1）完备的研发体系。德赛电池研发体系由国家认定企业技术中心、技术委员会、专家咨询委员会、工业研究院以及直属各产业10多个研发中心构成。目前拥有研发技术人员3000余人，为集团科技创新、可持续发展提供人才支撑。

（2）丰富的研发成果。2020年，德赛电池在中国5G终端全球创新峰会上荣获"最佳智能终端解决方案奖"，在第七届中国国际光储充大会上荣获"2020年度最佳新基建储能项目奖"，"TRB系列高清小间距显示屏"荣获2020年德国红点奖和日本G–Mark奖。

3. 运营能力仍需加强

（1）在公司治理中注重自查自纠。德赛电池严格按照相关法律法规的要求不断完善公司治理结构，加强内部管理，健全内控制度，形成了权力机构、决策机构、监督机构与管理层之间权责分明、各司其职、相互制衡、科学决策、协调运作的法人治理结构。在治理过程中，德赛电池注重自查自纠。

（2）为储能业务的布局集聚人才。德赛电池积极把握储能行业发展机遇，向产业链上游拓展，于2022年3月设立了子公司湖南电池开展储能电芯业务，通过在长沙望城投资75亿元分三期布局20GW·h产能的储能电芯项目，开展储能电芯的研发制造。2022年，德赛电池积极推进储能电芯技术团队建设，通过多渠道聚集人才，开展产学研合作。德赛电池与西安交通大学签约成立“未来电池技术研究院”，加强自主创新，加速成果转化。

七、欣旺达：亟须缓解债务压力，降低财务风险

欣旺达是一家以锂离子电池模组的研发、设计、生产及销售为主营业务的高新技术企业。随着动力电池行业快速发展，其抓住机遇并积极转型。凭借先进的自动化水平、优秀的研发和制造能力以及完善的质量和人才管理体系，欣旺达成为全球锂离子电池领域的领军企业。但在运营过程中，欣旺达存在财务风险过高、盈利能力欠佳等问题，未来需要优化资本结构，进一步提高产品竞争力。

（一）优势与风险

1. 在发展中持续巩固和提升核心竞争力

（1）优秀的研发与制造能力。欣旺达拥有一批长期从事锂离子电池模组设计开发的高管和业务骨干，对锂离子电池模组行业的市场变化趋势、技术进步、公司生产能力、上游原材料性能及下游需求有深刻的理解和把握。多年深耕该领域，为全球顶尖电子厂商提供卓越服务，积累了丰富的管理经验与完善的质控体系，确保产品领先市场，满足客户需求。

（2）先进的数字化建设水平。欣旺达按照“中国制造2025”的理念，本着层次化、模块化和平台化思路进行规划，按照设备层、传感层、网络层、物流层、信息层五个建设层次协同进行，实现生产运营关键数据可采集、可显示、可追溯。目前，欣旺达建立了新型工业操作系统及工业App等应用模式，形成一批具有完全自主知识产权的可推广、可复制的行业应用模式，在技术上已经处于国际领先的位置。

（3）完善的质量管理体系。欣旺达已建立完整成熟的管理制度和流程，并通过日常管理机制，对各类流程进行分析，结合业务痛点输出关键改进举措。此外，欣旺达在管理基础上搭建产业平台和自动化与信息化平台，建立QMS全质量管理系统，提升质量现场管理能力。

2. 未来仍面临多重不确定性挑战和风险

（1）现在，欣旺达已经形成了以消费类电池业务、动力电池业务和储能系统类业务为主的三大业务。但其电动汽车类电池业务的发展速度不及预期，目前已与宁德时代、比亚迪等动力电池厂商拉开差距。在动力电池业务方面起步较晚，业绩并未达到预期，转型之路十分崎岖。

（2）锂离子电池及其下游行业在国家政策的支持下，继续保持较快增长，但

是如果外部经济和政策环境出现不利变化，都将对锂离子电池行业产生较大影响，导致经营业绩发生波动。

（3）如果欣旺达不能保持技术创新，不能及时准确把握技术、产品和市场的发展趋势并实现技术和产品的升级，将削弱已有的竞争优势，从而无法及时进行技术和产品的升级换代，现有的技术和产品将面临被淘汰的风险，对公司的经济效益及发展前景造成不利影响。

（4）欣旺达的财务费用负担较重。种种迹象表明，欣旺达存在较大的债务压力，财务风险较高。

（二）“值得信赖”维度评价

1. 公司规模持续扩大

（1）总资产呈现不断增长趋势。2020—2022 年，欣旺达的总资产持续增加，从 2020 年的 306.72 亿元增长至 2022 年的 744.94 亿元。2022 年欣旺达总资产增长率达到 74.75%，其中境外资产占比较高。但值得关注的是，截至 2022 年年末，欣旺达有 107.95 亿元资产的权利受到限制，这意味着公司在增大资产规模的同时还需要保证资产的质量。

（2）营业收入稳步增加。2020—2022 年，欣旺达的营业收入总体呈现上升趋势，由 2020 年的 296.92 亿元增加至 2022 年的 521.62 亿元。

（3）员工规模有序扩大。欣旺达持续吸纳新员工，2022 年欣旺达拥有员工 44842 名，相较上一年增长了 22.62%。在员工数量持续增加时，欣旺达也在不断提高员工质量。2022 年，欣旺达拥有 1467 名硕士及以上学历的员工，同比增加 39.32%。

2. 坚持创新驱动发展

（1）不断加强创新体系的建设。欣旺达将研发方向与业务发展相结合，持续加大研发投入，营建创新文化，鼓励协同创新。为持续加强研发动能，引导员工更好地发挥创新能力，欣旺达以创新激励制度为保障，鼓励与激发员工创新积极性，做到技术管理创新双驱动，不断提高公司自主创新能力和科技进步的水平。

（2）重视产学研合作。目前，欣旺达已与多所国内知名高校、科研院所在锂离子电池技术、电池材料等多领域开展产学研合作。

3. 运营能力仍需优化

（1）坚持合规稳健运营。欣旺达依据国际国内标准及最佳实践，并结合自身特色，初步搭建了合规组织体系、合规制度体系、合规运行保障机制及合规文化建设“四位一体”的全面合规管理体系。重视合规文化建设，推行“领导带头、全员学规、人人守规、主动合规”的合规理念，持续开展高管年度合规培训、新员工入职合规通识培训。

（2）重视人才培训和发展。欣旺达设立员工管理与技术双通道发展，激发员工潜能与热情。公司积极投身产教融合，创新技能人才培养模式，遵循政府导向，构建职业技能等级认定体系，确保评价标准化。未来欣旺达将强化高级技能人才队伍建设，不仅为公司发展蓄力，也为行业贡献人才力量，持续推动人才高质量培养与输出。

八、孚能科技：需注重长短期经营的平衡

孚能科技作为三元软包动力电池先锋，以卓越能量密度与循环寿命引领行业。面对新能源电池行业稳健增长前景与储能市场黄金机遇，公司深知技术、产品与市场并重的积累之道。鉴于当前动力电池性能尚待提升以匹配新能源汽车发展步伐，孚能科技作为创新驱动力，正蓄势待发，精准把握产业趋势与技术革新脉搏，力求以实力抢抓未来市场机遇，为新能源产业的蓬勃发展铺就坚实道路。

（一）优势与风险

1. 二十年深耕积聚竞争优势

（1）全球化的开放创新体系。孚能科技团队深耕动力电池行业二十余年，具备深厚的技术积累和持续自主创新研发能力。同时，公司已建立起全球化的研发创新平台，境外研发基地位于美国硅谷和德国斯图加特。

（2）领先的产品性能优势。孚能科技实现了高镍三元软包的大批量生产，为全球第一批拥有此工艺技术的电池企业。从电芯到系统、从制造到回收，孚能科技自主研发的“SPS”（Super Pouch Solution，超级软包动力电池解决方案）解决了诸多行业痛点以及拥有领先同业的性能优势。领先同业的性能优势包括：①超高充放电倍率；②安全性能；③极佳低温表现；④超长循环寿命；⑤独创电池直接回收技术。

（3）重视前沿技术储备。公司的核心技术团队目前针对未来电池发展的方向实施多项前沿技术开发，聚焦半固态 / 固态锂电、钠离子电池、高能量密度动力电池及新型储能技术，持续突破，为新能源市场蓄势待发。孚能科技凭借先进的智能制造工艺，实现高度自动化与智能化生产，其“SPS”技术独树一帜，显著降低成本、设备投资、厂房占用及能耗费用，展现行业领先的竞争优势，精准把握新能源产业变革脉搏，引领技术革新潮流。

（4）优质客户资源优势。公司凭借技术领先性以及产品高性能等优势，获得国内外顶尖整车客户的认可，获得奔驰客户长期订单的合作，充分展现公司产品在下游整车市场的竞争力。与广汽集团开展了多个平台及车型项目的新合作，并有望拓展到广汽集团同系车企以及关联车企。

2. 可能面临的风险

（1）新能源汽车补贴退潮。持续 13 年的新能源汽车购置补贴政策终止，将新能源汽车的发展从政策驱动迈向市场驱动，对新能源汽车的销售价格有一定的直接影响。整车厂要求动力电池厂家降低销售价格，挤占了动力电池厂商原有的收益空间。

（2）原材料价格波动及供应链保障的风险。孚能科技主要产品为三元软包动

力电池，原材料尤其是正极材料价格波动较大，导致制造成本不确定性加大，需要加强供应链管理，并与下游客户做好沟通，进一步提升原材料价格的传导机制。

（3）产品技术迭代的风险。当前动力电池性能尚难全面支撑新能源汽车发展，业界正积极探索固态电池、富锂锰基、钠离子电池等前沿技术。若未来技术革新引发动力电池产品迭代，而公司未能紧跟步伐应用新技术，将可能削弱其市场地位及盈利能力，面临严峻挑战。因此，持续技术创新与快速响应成为企业发展的关键。

（4）自身存在的不足。孚能科技自上市以来经营业绩欠佳，已经连续亏损多年，经营管理能力亟待加强。公司在建项目若干，虽部分项目已成功向特定对象发行股票募集到资金，或可得到现有业务、地方政府、银行等金融机构的支持，但仍面临较大资金压力。

（二）“值得信赖”维度评价

1. 企业规模持续扩大

（1）总资产规模大幅提升。2020—2022 年的总资产呈现明显上升趋势，从 2020 年的 154.1 亿元增长到 2022 年的 321.2 亿元，其中 2022 年的增速达到 53.45%，公司总资产规模持续扩大。

（2）员工规模不断扩大但教育程度结构仍有优化空间。2020—2022 年孚能科技母公司和主要子公司的员工数量在不断攀升：从 2020 年的 3670 人增长到 2022 年的 7113 人。虽然本科及以上学历的员工数量逐年上升，但其占比呈下降趋势，从 2020 年的 33% 降至 2022 年的 25%，企业员工整体受教育水平仍有优化空间。

（3）收入规模高速增长。2020—2022 年营业收入整体呈明显增长趋势，分别为 11.20 亿元、35.00 亿元、115.88 亿元。2022 年度，公司对奔驰客户开始大批量供货，加之广汽集团等其他客户采购额亦显著提升，共同支持公司营业收入实现 231.09% 的同期增长。

2. 重视科技创新能力

（1）实现一系列技术突破，为产品技术领先提供强力支撑。孚能科技自成立以来，依托国际化的研发团队和全球化的研发机制、多项前沿科研项目的积累以及与动力电池国际知名机构的深度合作，掌握了从原材料、电芯、电池模组到自动化生产设备的全产业链核心技术。

（2）研发投入快速增长。公司在高能量密度、超长寿命、高倍率快充、高安全性、低成本等方向持续投入研究开发，产品性能持续提升，重点产品已顺利进入产业化阶段；在新型正极材料、负极材料、固态电解质等方面开展了广泛的研究及试验；SPS 即将进入产业化，关键技术参数（成组效率、能量密度等）取得较大提升，成本显著降低；公司不仅自主研发，还与外部合作持续加大热失控防护技术、大数据分析平台、电池系统轻量化等领域的研发投入。

（3）研发强度领先行业水平，创新潜力大。虽然 2021 年孚能科技发明专利数为 53 件，排名靠后，但研发强度居于首位，为 15.47%，持续的强力研发投入为公司创新研发提供了强有力的保障。

3. 公司管理情况良好

（1）公司治理体系较为完善。公司“第一大股东持股比例 / 第二大股东持股比例”为 1.50，股权制衡度处于健康状态，避免了一股独大的局面。现有内控制度能为公司经营管理、资产安全、财务报告及其相关信息的真实和公允性提供合理的保证。

（2）注重研发团队人才扩张与培养。2022 年公司研发人员数量为 1433 人，较上年增长 23.53%。公司在 2022 年组织了多场相关培训，通过建立合理的专利工作管理模式，提升了研发人员的专利申请质量。但研发团队人才结构未来仍有优化空间。

九、赣锋锂业：需提升下游制造研发能力，筑牢全产业链覆盖能力

赣锋锂业是全球最大的金属锂生产商、国内最大的锂化合物供应商，拥有五大类逾 40 种锂化合物及金属锂产品的生产能力。公司从中游锂化合物及金属锂制造起步，将业务贯穿到上游锂资源开发、中游锂盐深加工及金属锂冶炼、下游锂电池制造及退役锂电池综合回收利用，期望利用各个业务板块间的协同效应提升营运效率及盈利能力。但目前公司主要依靠自产原料所形成的成本优势进行竞争，在下游电池制造等业务上缺少足够的先进技术支撑。未来，赣锋锂业需进一步筑牢全产业链覆盖能力，巩固市场地位。

（一）优势与风险

1. 全球重要的锂化合物和金属锂生产商

（1）垂直整合的业务模式且协同效应贯穿全产业链。赣锋锂业拥有垂直整合的业务模式，构建打通上、中、下游的产业生态系统。公司从中游锂化合物及金属锂制造起步，在生产过程中积累了丰富的行业经验及专业技术知识，能够以具成本效益的方式生产优质的锂产品，并成功开发及实施了一系列创新生产技术，提高产品质量及改善盈利能力。

（2）稳定且优质的原材料供应保障。获得充足的优质原材料供应对实现业务规模及产品行业的增长至关重要，赣锋锂业通过在全球范围内的资源布局，分别在非洲地区及澳大利亚、阿根廷、墨西哥、爱尔兰等国和我国青海、江西等地掌控了多处优质锂矿资源，在印度尼西亚布局了红土镍矿，形成了稳定、优质、多元化的原材料供应体系。

（3）先进的工艺技术水平。公司开发了一系列全新生产技术及工艺，大幅提升产品质量、确保成本效益及提高整体盈利能力，并不断加大研发投入，用于技术项目研发和科研成果产业化，承担国家和省级重大科研项目，主持和参与国家及行业标准制定，在锂产品行业的技术创新方面持续取得突破。

（4）强大的蓝筹客户资源。赣锋锂业凭借丰富的行业经验、全面的产品组合

及过硬的产品质量，在中国及全球建立了稳定的蓝筹客户资源，产品销售至10余个国家，主要用于电池、化学品及医药行业。

2. 可能面临的风险

（1）锂行业市场变化风险。公司受到锂行业的市场变化影响，包括锂行业的竞争格局、锂产品终端市场需求、政府政策等，锂需求取决于终端市场锂的使用情况以及整体经济状况。近年来，锂需求增加主要由电动汽车电池及储能电池的需求迅速增长所推动，各国政府大力发展新能源汽车产业，推出优惠政策鼓励购买电动汽车。

（2）可开发锂资源不足风险。根据相关行业准则作出的锂资源储量估计仍具有不确定性，不能作为开采或加工原材料锂资源的保证。政府政策、地域政治、自然灾害及运输中断等不可预见的变化，可能影响生产计划与资源调配，进而影响公司的业务、财务及业绩。

（3）环保及安全生产风险。公司制造及销售锂产品、储存原材料、运输及出口锂产品等业务受到中国政府颁布的法律法规、规例标准等的约束。

（4）自身存在的不足。赣锋锂业在电池制造领域面临挑战，相较宁德时代等巨头，其技术支撑与全产业链覆盖明显不足，科研投入差距构成发展障碍。未来电池技术革新或致竞争对手凭核心技术领先，赣锋锂业面临被超越的风险。此外，其锂盐生产线基于锂价高位建设，锂价波动易致库存积压与产能过剩，进而波及电池业务，影响整体业绩。赣锋锂业需加强技术创新与产业链整合，以应对市场的不确定性。

（二）“值得信赖”维度评价

1. 企业规模高速扩大

（1）总资产规模高速扩张。2020—2022年，总资产呈现明显上升趋势，从2020年的220.20亿元增长到2022年791.60亿元，在2021年总资产基数较大的基础上，2022年仍能实现102.68%的增长，公司总资产规模持续高速扩张。

（2）员工人才结构在扩张的同时不断优化。伴随规模扩张，赣锋锂业注重优化员工教育结构，提升团队素质，本科及以上学历员工比例从2020年的10.92%稳步升至2022年的14.73%，为可持续发展奠定了坚实的人才基础。

（3）收入规模高速增长。2020—2022年，赣锋锂业营收显著增长，由55.24亿元增至418.23亿元。2022年下半年，锂产品价格上扬，锂电池均价涨幅超20%，加之全球新能源需求激增，动力电池及储能产能扩大，产销量激增，共同推动年营收大增274.69%。

2. 科技创新潜力大

（1）拥有国家级科研创新平台。赣锋锂业坚持走“技术创新驱动”的高质量发展路线，拥有多个国家级科研创新平台，加强与国内外高校和科研院所建立长期合作关系，共同开发新产品、新技术、新工艺，以进一步提升创新能力。

（2）积极参与锂盐技术领域标准制定。通过积极参与行业国家标准制定，赣锋锂业一方面通过有效的行业标准淘汰不良企业，规范企业运营，打造良性行业生态；另一方面提升了企业在行业的影响力和话语权，奠定了企业在中国锂材料领域的技术领先地位。

（3）研发能力较弱。2021 年赣锋锂业的发明专利数为 45 件，研发强度（研发投入 / 营业收入）为 3.06%，在赛道中表现不佳。企业于 2022 年注重加大研发力度，研发投入为 14.23 亿元，同比增加 316.17%，研发强度增至 3.40%，但相比其他企业，仍有较大的提升空间。

3. 运营管理稳健开展

（1）公司治理体系健康、内控制度完善。赣锋锂业股权制衡度处于健康状态，避免了一股独大的局面。公司重视风险管理工作，依托 IATF16949 管理体系、公司风险管理制度进行全面的风险评估工作，对不可规避且影响较大的风险制定缓解措施，企业始终保持正常的生产、运营。

（2）注重人才储备。公司在锂化合物及金属锂行业拥有多年的经验，积累了一支高素质的员工队伍，通过业务板块的扩展，公司亦建立了一支电池生产及回收的人才团队。专业知识丰富的管理团队和技术熟练的员工队伍储备使公司始终保持行业的领先地位。

十、天齐锂业：应高度重视提升自主技术创新能力

从事矿石提锂行业近 30 年的天齐锂业具备优秀的品质控制能力和先进的工艺技术水平。作为中国及全球领先的以锂为核心的新能源材料公司，天齐锂业公司看好未来新能源汽车市场和储能领域的长期发展前景，高度关注产业链上下游的机会，持续优化公司投资组合，完善产业链布局。未来，公司计划将全面提高高端锂产品的市场竞争力，为坚持向“技术转型”的发展方向夯实基础，该布局对公司的自主研发能力提出了挑战。

（一）优势与风险

1. 拥有关键核心的矿产资源

（1）上游锂资源优势突出。目前公司已成为全球少数几个同时掌握全球最优质的硬岩锂矿和锂盐湖核心资源的公司之一。全球资源布局不断加强，帮助公司规避资源受限制风险的同时又进一步延伸了产业链上游。

（2）锂矿和锂盐产能优势显著。天齐锂业在国内外共有四处已建成的锂化合物生产基地，分别位于四川射洪、重庆铜梁、江苏张家港以及澳大利亚奎纳纳（一期），综合锂化工产品产能 6.88 万吨 / 年。

（3）显著的成本控制和垂直一体化优势。天齐锂业是中国唯一通过大型、一致且稳定的锂精矿供给实现 100% 自给自足并全面垂直整合的生产商。公司高度先进的生产技术及不断优化的生产设备亦显著提高了生产营运效率，保证了生产过程、产品品质的高度可控以及成本的稳定。

（4）拥有优质的客户群。主要包括全球顶级电池制造商、电池材料生产商、跨国电子公司和玻璃生产商。产业链各环节龙头企业之间的彼此认同度在大幅提升，相互之间的依赖和黏性也在逐步提高。

2. 可能面临的风险

（1）锂化工产品行业竞争加剧。锂化工产品作为新能源汽车核心部件的原材料之一，价格呈现持续上行趋势，大量的企业和资金进入该行业，可能会使相关产能短期内快速增长，造成锂化工产品市场的竞争更加激烈。

（2）锂价下跌风险。2023 年起，全球锂供需紧张或将逐步缓解，预计锂需求的增速将有所回落，但仍然维持较高中枢。基于供需平衡的规律预测，锂化工产品供应严重紧缺的格局有望得到缓解，对应锂化工产品价格中枢或有所下行。

（3）全球地缘政治风险。全球主要资源国更加倾向于推动本土锂产业链的上下游一体化建设，进一步享受锂资源加工环节的附加值。但随着以美国为代表的大量西方意识形态的国家开始转向贸易保护主义，以补贴、高额关税等方式扶植本土企业发展，中国企业在海外投资矿产资源可能会面临海外当地政策和资源供给的不确定性。

（4）自身存在的不足。产能爬坡进度可能不达预期导致项目收益延缓。锂价格下跌叠加的实现时间不达预期，将延缓项目收益的实现，并将在一定时间内对公司经营业绩产生不利影响。2022 年公司研发人员仅 42 人，研发投入低、研发规模小，导致研发成果与行业内其他企业相比劣势明显。

（二）“值得信赖”维度评价

1. 企业规模持续扩大

（1）总资产规模稳中有升。2019—2021 年天齐锂业总资产在 440 亿—470 亿元区间内浮动。2022 年，公司持续贯彻全球化产业布局的理念，不断加大对上游资源布局，公司在上年总资产基数较大的基础上，实现了较大幅度增长，由 2021 年的 441.65 亿元增长至 2022 年的 708.46 亿元，同比增长 60.41%。

（2）营业收入回暖。2020 年营业收入较 2019 年度有所下降，主要由于锂化工产品价格在 2020 年前三季度持续走低，叠加海外新冠疫情扩大因素导致出口份额降低，因此 2020 年产品销售均价和销量均较 2019 年有所下降。2022 年受益于全球新能源汽车景气度提升，锂离子电池厂商、正极材料厂等产能加速扩张，锂的需求持续走高，公司主要锂产品的销量和销售均价较上年同期均明显增长，由 2021 年的 76.63 亿元增长至 2022 年的 404.49 亿元，同比增长 427.85%。

（3）员工人才结构在人员扩张基础上实现优化。近年来天齐锂业员工数量在不断攀升：从 2020 年的 1644 人增长到 2022 年的 2191 人。伴随公司业务量的增长，天齐锂业不断吸纳海内外人才以满足经营需要，本科及以上学历的员工在全体员工中的占比由 2020 年的 24.27% 逐年上升至 2022 年的 28.39%。

2. 创新研发能力较弱

（1）研发强度远低于行业水平。2021 年天齐锂业的研发强度（研发投入 / 营业收入）仅为0.25%，在样本所涉及“电池产业链”领域的13家公司中位列最后，且远低于行业水平。可以明显看出2019—2021年公司的研发强度呈下降趋势。未来天齐锂业应加大研发投入，补足在创新研发方面的短板，继续坚持向“技术转型”的方向发展，引领世界锂资源绿色提取、资源综合利用与先进材料应用技术，助力锂电产业链可持续健康发展。

（2）研发人员储备不足。2022年天齐锂业研发人员仅42人，相较前两年无明显增加，且2020—2022年研发人员占比均低于2%，研发后备力量不足。公司计划到2025年研发人员接近300人，其中国内外高水平专家占比力争达到5%，博士及副高级职称以上人员占比力争达到30%以上，该计划也表明了天齐锂业增加研发人员储备、加大研发投入的决心。

（3）发明专利数较少。2021年天齐锂业的发明专利数为30件，在样本所涉及“电池产业链”领域的13家公司中位列最后。公司低于行业平均水平的研发投入以及研发人才储备不足是造成研发成果不理想的原因。

3. 运营管理稳健开展

（1）公司治理体系持续优化。公司董事会围绕“创建世界一流公司治理示范企业”和上市公司高质量发展的目标，持续规范和完善制度体系建设，保障董事会依法合规运行，从企业文化、独立性、多元化等方面提升公司治理水平。

（2）重视人才培养与发展。近年来公司培训总时数及人均培训时数都有稳步增长，2022年公司参与培训共14822人次，人均培训时长50.25小时，培训成本600余万元，其中专业技能培训时数占总培训时数的98.6%。未来公司应持续关注人才孵化与培育，针对关键岗位人才规划专业技术与管理技能等相关培训，拓展知识领域、提升管理技巧、发挥个人潜力，从而推动组织发展。

4. 积极承担社会责任

（1）积极贯彻绿色生产理念。公司采取科学环保的开采方法和选矿工艺，减少尾矿、废石等矿业固体废弃物的产生量和贮存量，并采取先进工艺对尾矿固体废弃物进行综合利用。在固体废弃物贮存设施停止使用后，公司严格按照国家有关环境保护规定进行封场，防止造成环境污染和生态破坏。

（2）助力乡村振兴。公司积极开展农产品产销对接活动，深入推进消费扶贫，采取“以购代捐”的产业扶贫模式，加强城乡经济紧密衔接，促进城乡经济循环发展。同时，公司不断优化现有乡村振兴项目，支持当地基础设施建设，推动当地文化发展，促进当地经济进步。

十一、协鑫集成：应以技术创新推动垂直一体化，形成更强的竞争优势

协鑫集成定位于全球领先智慧综合能源系统集成商，依托技术、设计、集成、金融与运维的全方位服务，塑造差异化商业模式。面对光伏行业波动，公司策略性调整组件产能，聚焦“调结构、降负债、防风险、促改革”。未来协鑫集成将加

速产能结构优化，稳固光伏核心业务，并积极探索“光伏+”新兴领域，以多元业务布局拓展盈利空间，增强市场适应性与抗风险能力，推动企业稳健前行。

（一）优势与风险

1. 形成了场景驱动的创新优势

（1）丰富的产品生态优势。在横向侧，公司陆续推出差异化组件产品；在纵向侧，公司在建芜湖20GW高效电池片生产基地、徐州10GW·h智慧储能系统集成项目等将打通“电池-组件-储能”的光伏垂直一体化产业链，向上解决电池采购瓶颈，向下满足应用场景延伸。产品矩阵升级，进一步巩固公司绿色能源系统集成服务商的发展定位，形成垂直一体化的竞争优势。

（2）着力打造规模化竞争优势。公司产能结构升级将有力地支撑公司光伏主业终端战略的落地，进一步提升公司市场份额和行业地位，也为公司应对行业下一代技术迭代打下良好基础。

（3）高度重视自主技术创新能力。协鑫集成长期深耕光伏行业，持续坚持科技引领、创新驱动的理念，拥有雄厚的研发力量及技术研发团队，技术团队在光伏领域拥有多年的从业经历，技术实力强、管理水平高。

2. 可能面临的风险

（1）国际贸易保护风险。鉴于国际贸易环境复杂多变，公司需强化国际贸易态势分析，预判贸易摩擦并灵活应对。同时，加速全球营销网络构建，特别是深耕非“双反”及新兴市场，以多元化市场策略抵御政策变动风险，保障公司业绩稳健增长，免受国际贸易不确定性的冲击。

（2）上游材料价格波动风险。近年来，在需求增长、技术进步、成本下降等多重因素共同推动下，光伏产业各环节核心产品价格呈现较大的波动。

（3）自身存在的不足。公司组件销量受到疫情较大影响，公司主要原材料硅片及电池片价格持续上涨，加之玻璃供应紧缺、其他组件辅料价格不同程度上涨，公司组件生产成本攀升，组件毛利率大幅下降。疫情原因导致公司全年营业收入及利润大幅下降，可以看出，在光伏行业发生重大变革时，协鑫集成应对不力，缺乏前瞻性布局。

（二）“值得信赖”维度评价

1. 企业规模发展不稳

（1）总资产规模刚刚止跌。2019—2021年协鑫集成的总资产不断减少，2021年资产规模以32.61%的降速收缩至93.00亿元。2022年虽然扭转了资产规模逐年下降的趋势，增长至101.81亿元，但增速仅为9.48%，与2019年的资产规模相比仍有较大差距。

（2）营业收入迎来底部反转。2022年公司海外业务营收占比达到52.88%，正发力拓宽海外分布式市场。2022年公司将控股子公司OSW部分股权转让给高瓴管理下的投资主体VNTR，在战略合作伙伴的帮助下，可将OSW商业模式拓展至欧洲及其他海外地区，通过持续推进全球化布局改善盈利，有望实现公司营业收入可持续增长。

（3）员工数量逐年增长。2020—2023 年协鑫集成母公司和主要子公司的员工数量不断攀升，从 2020 年的 1317 人增至 2022 年的 3520 人，实现翻倍增长。伴随公司业务量的增长，公司不断增加员工数量以满足经营需要，但员工整体受教育水平仍有优化空间。

2. 重视技术创新能力提升

（1）建设高水平技术创新平台。协鑫集成持续开发科技研发和新品转化能力，以全面推动差异化组件产品市场化进程，提高产品竞争力。坚持科技引领、创新驱动的理念，通过对全球新能源产业前瞻性技术的分析，结合市场需求制定产品技术路线，成为行业技术研发的领跑者。

（2）研发投入逐年增长。协鑫集成注重技术研发投入，通过打造专业化的系统设计团队，以针对不同区域、不同类型、不同规模光伏发电系统提供技术设计服务，提供优化设计方案。2022 年公司研发投入同比增长 24.41%，考虑到该年营业收入实现翻倍增长，计算后的研发强度有所下降，未来可稳中求进，进一步提高研发投入力度。

3. 运营能力向好发展

（1）治理结构不断完善。公司“第一大股东持股比例 / 第二大股东持股比例”为 1.56，股权结构健康，避免了一股独大。无控股股东资金占用及违规担保。

（2）重视人才储备。协鑫集成目前拥有国家级博士后工作站及省级院士专家工作站，并与海内外多所世界名校建立了产学研合作关系，精准聚焦和培育了一批具有国际化视野、突破关键技术和驱动行业发展的领军人才作为公司未来发展的驱动力源泉。

十二、天赐材料：要布局高瞻远瞩的创新战略，以创新能力提升促进技术追赶

天赐材料是一家专注于锂离子电池材料、日化材料及特种化学品的企业。凭借着前瞻布局六氟磷酸锂的生产，成功问鼎全球第一电解液厂商并不断增强领先格局。公司深耕行业，构建起一体化产业链，成本优势显著，实现资源高效整合。面对精细化工行业高速迭代的技术挑战，天赐材料深知创新之重，唯有不断精进研发，方能跨越发展瓶颈。未来，天赐材料将秉承“绿色化学，赋能低碳生活”的愿景，专注于提供高品质产品，旨在成为国际领先的绿色化学先锋。同时，公司将持续强化技术创新核心优势，引领行业发展潮流，推动产业向更高质量、更绿色可持续的方向迈进。

（一）优势与风险

1. 打造一体化产业链优势，实现价值链资源整合

（1）布局电解液产业链，强化一体化成本优势。天赐材料除布局电解液、六

氟、双氟、添加剂外，还进一步向上游延伸，布局上游原材料，在原材料上涨周期中控制原材料成本及保障供应。从天赐材料的战略转型节奏与布局来看，从聚焦电解液垂直一体化，到磷酸铁锂一体化的布局延伸，其本质上是价值链整合升维战略的推进。

（2）打造数字化供应链，引领电解液行业运营革新。在锂电材料需求百万吨级别的需求演变之下，打造数字化供应链有助于终端客户的提效降本。

2. 实施精细化管理，走高质量发展道路

（1）企业家的有力支持。作为天赐材料的掌舵人，徐金富厚积薄发，永远以全局思维审视当下，奠定了天赐材料扎实的研发基础，也掀起了天赐材料腾飞的序幕。

（2）夯实高质量发展基础，建立国际化经营优势。天赐材料是个人护理品行业内较早推进业务国际化的企业之一。经过十余年在研发创新体系、质量保障体系、EHS 体系等国际标准上的建设，公司相关模块能力取得了稳定的提升，形成了有效的国际竞争力。

（3）坚定精细化管理战略，打造产品质量优势。天赐材料采用行业匹配的高标准管理模式对产品的质量进行系统的管控和提升，在日化材料和锂电材料业务上分别实施 EFfCI GMP 和 IATF16949 体系并通过认证。

3. 可能面临的风险

（1）市场风险。新能源汽车销量的提升是电解液出货量增加的重要影响因素，但芯片短缺、经济政治波动或致产销不达预期，天赐材料电解液需求或大幅下滑，未来业务面临市场竞争加剧的风险。

（2）颠覆性技术带来的风险。过去生产效率低下让固态电池生产成本居高不下，也就导致固态电池无法大规模商用。但近年来固态电池技术确实有了一定发展，过渡形态的固态锂电池逐步在特定的应用领域开始了商业化进程。

（3）锂离子电池电解液及六氟磷酸锂价格下降风险。随着国内六氟磷酸锂产能大幅提升，市场竞争加剧，锂离子电池电解液价格可能会发生持续的、较大幅度的波动，从而对公司经营业绩造成影响。

（4）自身存在的不足。对标行业一流企业可以发现，天赐材料研发投入不足。公司需加大研发投入，深耕新品、工艺与配方，巩固市场领导地位。尽管人才基础已显著增强，但迈向国际一流绿色化学企业，仅凭薪酬与培训尚显不足。天赐材料应构建开放创新生态，广泛吸纳外部智慧资源，以创新驱动，拓宽发展“护城河”，确保持续领跑行业。

（二）“值得信赖”维度评价

1. 企业规模明显扩大

（1）总资产不断增加。2019—2021 年，总资产分别为 53.30 亿元、60.10 亿元、138.99 亿元，2021 年较上年增长 131.26%，复合增长率为 61.48%。

（2）收入规模显著提升。2019—2021 年，天赐材料的营业收入分别为 27.55

亿元、41.19 亿元、110.91 亿元，2021 年较上年增长 169.26%，复合增长率为 100.66%。

（3）人员规模持续扩大。2019 年天赐材料总人数为 2602 人，2020 年总人数为 2933 人，2021 年总人数达 4020 人，2021 年同比增长 37.06%。其中，硕士及以上学历员工人数从 2019 年的 144 人，增长为 2021 年的 173 人。

2. 营运能力总体较好

（1）财务能力较为突出。比较分析天赐材料与所处行业“化学原料和化学制品制造业”（根据证监会行业的分类方法）2019—2021 年的财务数据，在偿债能力方面，从 2019 年到 2021 年，天赐材料流动比率从 1.09 上升到 1.51，三年的平均值为 1.31，高于行业均值（1.21）。从速动比率指标分析，三年内速动比率历年均值高于行业历年均值。在盈利能力方面，三年内毛利率从 25.64% 上升到 34.98%，变动幅度为 9.34%，而同期行业毛利率从 21.34% 上升到 24.12%，变动幅度为 2.78%。天赐材料毛利率增长幅度高于行业增长幅度，可见企业有获得超额利润的能力。在发展能力方面，从 2019—2022 年，公司资产增长率从 0.08 增长为 1.31，有显著提升，行业资产增长率从 2019 年的 0.07 增长为 2021 年的 0.24。可见，天赐材料 2021 年发展迅速，远高于行业平均发展水平。在运营能力方面，从 2019—2022 年，天赐材料总资产周转率有大幅度提高，从 0.54 上升到 1.11，销售收入从 27.54 亿元上升到 110.91 亿元；公司资产规模的变动也呈现上升趋势，资产从 53.30 亿元上升到 138.99 亿元，复合增长率为 61.49%。可以看出公司销售收入的增长快于资产规模的增长，由此可以看出公司管理效率的提高。

（2）公司治理体系较为完善。天赐材料“第一大股东持股比例 / 第二大股东持股比例”为 4.20，股权制衡度较低。独立董事比例为 44.44%，领先于同行业赛道其他企业，说明公司治理的透明度和公正性较高，能够有效地保护公司和股东利益，防止公司管理层滥用职权。公司尚未实行两职分离，企业经营决策机制有待提高。

（3）高层次人才紧缺。在人才管理方面，天赐材料实施精细化人才管理、分序列差异化的基本框架，塑造和宣贯了“训战结合、以考代训”的培养理念，为关键性人才进行定制化开发并培养出一批储备人才梯队。未来，天赐材料仍需扩大人才体系规模，建立具有竞争力的薪酬福利机制，同时加强企业文化和价值观的宣传，提升员工们的文化认同感、归属感。

十三、多氟多：要加强技术攻关，重视产业链一体化战略布局

多氟多作为新能源与新材料领域的领航者，凭借核心技术突破，实现从传统氟化工向精细、电子级氟化工的华丽转身，跃居行业前沿。其构建的数字化协同创新平台，深度融合研发、设计、生产、运营各环节，引领智能制造新风尚。面对竞争蓝海，多氟多深知产业链整合与价值链深挖的重要性，唯有如此，方能稳固成本优势，屹立潮头。未来公司秉持技术创新与管理革新双轮驱动，紧抓时代

脉搏，锚定技术突破点，矢志不渝地追求“全球氟材料行业引领者”的宏伟愿景，遵循“12345”战略蓝图，稳健前行，开创更加辉煌的篇章。

（一）优势与风险

1. 顺应数字化转型的趋势，打造数字化精益管理平台

（1）企业家的有力支持。作为多氟多掌舵人，李世江坚持走出了一条“技术专利化、专利标准化、标准国际化”的技术创新之路，牢牢把行业的话语权握在了自己的手里。其次，李世江与国家同频共振，聚焦“卡脖子”技术。

（2）聚焦数字化转型，赋能企业高质量发展。多氟多遵循过程自动化、管理精益化、平台数字化的路径，以三智工程为载体，支撑公司运营转型，搭建多氟多数字化转型架构。此外，多氟多以数字化赋能，让数据产生价值，以数字化、智能化创造更多财富，通过“5G+ 工业互联网平台”，对各主体的管理过程、制造流程全透明化解析，在协同中直接完成最优组合，实现对整个业务、生产过程的一竿到底管控。

（3）注重产学研协同发展，打造国家级创新平台。首先，多氟多在做好自主研发的同时，注重搭建创新驱动平台，与 30 余家单位签订长期合作协议，开展项目技术研发，促进创新成果转化。其次，多氟多拥有多个研发平台；主持制订、修订了 109 余项国家、行业标准。

（4）党建的引领优势。李世江将企业建设成为党建文化传播的“试验田”，让革命精神在企业薪火相传，让党建根基植入企业发展的土壤里；多年坚持“红色”人才培养工程，雷打不动。

2. 可能面临的风险

（1）宏观政治、经济环境的风险。目前来看，宏观经济周期仍处低谷，经济增速放缓，产业结构不断调整。整体经济形势走向受诸多因素影响存在一定的不确定性。无论中美及其所谓盟友之间的竞争是阶段性缓和还是升级，都会对我国的证券市场乃至宏观经济产生不确定影响。

（2）原材料涨价给产品制造带来的成本风险。若原材料一直大幅上涨，且持续高位运行，将给公司相关产品制造成本带来一定压力。

（3）自身存在的不足。随着公司业务拓展和公司规模的不断扩大，公司经营呈现产品多样化、业务模式多元化等特征，管理的广度和深度在逐步加大，对管理的要求越来越高。若公司在组织架构、人力资源及财务管理等方面不能适应规模迅速扩张的需要，管理制度等未能得到及时调整和完善，将对公司的高效运营造成不利影响，使公司面临一定的管理风险。然而，随着市场竞争的加剧，国内外头部企业不断发布大规模的产能扩张计划，六氟磷酸锂可能面临价格、销量下跌的困境。

（二）“值得信赖”维度评价

1. 企业规模持续扩大

（1）总资产连续上升。2019—2021 年，多氟多的总资产分别为 90.42 亿元、

96.51 亿元、118.06 亿元，复合增长率为 14.26%。总资产规模逐年上升，从该数据可以看出多氟多对扩大企业规模的决心。

（2）收入规模大幅提升。2019—2021 年，多氟多的营业收入分别为 38.05 亿元、42.09 亿元、77.99 亿元，复合增长率为 43.17%。2021 年收入显著提升，主要受益于新材料业务板块处于持续增长态势，以六氟磷酸锂为代表的新材料产品市场需求旺盛，销售价格迎来新高。

（3）人员规模持续扩大。2019 年多氟多员工总人数为 4241 人，2020 年为 4348 人，2021 年达 5416 人。其中，2021 年拥有硕士及以上学历员工人数达 131 人，较 2020 年的 104 人，增长 25.96%。

2. 创新投入与产出仍需加强

2021 年，多氟多研发投入 2.64 亿元，较 2020 年的 1.29 亿元，同比增长 104.65%，有大幅度提升，但研发强度仅为 4.39%，与“电池供应链”赛道中的孚能科技、国轩高科仍有较大差距。此外，研发人员拥有的发明专利数仅为 63 件，远低于比亚迪的 4055 件，可见多氟多研发效率有待加强。

3. 营运能力仍需提升

（1）公司治理体系较为完善。2021 年，多氟多“第一大股东持股比例 / 第二大股东持股比例”为 4.31，股权制衡度较低。独立董事比例为 33.33%，处于行业平均水平，独立董事较好地履行了职责。公司实行两职分离，企业经营决策机制较为完善。

（2）人才体系仍有完善空间。多氟多注重强化人才梯队建设，将产业发展需求和高校人才培育精准对接，与郑州大学共建“智慧元素研究院”、与河南理工大学共建“新材料产业学院”，为人才的培养搭建了新平台。然而，公司高层次人才数量较少，同时，研发人员占比过低可能会导致公司缺乏创新动力。

十四、永福股份：需加快关键核心技术的突破和储备

永福股份专注于“新能源 + 储能”、综合能源、智慧能源与智能运维等领域，打造了永福品牌，构筑了企业发展的“护城河”。多年来，公司积累了全产业链资质优势，并且通过前瞻布局智慧能源领域，能够为客户提供智慧储能系统集成解决方案。然而，公司也面临着业务拓展及项目风险管理不足、创新投入和产出偏弱、创新体系和创新制度亟待完善的问题。为此，未来永福股份需要加大研发创新力度，特别是加大在“新能源 + 储能”、综合智慧能源领域的研发投入，继续借助数字技术创新为客户提供电力能源系统集成解决方案，以助力企业高质量、高速度的发展。

（一）优势与风险

1. 提供能源数字化一站式解决方案，助力行业“智慧升级”

（1）企业家的有力支持。作为永福股份的掌舵人，林一文洞悉行业发展趋势，

牢牢把握历史机遇，制定了具有前瞻性的发展战略，锚定永福股份前进方向。

（2）全产业链资质优势，助力企业品牌升级。永福股份具备电力行业全产业链系列资质。其数字技术赋能企业高质量发展，打造智慧储能系统集成解决方案。聚焦新能源、储能场景，培育了超过200名的IT、电力自动化研发、销售与实施人员团队，大力开展一体化监控系统研发与二次系统集成业务。

2. 可能面临的风险

（1）政策风险。公司所属的电力工程技术服务行业市场规模受国家宏观经济形势及相关鼓励政策驱动，取得快速增长。但是，相关政策的具体落实情况仍存在不确定性，可能对公司业务发展造成重大不利影响。

（2）市场环境变化风险。随着行业规模不断扩大、发展前景不断向好，新的竞争者可能涌入市场，加之现有市场竞争者不断加大投入，市场竞争可能趋向激烈化。此外，电力行业的结构转型及清洁能源的发展存在周期性，如果后期市场情况发生未预见的变化，或者公司不能有效开拓新市场新订单，将会影响公司的持续发展和盈利水平。

（3）资金投入规模较大及资产减值风险。公司承接的部分项目需要投入较大规模的资金。此外，公司因拓展海上风电业务，预付款项金额较大。如果合作方出现财务状况恶化或未按期结算、付款的情况，将会导致公司投入形成的资产存在减值风险，对公司经营状况和盈利水平造成重大不利影响。

（4）自身存在的不足。报告期内，公司EPC（工程、采购、施工一体化服务）业务规模快速增长。EPC总承包项目管理涉及的主体众多，容易受到各类不确定的外部因素影响。新技术新产品的开发和应用是保持企业核心竞争力的关键之一，如果企业不能保持持续创新的能力，不能及时把握技术、产品、市场发展趋势，将对企业市场份额、发展前景造成不利影响。未来，永福股份需要试点“揭榜挂帅制”组建跨领域联合攻关团队、加大高端人才引进力度等，加快关键核心技术的突破和储备。

（二）“值得信赖”维度评价

1. 企业规模整体向好

（1）总资产规模逐渐回升。2019—2022年，永福股份总资产分别为23.60亿元、21.88亿元、30.26亿元，复合增长率为13.23%。

（2）收入规模曲折上升。2019—2022年，永福股份的营业收入分别为14.40亿元、9.80亿元、15.68亿元，复合增长率为4.35%。2020年营业收入有所下降，主要是公司总承包业务市场开拓和执行受疫情影响大。2021年公司EPC工程总承包业务实现营业收入12.62亿元，较上年同期增长101.34%，主要受益于公司新能源EPC工程总承包业务实现快速发展。

（3）人员规模持续扩大。2020年员工总数为1138人，2021年员工总数达1264人，其中拥有研究生以上学历员工人数达143人，较2020年的127人增长12.60%。可见，随着企业规模和业务范围的扩大，永福股份加强了对高层次人才的引进。

2. 创新投入和产出偏弱

永福股份基于齐全的专业配置和丰富的工程示范应用土壤，紧随能源技术革命发展趋势，在海上风电、特高压、电力数字化、储能、智慧能源、智能运维、综合能源等领域开展关键技术研发。但经比较，永福股份创新投入和产出亟待提升。

3. 营运能力仍有提升空间

（1）公司治理体系仍有完善空间。2021 年，永福股份第一大股东与第二大股东持股比率为 1.31，股权制衡度较高。独立董事比例为 33.33%，处于行业平均水平，独立董事较好地履行了职责。公司尚未实行两职分离，企业经营决策机制有待提高。

（2）重视人才资源的吸纳和培养。永福股份人才数量稳步增长。此外，永福股份积极开展部门内训，探索“两个经常”工作机制助力提升基层干部管理能力，重点加强了国际业务、商务风控等关键岗位人才的培训。

第三章　智能座舱行业

一、智能座舱行业发展环境分析

汽车正在从简单的交通工具，逐渐向“移动智能空间”转变，而智能座舱则是汽车实现移动智能空间塑造的核心载体。智能座舱典型功能为仪表显示系统、抬头显示系统、（前后）中控屏、视觉感知系统、车载娱乐信息系统、语音交互系统、流媒体后视镜及其他部件或软件。

（一）正逢智能座舱升级，车载大屏加速发展时机

在整个智能座舱组件当中，无论是液晶仪表、中控屏或是车内交互的其他部分，车载屏幕一直都是相对重要的核心零部件。随着汽车座舱的多屏化、大屏化演进以及显示技术的升级，屏幕价值量占比将持续提升，在高价值量以及市场规模提升的大背景下，车载屏赛道未来将有持续爆发的可能。不同用途的车载屏有不同的性能需求，随着智能座舱的不断发展，对不同功能的车载屏的需求也将持续迭代，价值量最高的车载屏幕行业格局也在不断改变。各类屏幕在车中应用的不断增多和显示技术的升级带动了车载屏幕行业快速发展，车载屏幕细分赛道未来可期。

（二）正逢车载扬声器系统单车价值量上升机遇

车载扬声器是一种将电能转换为声能的电声换能器件，车载扬声器的品质、性能对整个音响系统声音重放效果起着决定性作用。随着扬声器市场规模的扩大，车载功放的市场规模也相应得到了提升。车载功放是声学系统中将音频输入信号进行选择与预处理，通过功率放大芯片将音频信号放大，用来驱动扬声器重放声音的电子产品，有提升整车音响系统声音输出品质的功能。随着消费升级的不断深化，下游对整车音响系统的品质要求不断提升，由此带来车载功放在前装市场逐渐扩大的需求。

（三）正逢车灯功能属性进阶，向智能化发展的趋势

自 19 世纪汽车诞生以来，车灯就伴随汽车经历了持续的进化迭代。如今，为顺应智能车时代潮流，车灯的下一步发展方向为智能化，其中氛围灯作为车灯智能化的一个细分市场，正逐步占据更加重要的市场地位。当前氛围灯发展方向呈现三大趋势：趋势一，氛围灯渗透率逐步提升，尤其多色氛围灯占比日趋升高；趋势二，单车配置覆盖范围更广，车舱环绕布局也越来越个性化；趋势三，氛围灯智能化趋势明显，实现语音、手势交互控制。

本研究选取华安鑫创、上声电子、科博达作为“值得信赖”汽车智能座舱行

业的分析对象。按指数计算出 2021 年智能座舱赛道三家企业偿债能力、营运能力、盈利能力、发展能力的评分情况，如图 3。

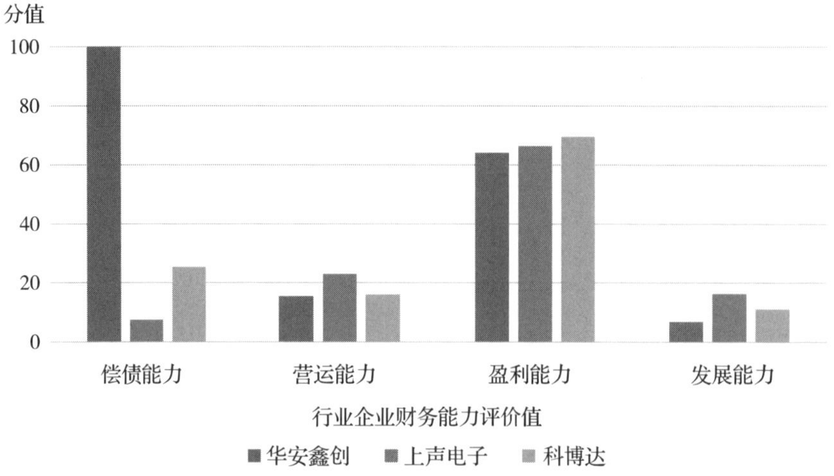

图 3　智能座舱行业企业偿债能力、营运能力、盈利能力、发展能力的评价对比图（100 分制）

二、华安鑫创：亟待提升研发能力，提高品牌价值

华安鑫创是汽车座舱电子综合服务商，提供的产品和服务以车用显示及触摸屏的定制开发为主，并向外开拓软件系统开发及配套器件销售业务，现已在汽车座舱电子领域形成较为完善的产业链。但由于刚刚上市，企业规模发展不稳定，在同赛道企业中尚未形成较高品牌价值，研发强度较同赛道的其他企业也不具备优势。为了企业的稳固发展及提升，华安鑫创亟须完善人才体系，提高高学历人才占比，提高公司营运能力及研发能力。

（一）优势和风险

1. 形成了汇聚各方优势的资源整合能力

（1）企业家的作用。华安鑫创董事长兼总经理何攀，自 2013 年创立公司以来，全面引领企业的战略规划与经营管理。其早期在上海雅创电子的丰富经验，不仅为华安鑫创构建了稳固的客户基础，也促成了雅创电子成为公司核心部件的稳定供应商。这一合作纽带，确保了华安鑫创供应链的可靠性，为其持续发展奠定了坚实基础。

（2）逐渐完善的技术研发体系。公司自成立以来一直深耕汽车中控和液晶仪表等座舱电子领域，始终从事座舱电子软、硬件产品的研发和定制，是国内较早从事全液晶仪表系统开发的企业。公司在经营过程中，逐渐建立了完善的技术研发体系，取得了相匹配的技术储备和知识产权以支撑业务发展，公司研发人员可以熟练使用QNX、Linux等主流开发平台，以满足下游需求。公司共取得了12项发明专利、32项实用新型专利、3项外观设计专利、109项软件著作权。

（3）持续稳定的客户资源。公司身处汽车制造产业链中游，上游依托显示器件生产商，下游联结系统集成商、设计公司及整车厂。稳固的上下游合作关系是公司持续发展的基石。公司产品已深度融入自主汽车品牌核心车型，确保业务来源稳定。通过整合下游需求，公司增强与上游制造商的议价能力；同时，与上游的紧密合作则丰富了产品方案，为下游提供高性价比选择，拓宽合作领域，巩固市场地位，引领行业发展。

（4）区位优势。我国汽车产业分布以东南沿海为主，以东三省、西安、重庆等地区为辅，而系统集成商一般分布区域与整车厂相近。公司在北京、上海、深圳、桂林、南京、重庆、惠州设立了总部、分支机构及常驻团队，基本覆盖下游客户的所在区域，经营布局具备区位优势。

2. 可能面临的风险

（1）发展高度依赖国产汽车的风险。公司业务聚焦于汽车中控与液晶仪表等座舱电子产品，其兴衰与我国汽车业，尤其是自主品牌的繁荣紧密相连。主营收入多源自国产自主车项目，故易受政策、市场周期波动影响。汽车产业景气下滑或销量不振，将直接冲击公司经营业绩，带来显著不利影响。

（2）持续研发与创新能力不足的风险。为了紧跟下游整车厂新车上市进度，满足新车不断提升的科技含量和个性化需求，公司需要保持研发及创新的能力，不断研发可落地量产的新技术、新产品。若公司未来不能持续保持技术创新，不能引领甚至不能及时跟上行业技术更新换代的速度，或无法及时将新概念、新技术成熟地运用到下游需要的产品之中，将很大程度上削弱公司的市场竞争力。

（3）行业竞争的风险。汽车座舱电子技术日新月异，产品迭代迅速。若公司未能精准捕捉市场脉搏与行业动态，巩固研发与市场优势，将面临业绩下滑、客户流失及市占率下降的风险。同时，行业繁荣吸引新竞争者涌入，下游企业亦提升自研能力，加剧了市场竞争。随着座舱电子市场扩容，装机量攀升，竞争白热化，公司项目利润率面临长期下滑挑战。

（4）客户、供应商集中度较高的风险。公司客户集中度整体较高，如果未来公司主要客户的经营情况和资信状况发生不利变化，使得公司来自主要客户的业务量发生重大波动，也会对公司的业绩造成不利影响。公司采购集中度较高，如果未来主要供应商在产能供给或产品质量等方面不能满足公司的业务需求，抑或抬高产品销售价格，则将对公司生产经营造成不利影响。

（5）自身存在的不足。公司营业收入额增长遇阻。营收情况受下游整车制造商销量连带作用较大，华安鑫创应扩展主要客户范围，降低大客户营收比重，以预防营业收入波动幅度较大的问题。华安鑫创毛利率高的产品相应利润占比却低，主营产品的降本增效工作效果不佳，同时也没有让高毛利率产品很好发挥提升企业利润水平的作用。

（二）"值得信赖"维度评价

1. 企业规模发展不稳定

（1）总资产规模增长受阻。2019—2021年，华安鑫创总资产规模分别为6.46亿元、14.76亿元、13.2亿元。2020年较2019年增长了128.48%，但2021年较2020年总资产规模却下降了10.57%，主要是本公司营业收入减少所致。

（2）营业收入增长不稳定。2019—2021年，华安鑫创营业收入额分别为8.56亿元、9.01亿元、7.25亿元。2020年较2019年上升了5.26%，2021年较2020年却下降了19.53%，主要系供货量产车型销量不及预期，而新接项目订单推迟放量，同时下半年受原材料价格上涨导致缺货的影响，出货量减少所致。

（3）员工人数呈波动变化。2019—2021年，华安鑫创员工总人数分别为201人、157人及170人。2020年较2019年减少了21.89%，2021年较2020年员工人数又增加了8.28%，员工规模不稳定。

2. 品牌价值不高

（1）品牌优势值处于赛道末尾。2021年，智能座舱赛道华安鑫创、上声电子、科博达的品牌优势值评分分别为45.10、45.11、45.38。虽然三家企业品牌优势值差距很小，但华安鑫创需提高盈利水平，努力提升企业品牌优势值。

（2）市场位势不高。2021年，华安鑫创、上声电子、科博达的相对市场优势值分别为20.69、35.65、43.59。华安鑫创与其他两家企业差距较大，主营业务收入处于同行较低水平。

3. 研发强度较低

华安鑫创的研发强度为2.98%，位于赛道末尾。2019—2021年华安鑫创研发投入分别为975.51万元、1654.63万元、2157.77万元，复合增长率为48.73%，而2021年上声电子及科博达的研发投入分别为6139.66万元、30401.58万元，说明虽然华安鑫创研发投入持续上升，但总体研发投入仍明显落后于同赛道其他企业。

2021年，华安鑫创研发人员持有专利数为28件，位居第二，研发效率表现较研发强度好。但赛道第一的科博达的专利持有量为64件，华安鑫创与其有较大差距，企业研发效率仍需提高。

4. 运营能力有待提高

（1）运营能力及发展能力不强。在偿债能力方面，华安鑫创评分高达100分，是榜单百家企业中偿债能力最强的企业。在运营能力方面，2021年华安鑫创量产车型销量不及预期及出货量减少，评分仅为15.50，位于赛道末尾。2021年企业总资产周转率较低，运营能力评分不高。在盈利能力方面，2021年华安鑫创盈利能力评分为64.11，同样处于赛道末尾，但同行业三家企业相比差距不大。在发展能力方面，2021年华安鑫创评分为6.87，明显低于其他两家企业，说明公司总资产增长率不高，企业规模发展遇阻。

（2）公司治理体系比较完善。2021年华安鑫创的股权制衡度评分为99.81，避免了一股独大的局面。2021年华安鑫创、上声电子、科博达的独立董事比例评分分别为80.00、80.00、53.33，说明华安鑫创董事会独立性较强，公司监督机制完善。

（3）人才体系有待完善。2019—2021年，华安鑫创研发人员人数分别为660人、720人、844人。2021年，华安鑫创、上声电子、科博达研究人员中，硕士生及以上人数占比分别为7.45%、3.81%、16.35%，需提升研发人员的学历水平。

三、上声电子：亟须增强企业运营能力

苏州上声电子是国内领先的前装市场汽车声学产品方案供应商，2021年于A股上市，公司车载扬声器产品市场占有率在国内同行供应商中排名第一。上声电子主要致力于研究、设计和制造从基础到高端的单一音频组件和汽车综合音响系统，运用声学技术提升驾车体验，拥有以技术优势及全球交付优势为基础的核心竞争力。2019—2021年，上声电子企业规模总体呈上升趋势，品牌价值处于智能座舱赛道中游，研发强度持续提升。但是，公司仍存在研发效率不高、人才结构不完善，偿债能力较差等问题。作为全球智能座舱车载音响领域的中国代表，上声电子还需持续发力，提高研发效率，提高企业治理能力，向发展成为国际一流车载音响企业不断努力。

（一）优势与风险

1. 以技术优势及全球交付优势为基础的核心竞争力

公司的核心竞争力表现为技术优势与全球交付优势，技术优势体现在持续的自主研发能力、突出的同步开发能力及卓越的整车调音能力三个方面。

（1）持续的自主研发能力。公司自成立以来一直专注于汽车声学技术的自主研发，涵盖车载扬声器、功放等全链条，从硬件到算法软件均具创新力。掌握声学仿真设计、整车音响核心技术，并高效应用于产品开发。同时，公司正强化电子软件与声学信号处理算法研发，以技术驱动未来声学体验升级。

（2）突出的同步开发能力。上声电子形成了零部件供应商与汽车制造厂同步开发的模式，要求供应商融入整车配套体系，并紧跟汽车制造厂商的开发节奏，对其开发需求做出快速反应，迅速提供设计方案。

（3）卓越的整车调音能力。公司自主开发调音算法、软件及完整的测试及音效评审体系。公司秉持“原音重现”的理念，利用多麦克风系统精准采集声学信号，评估扬声器性能，为调音提供坚实依据。专业调音团队经系统培训，凭借丰富经验，精准调音，克服听觉适应，打造卓越音质体验。

（4）全球化生产与销售网络布局。公司全球化布局，实现需求本地化响应，增强客户黏性，提升国际竞争力。上声电子在中国、美国、德国设立销售、售后及技术支持团队，构建覆盖主要汽车产区的销售网络，确保产品全球销售顺畅，为客户提供及时高效的服务支持，持续强化客户满意度与品牌忠诚度。

（5）稳定的精密制造能力。公司经过与汽车制造厂商和电声品牌商的多年合作，建立了稳定的精密制造技术体系。掌握纸盆、盆架等核心零部件的核心生产工艺，从原材料端保证产品的可靠性，并不断强化核心零部件、产品生产端的精密制造能力。

（6）优质的客户资源。公司产品主要面向汽车前装市场，客户主要为国内外知名汽车制造厂商及电声品牌商，其对供应商均设置了一定的准入门槛。供应商的认证过程通常需要耗费双方大量时间和成本，因此双方一旦确立合作关系，将长时间保持相对稳定的合作。

2. 可能面临的风险

（1）技术创新风险。随着电声行业竞争加剧及下游汽车产业的不断发展，车载扬声器等汽车声学产品的性能指标、复杂程度不断提升，客户对产品技术水平和质量提出了更高要求。未来如果公司不能继续保持技术创新并及时响应市场需求，将对公司经营产生不利影响。

（2）境外业务风险。公司产品出口地区主要为美国、德国、捷克、巴西等国家。若双边关系或当地市场、政策剧变，将冲击公司海外运营与盈利。同时，汇率大幅波动且公司应对不力，也将显著影响经营业绩。

（3）原材料价格波动风险。其主要原材料为磁钢、前片、后片、音圈、塑料粒子及电子元器件等。受国内外经济形势、国家宏观调控政策及市场供求变动等因素的影响，如果上游原材料短期内出现大幅上涨，公司产品价格未能及时调整，可能对公司经营业绩产生不利影响。

（4）客户集中度高的风险。公司客户集中度高，依赖国内外知名整车与电声品牌制造商。若宏观经济波动、客户市场竞争力减弱致生产计划调整、采购缩水，或供应商资格受损，加之公司新品研发、生产经营若未能契合客户需求，均可能危及与主要客户的稳定合作，进而对公司业绩造成不利影响。需警惕风险，持续强化产品创新与市场适应力。

（5）自身存在的不足。人才结构需要调整，技术人员中硕士生人数相对较少，高学历与普通学历人才之间的过渡不够，可能存在合作效率低的问题。上声电子研发效率有待提高。

（二）“值得信赖”维度评价

1. 企业规模总体呈扩张趋势

（1）总资产规模持续扩大。2019—2021 年，上声电子总资产规模分别为 13.37 亿元、13.56 亿元、16.22 亿元，三年复合增长率为 10.14%，企业总资产规模持续扩大。

（2）营业收入呈波动式增长。2019—2021 年上声电子营业收入分别为 11.95 亿元、10.88 亿元、13.02 亿元。虽然 2020 年较 2019 年收入减少了 8.95%，但上声电子 2021 年营业收入较 2020 年增长了 19.67%，三年平均增长率为 5.36%，总体呈增长态势。

（3）员工规模收缩。2020年、2021年上声电子员工总人数分别为2027人及1984人，2021年较2020年员工人数减少了2.12%。而2021年企业技术人员人数较2020年增加28人，2021年管理费用较2020年也增加了15.85%，其中一部分原因是公司适当增加了管理人员的数量。

2. 研发强度有待提高

2021年上声电子研发强度为6.76%，排名第二。2021年，公司研发投入为236亿元，较2020年增长了13.46%，说明上声电子重视研发创新，正逐步加大研发投入。但是，2021年上声电子专利持有数为25件，位于赛道最后，说明公司创新效率有待提高。

3. 应着力提高偿债能力

（1）偿债能力表现不佳。2021年，上声电子偿债能力评分仅为7.48分，远低于同赛道的华安鑫创（100分）、科博达（25.47分）。主要原因是流动资产的减少及流动负债的大幅增加。流动资产上，2021年公司货币资金较上年末下降19.31%，其他应付款较上年末上涨31.53%。运营能力与发展能力评分都位于赛道首位，但需注意偿债风险。

（2）公司治理体系比较完善。上声电子2021年股权制衡度评分为99.75，排名第二。第一大股东持股比例与第二大股东持股比例的比值为1.4，低于赛道平均值3.97，说明公司股权制衡度较高，避免了一股独大的局面。另外公司做到了两职分离，避免了公司“独裁”现象。

（3）公司人才体系有待改进。虽然上声电子的硕士研究生人数是最少的，但是博士生人数位居赛道第一，硕博人才比例略显失衡。要想改善研发效率低的问题，上声电子亟须完善高学历人才构成，调整硕博人才比例，激发人才创新潜力。

四、科博达：应提升公司治理水平，谨防内部人控制

科博达立足于全球汽车产业的市场平台，已融入高端汽车电子产业链，是中国少数能与国际顶尖汽车品牌同步研发电子产品的企业。其核心照明控制系统领先市场，并顺势拓展至智能座舱氛围照明领域，与一汽大众等巨头携手合作。公司以“软件+硬件”融合为核心，展现卓越品质与高效服务。尽管近年遭遇疫情与芯片短缺冲击，收入放缓，内部治理亦存在挑战，科博达仍坚定推进规模扩张、品牌提升与研发强化战略。当前，公司正积极优化治理结构，探索供应链解决方案，旨在消除内外障碍，加速企业发展步伐，以更强的姿态迎接市场挑战，巩固并扩大其在汽车电子领域的领先地位。

（一）优势与风险

1. 在汽车电子产品方面形成了核心竞争力

科博达是国内能与全球知名汽车整车厂进行同步开发并为其提供配套汽车电子产品的少数企业之一，长期以来一直与全球知名整车厂保持着稳定的供应商

关系。

（1）优质客户资源和稳定的客户关系。公司拥有众多国内外产销量大、车型齐全、品牌卓越的一流整车厂客户，并与主要终端用户保持了长期紧密的合作关系。公司核心客户包括大众集团（包括其下属子公司奥迪公司、保时捷汽车、宾利汽车和兰博基尼汽车）、戴姆勒、宝马等数十家全球知名整车厂商。

（2）较强的产品开发能力。公司拥有达到国际先进水平的汽车电子产品开发实力。公司具有自主开发符合 AUTOSAR 标准架构的汽车电子产品并可与整车厂商车型开发平台直接对接的研发技术，且应用水平已达到该开发标准 4.3 版本的要求，所生产的产品通过了代表行业领先研发水平的 SPICE 2 级审核，并达到了行业最严苛的安全标准 ASILB。同时，公司还建立了达到国际先进水平的 EMC 实验室。

（3）优良的产品品质和高效的客户响应体系。在产品生产制造方面，公司具备完整的产品工程设计与设备开发能力，自主设计、组装的自动化生产线达到行业领先水平，可满足全球知名整车厂商对于生产工艺的严苛标准。在客户服务方面，公司以客户需求为导向，搭建灵活高效的客户响应体系，以最大程度地提高客户满意度，为整车厂提供全方位的服务，多次获得整车厂的优秀服务奖。

（4）一流的供应链资源和高效的供应链管理能力。公司拥有全球领先的供应链资源，全球前 10 强汽车半导体公司中有 8 家是公司的战略合作伙伴；同时，公司已与全球 30 多家知名汽车电子器件供应商建立了战略合作关系。对应整车厂大部分采取的“零库存”和“及时供货”的供应链管理模式，公司依托信息化系统和管理手段，实行准时化供应和以销定产模式，有效缩短制造周期，提高库存周转率，减少资金占用，实现稳定和高效的生产运营。

2. 可能面临的风险

（1）原材料价格波动风险。公司生产的汽车电子产品所用的原材料主要包括电子元器件（电阻、电感、电容、IC、芯片、晶振等）、PCB、压铸件、注塑件、密封件等各类结构件。产品的毛利率受原材料价格的影响较大，价格的波动给公司成本带来一定压力，原材料价格的波动将会直接影响公司的生产成本、盈利水平和经营业绩。

（2）技术迭代速度不及市场发展速度的风险。汽车行业新技术加速迭代，电动化、智能化、网联化技术甚至带来行业颠覆性变革，若公司在自身的创新改善、新品开发等方面不达预期，则可能对公司的经营业绩、核心竞争力和未来发展产生负面影响。

（3）自身存在的不足。科博达公司运营能力提升受阻，营业收入下降，主营产品为照明控制系统，另有电机控制系统、能源管理系统、车载电器与电子产品在售。生产经营所需原材料主要为电子元器件及结构件，均为市场化充分竞争的产品。公司治理水平有待提高，第一大股东持股比例太高，剩余股东难以对其构成制衡。另外独立董事对大股东的制衡作用也较小。综合来看，科博达大股东的话语权较大，缺少制衡，有出现“内部人控制”的风险。

（二）“值得信赖”维度评价

1. 企业规模逐步扩大，但收入增长遇阻

（1）总资产规模稳步扩大。2019 年，科博达的总资产规模为 39.34 亿元，2020 年为 47.11 亿元，较上一年增长了 19.75%。2021 年，科博达总资产为 48.56 亿元，较 2020 年增长了 3.08%，三年总资产平均增长率为 11.42%。总体增长速度较为稳健。

（2）员工规模持续增长。2019 年，科博达员工总人数为 1992 人，2020 年为 2027 人，增长率为 1.76%。2021 年员工总数为 2129 人，相较 2020 年增长了 5.03%，三年平均增长率为 3.40%。员工规模增长稳定。

（3）营业收入发展遇阻。2019—2021 年，科博达营业收入分别为 29.22 亿元、29.14 亿元、28.07 亿元。2020 年较 2019 年收入减少了 0.27%，2021 年较 2020 年减少了 3.67%，三年平均减少率为 1.97%。

2. 创新投入强度大，创新效率较高

在创新研发方面，公司具备 8 个研发机构，分工明确。其中车身电子研发中心和新能源产品研发中心分别负责汽车照明控制器、电子燃油泵、新能源汽车电源转换模块等产品的研发，德国研发中心则是公司统一的实验平台，获得了包括大众集团、福特等全球知名整车厂商的试验能力认可。随着智能座舱的升级，公司专门成立独立智能光源业务中心，围绕智能座舱氛围照明，为将来作为“第三生活空间”的智能座舱打造先进的视觉系统。

3. 公司治理水平有待提高

（1）公司治理水平有待提高。科博达的股权制衡度水平位于赛道末尾，第一大股东的持股比例高，第二大股东对其制衡度低。董事会独立性较弱，公司监督机制较弱，有出现“内部人控制”的风险。

（2）人才体系强大。科博达研发人员的整体学历水平高。在引进外部优秀人才的同时，公司还注重培养内部现有人才。公司工会和工厂管理者密切合作，组织工厂一线人员进行技术竞赛，对优胜者进行奖励并公开表彰，践行“工匠精神”的传承。通过公司内部培养体系，将更多的发展机会留给内部员工，充分调动了员工的积极性。

4. 国际化广度大

科博达联合同济大学、英飞凌、安森美等知名高校和全球著名公司，共同成立“汽车电力电子联合实验室”和“汽车电子联合实验室”，进行产品的前期技术研究。致力于与国际接轨，大力开拓海外业务，现已在灯控及汽车电子领域成长为全球领先的供应商之一，向世界展示了中国科技企业的进步与发展。

第四章　汽车供应链服务行业

2023 年 6 月，国务院办公厅印发《关于进一步构建高质量充电基础设施体系的指导意见》，提出要提升车网双向互动能力，大力推广应用智能充电基础设施，强化对电动汽车充放电行为的调控能力，推动车网互动等试点示范。2024 年 1 月，国家发展改革委、国家能源局、工业和信息化部、市场监管总局联合印发了《关于加强新能源汽车与电网融合互动的实施意见》，充分发挥新能源汽车在电化学储能体系中的重要作用，推进产业智能化、绿色化、融合化发展，支撑新型能源体系和新型电力系统构建。本章对行业的发展环境进行分析，以能链智电作为“值得信赖”汽车供应链企业服务行业的分析对象，基于企业基本概况，剖析其发展面临的风险，并基于竞争环境和自身财务数据，提出其发展存在的不足。

一、汽车供应链服务行业发展环境分析

当前，正逢充电桩建设及运营服务领域快速发展期，在需求与政策双重催化下，充电桩建设及运营服务领域获得资本市场持续关注，以能链智电为代表的新能源充电服务企业成长空间被进一步激活。

伴随全球“油电切换”进程加快，围绕电动汽车充电服务的相关市场进入爆发期。2023 年储能、EPC 服务、充电服务市场规模分别达到 290 亿元、250 亿元、250 亿元，预计到 2030 年三个市场规模将分别达 8740 亿元、4770 亿元、4340 亿元，较 2023 年分别增长了 29 倍、18 倍、16 倍。

本行业选取能链智电作为“值得信赖”汽车供应链服务行业的分析对象。按指数计算出 2021—2022 年该公司在偿债能力、营运能力、盈利能力以及发展能力方面的数值，并绘制成图 4。

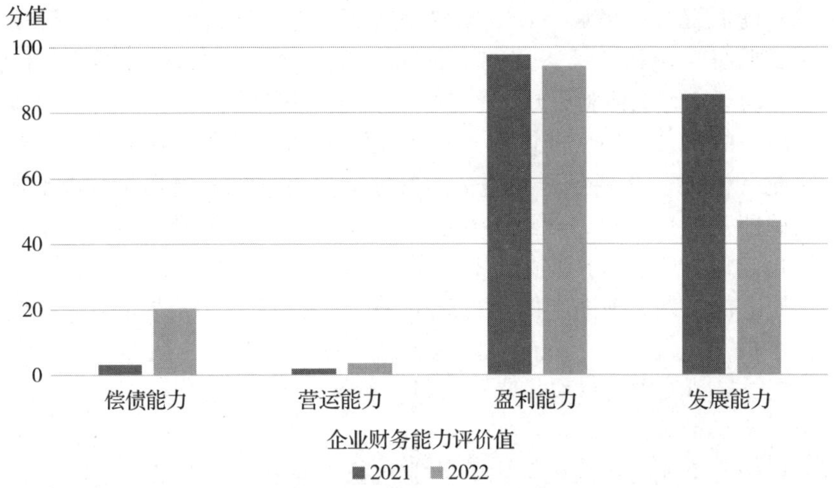

图 4　能链智电偿债能力、营运能力、盈利能力以及发展能力评价对比图（100 分制）

二、能链智电：亟待以商业模式创新实现降本增效

能链智电于 2022 年登陆纳斯达克，是中国充电服务第一股。以“链接即服务”模式，为充电运营商与电动车主提供一体化充电解决方案及增值服务，重塑中国新能源充电生态，提升产业链效率。然而，鉴于企业初创及市场未成熟，盈利能力尚待加强。面对充电桩成本高企、利用率不足的挑战，能链智电需聚焦降本增效，创新盈利路径，以突破业务瓶颈，迈向可持续发展之路，实现盈利与市场份额的双重飞跃。

（一）优势与风险

1. 形成较强的资源整合能力

能链智电依托数字化力量，为 B 端充电运营商打造标准化服务网络，涵盖会员、充电桩及订单管理，辅以线下运维支持，显著提效并缩短投资回报周期。面向 C 端，能链智电提供“线上 + 线下 + 非电”综合服务，优化充电体验，统一行业规范。同时，布局共享设施如按摩椅、售货柜，不仅丰富充电站业态，促进营收增长，更为新能源车主打造全方位、多层次的充电及休闲体验，引领充电服务新风尚。

（1）优质的客户资源。作为充电服务商，能链智电主要扮演串联起包括充电桩制造商、运营商、主机厂、终端用户等在内的产业“连接器”的角色。在联系充电桩制造商及运营商方面，能链智电与特来电、星星充电、云快充等位于行业前端的企业都达成了战略合作关系，帮助充电桩制造商卖桩及为充电桩运营商提供从选址、建站到运营的全生命周期一站式服务。

（2）开辟了全新业务场景。能链智电致力于新零售场景和补能场景的结合。

作为全球新能源资产服务商，为充电桩制造商、充电运营商、主机厂等提供全产业链一站式服务，包括选址咨询、软硬件采购、EPC工程、运营运维、储能、光伏等，让电动车主充电体验更好、产业链各方运营更高效。

（3）高效的研发能力。能链智电在新能源领域持续进行业务升级，在虚拟电厂、光储充一体化等新兴业务方面全面落地。通过推动充电场站和新能源车IOT化，融入储能和虚拟电厂，促进综合能源设施的落地，实现光、储、充、氢、便利店一体化建设，实现资产提效。针对智能网联、自动驾驶趋势，能链智电还自主研发了充电机器人。该充电机器人汇集深度学习、V2X、SLAM等多项技术，车主只需在手机端一键下单，充电机器人就会完成自动寻车、精准停靠、机械臂自动插枪充电、自动驶离、自动归位补能等一系列功能。

2. 可能面临的风险

（1）同行竞争风险。能链智电的竞争对象主要是其他充电服务供应商。由于中国充电站客户对充电服务解决方案的需求尚未得到充分满足，使得该市场不断有新玩家进入。为保持市场优势地位，能链智电需要突出竞争优势，拓展竞争力。

（2）新商业模式的实践风险。能链智电采用的“链接即服务”商业模式填补了新能源汽车产业缺少第三方机构整合资源的空白，同时也意味着这种商业模式在行业内鲜少有先例，“链接即服务”的商业模式还未在实际经营过程中得到其可行性的充分验证。能链智电新能源业务经营历史有限，且在纳斯达克上市过程中重组了公司组织，调整了业务运营方式，采用了新的、未经证明的商业模式并拓展到了新部门，使公司在这种过渡中存在重大风险。

（3）研发更新速度落后风险。电动汽车充电市场处于早期阶段，该行业的技术正在快速变化，这要求企业在产品及服务方面持续创新，此类开发的任何延迟都可能对企业解决方案的市场接受度产生不利影响。能链智电未来成功与否取决于在产品和服务中能否开发和引入各种创新能力以满足电动汽车充电市场不断变化的需求。

（4）自身存在的不足。企业近期将继续产生重大营运开支及净亏损，结合2022年净亏损较2021年有所增加及企业正处于发展早期，仍处于持续扩张、加大投入阶段的现实，无法保证企业未来能够实现盈利。能链智电企业供给端盈利状况不佳，业务上限不高，难以达到盈亏平衡。能链智电独立董事比例较低，独董比例明显低于均值。能链智电研究力量薄弱。

（二）“值得信赖”维度评价

1. 企业规模呈加速扩张态势

（1）总资产持续增加。2021—2022年，企业总资产规模分别为1.78亿元、11.06亿元。2022年总资产增长率为521.35%，其原因是企业上市融资积累了大量资本。

（2）营业收入跳跃式增长。2021—2022年，能链智电营业收入分别为3345.3万元、9281.4万元。2022年较2021年收入增长了1.77倍。2022年营业收入增长迅速的原因是企业在充电网络领域的扩张及市场份额的增加。

（3）员工规模不断扩大。企业高度重视人才队伍建设，公司团队继续壮大，一年内近 100 名资深专家和年轻同事加入能链智电，公司人才的战斗力得到显著提升。2021 年，企业员工人数为 222 人，2022 年为 311 人。2022 年较 2021 年人数增长 40.09%。

2. 品牌价值持续提高

从财务维度来看，以净利润的相对值来体现公司品牌优势时，能链智电 2021—2022 年净利润分别为 -2.54 亿元、-24.68 亿元，两年公司平均净利润为 -13.61 亿元，公司亏损额越来越大，品牌优势呈持续减少趋势。从消费者维度来看，以集团 2021—2022 年的品牌优势值相互比较得出，2021—2022 年能链智电集团相对市场位势评分分别为 36.03、100，上市两年来市场位势快速提高。

3. 研发投入及研发效率持续增加

能链智电 2021—2022 年研发费用占比分别为 46.72%、98.6%，研发强度逐年递增。2021—2022 年，公司研发人员持有的专利数增加至 9 项，专利数增幅达 350%，大于研发费用增幅 20.84%，公司研发效率较高。

4. 管理体系需要改善

（1）公司治理体系有待完善。2021—2022 年，公司存在一股独大的问题。公司独立董事比例为 25%，占比较新能源汽车产业链内其他企业较小。公司总经理与董事长非同一人，能够形成较好监督机制，防范企业出现“内部人控制”的风险。

（2）人才队伍结构还不够合理。公司研发人员在整体人才队伍中的占比越来越少。公司亟须提高对新技术的重视程度，以满足行业技术要求。

第五章　轮 胎 行 业

随着新能源汽车产量迅速提升，新能源汽车轮胎为轮胎市场带来新的增长点。新能源汽车的崛起给轮胎行业带来了弯道超车的机会，传统燃油车轮胎形成的品牌认知度将会在新能源汽车轮胎上减弱，利于国产轮胎品牌的快速占领市场份额。由于新能源汽车和传统汽车比，在续航能力、整车重量、动力输出和噪声表现方面有较大差异，这使得新能源汽车轮胎对安全、抓地力、低噪声、耐磨性、节能降耗、绿色环保等方面的性能要求更高。

一、轮胎行业发展环境分析

2022 年，新能源赛道成为汽车产业包括橡胶轮胎产业的一片投资热土。随着轮胎产品结构的变化，国内轮胎行业头部企业加快了新产品的布局，提升差异化产品占比，并借助新能源汽车的快速发展，在新能源汽车领域实现了大跨步。

（一）新能源汽车市场蓬勃发展为轮胎行业带来新的发展机遇

新能源汽车的发展，无论是其对轮胎性能要求增加给到的价值提升空间，还是其拉动消费数量增长，对轮胎行业都是极大利好。汽车智能化和电气化的发展，对新一代轮胎提出了更高的要求。电动汽车轮胎需要更坚固、尽可能轻，提供更大的抓地力，轮胎表面的线条必须令胎噪更小。轮胎行业迎来了推陈出新、快速发展的好机遇。

（二）绿色智能成为轮胎行业的长期发展趋势

随着汽车行业增速放缓及双碳战略，轮胎消费趋势正向着高品质、高性能、环保轮胎发展，国内轮胎企业的发展模式已由数量扩张型调整为高质量发展型。

近年来，受经济下行、物流不畅等多重因素影响，轮胎终端市场特别是全钢载重子午线轮胎（卡客车轮胎）需求不振，同时叠加俄乌冲突、美联储加息外溢效应导致的需求疲软、全球供应链不稳定带来的原材料、能源价格上涨等，轮胎行业所处的宏观环境较为严峻，经营压力加大成为大部分轮胎生产企业的经营现实。

（三）政策引领轮胎行业的绿色转型升级

工业和信息化部发布了由中橡协组织行业制定的《轮胎行业绿色工厂评价要求》（HG/T 6061—2022）和《轮胎制造绿色供应链管理要求》（HG/T 6062—2022）两项行业标准，实施时间为 2023 年 4 月 1 日，这两项行业标准的发布和实施，为轮胎行业绿色转型升级提供了依据，意味着绿色轮胎必然成为轮胎产业的主流。

因此，更低的噪声、更好地降低汽车的燃油消耗，兼顾轮胎的全生命周期的跟踪、分析、管理的升级服务将是未来轮胎行业竞争的重点。各轮胎企业应当继续加大对于绿色技术的探索，不断将绿色产品迭代升级，获取更有利的市场竞争优势。

本行业选取玲珑轮胎、佳通轮胎、三角轮胎、贵州轮胎以及风神轮胎作为“值得信赖”汽车轮胎行业的分析对象。按指数计算出2021年各公司在偿债能力、营运能力、盈利能力以及发展能力方面的数值，如图5、图6所示。

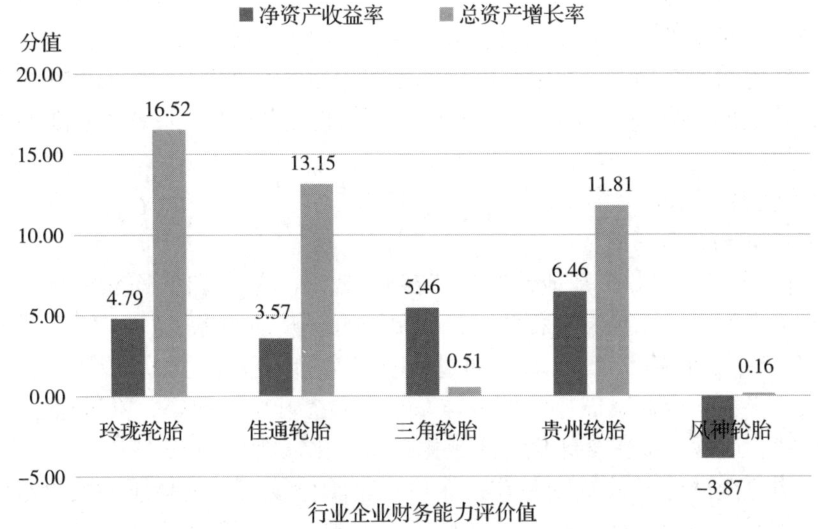

图5　“轮胎”赛道企业盈利能力和发展能力评价对比图（%）

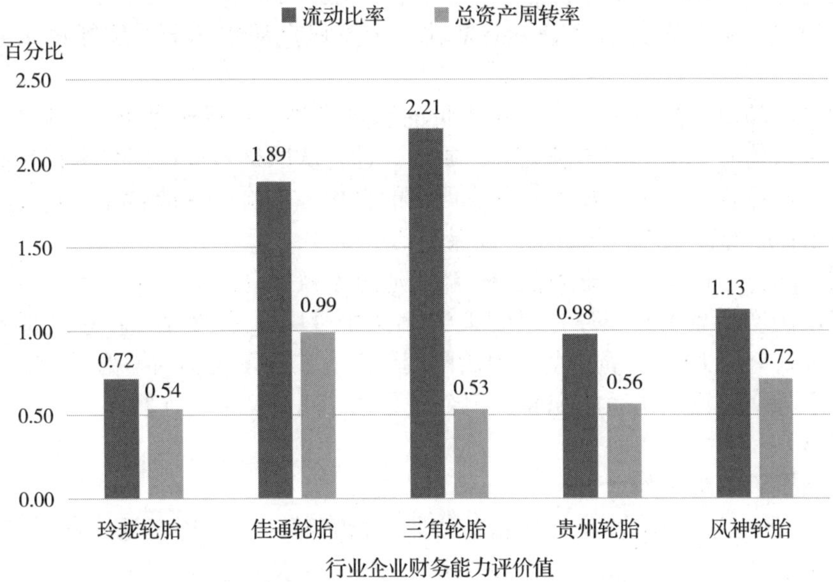

图6　“轮胎”赛道企业偿债能力和营运能力评价对比图（%）

二、玲珑轮胎：应当重视企业资产变现能力与短期偿债能力的提升

玲珑轮胎是一家专业化、规模化的轮胎生产企业，在全球拥有7个研发机构、7个生产基地、1.8万余名员工，产品广泛应用于乘用车、商用车、工程机械车辆等，形成了玲珑、ATLAS、利奥、EVOLUXX等面向全球差异化市场定位的多元化品牌体系。近年来，企业规模不断扩大，品牌建设呈现多样化、多元化，运营管理稳健，拥有庞大的研发平台，支持高层次人才创新创造，不断催生成果转化。但是，玲珑轮胎业在2022年出现了主营业务收入缩减的状况，且在财务管理尤其是偿债、营运两个方面表现不佳。公司需要关注上述问题、深入挖掘原因，采取有效措施加以防范。

（一）优势与风险

1. 战略布局优势突出

（1）依托国内外生产基地，布局“7+5”战略。基于加快构建以国内大循环为主体、国内国际双循环相互促进的新发展格局，玲珑轮胎实行“7+5”战略布局（国内7个工厂，海外5个工厂）。通过该战略布局，玲珑轮胎形成了与主机厂配套最佳服务半径，全面赋能零售服务体系，大幅提升交付效率，推进研发、管理、制造、营销、运营、服务全球化、区域化、本土化发展。

（2）构建全球化开放式创新体系。玲珑轮胎持续实施创新驱动发展战略，以实验室为依托，成立了研究分院，形成了“三国七地”全球化开放式研发创新体系。同时推进自动化、无人化、数字化、智能化工厂建设，智能化物流运输及立体库的建设，实现轮胎设计、生产、管理、物流和营销等环节的信息采集、共享、分析、决策一体化，打造全领域智能化、全流程自动化、全方位绿色化的轮胎工厂。

（3）高品质、高性能、高科技含量的质量优势。玲珑轮胎秉承“质量优异、服务上乘、信誉为本、用户满意”的质量方针，从原材料进厂到终端销售通过统一标准、质量管理、工艺技术，形成严格的自检、互检、专检制度，并不断推进产品质量控制的智能化、自动化，确保产品品质。

（4）配套与新零售并驱的营销优势。通过不断提升产品技术含量，玲珑轮胎凭借优质的产品品质和服务，为全球60多家主机厂的20多个生产基地提供配套服务，进入全球10大车企中的7家的配套体系，实现了对中国、德系、欧系、美系、日系等全球重点车系的配套，车企配套累计超2亿条，连续多年位居国内轮胎配套第一。

2. 可能面临的风险

（1）市场竞争风险。公司在轮胎行业经营多年，已具备充足的资源和经验，科学技术水平也走在前沿。但是未来随着更多年轻企业进入市场，若创新不足或核心技术不符市场需求，将面临竞争力削弱、领先地位不保及盈利能力受损的

风险。

（2）国际贸易壁垒提升风险。近年来，美国、巴西、印度以及欧盟等国家或地区对中国的轮胎出口产品发起反倾销调查或者通过提高准入门槛限制中国轮胎的出口。虽然公司规划了海外建五个基地，会不断加快海外生产基地的建设以应对可能突发的海外贸易摩擦，但未来国际贸易仍有很多不确定性，将可能给公司境外销售业务带来一定风险。

（3）自身存在的不足。玲珑轮胎主营业务收入在小幅度增长后出现了较大幅度的下滑，会影响企业的经营状况，经营效率和经营能力都会下降。同时，当主营业务收入下降时，企业的收入和利润也会相应地减少，企业的财务状况随之发生变化，从而增加财务风险。根据对于2022年玲珑轮胎财务数据的分析，发现公司在盈利能力、发展能力方面具有显著优势，但偿债能力和营运能力欠佳。

（二）“值得信赖”维度评价

1. 企业规模正在稳步扩大

（1）企业总资产持续增长。2020—2022年玲珑轮胎总资产分别为292.99亿元、341.39亿元、373.82亿元。2020—2021年公司总资产增长率为16.52%，2021—2022年总资产增长率下降到9.50%，尽管如此，玲珑轮胎总资产规模在整体上仍保持大幅度增长。

（2）主营业务收入出现下滑。2020年玲珑轮胎的主营业务收入为181.16亿元，2021年小幅增长至182.76亿元，2022年降为167.27亿元，营业收入明显下滑。

（3）员工规模稳中有增。玲珑轮胎2020—2022年的员工总人数分别为17475人、18507人、18534人。可以看出，公司员工数量变化幅度小且整体保持增长，员工规模稳中有增。

2. 研发平台助力科技成果转化

玲珑轮胎依托博士后与院士工作站，以及轮胎噪声、低阻、NVH及动力学等前沿实验室，构建了强大的科研体系。近年来，其研发投入虽略有微调，但稳定在营收的4%~5%，保持了高研发强度。这一投入与平台优势共同驱动了创新活力，使玲珑轮胎专利数量领先行业，持续输出创新成果，巩固了其在轮胎领域的领先地位。

3. 运营管理基本稳健

（1）公司治理成效显著。玲珑轮胎严格履行信息披露业务，有效提高公司规范运作水平，2020—2021年度，公司信息披露工作评价为A，是唯一连续两年获得上海证券交易所年度信息披露工作评价最高评级A级的沪市轮胎企业。此外，玲珑轮胎第一大股东与第二大股东持股的比率为2.90，股权制衡度较高。独立董事比例为33%且实现了两职分离，说明玲珑轮胎能够做到管理决策层的有效制衡。

（2）构建国际化、高层次人才体系。玲珑轮胎充分发挥人才第一资源作用，以梯队建设为重心，促进各项经营管理工作上下同欲、知行合一、步调一致。从2023年起每年选拔有潜质的优秀人才整合专业的培训资源开展能力提升培训班，建设一支思维视野、专业水准、能力素质等达到国际水平的人才队伍，为公司“7+5”战略实施提供有力支撑。

三、佳通轮胎：需加强研发资金和人才投入，提升品牌市场位势

佳通轮胎是国内先进的轮胎制造商，被《中国轮胎商务网》评选为2022年度十大轮胎品牌之一。在新一轮产业革命发展的大背景下，新能源产业链蓬勃发展，为佳通轮胎带来了新的行业发展机遇。凭借自身健全的产品线优势、完善的质量安全管理体系、智能化数字化的升级装备，佳通轮胎的企业规模不断扩大，发展势能良好。但是，佳通轮胎还需加强创新研发的资金和人才支撑，同时降本增效，拓展公司的创收空间，打造具有高品牌影响力的竞争优势。

（一）优势与风险

1. 智能化和数字化增动力

（1）大力发展先进制造。为了抢抓历史机遇，佳通轮胎充分利用现有资源，引进自动化高端生产设备，积极构建大数据信息系统，对原材料及成品库区实行WMS（仓库管理系统），推进成品性能测试及硫化MES（制造执行系统）项目上线，推进成品外观检查自动分拣及成品入库自动分拣和自动上架等项目。

（2）持续开发多样化的产品线。为保证持续的市场竞争力，丰富公司的产品线，佳通轮胎专注于提升新产品的开发力度。产品涵盖了普通轿车轮胎、高性能轿车轮胎、静音棉轮胎、雪地轮胎、越野轮胎。

（3）健全完善的质量管理体系。公司确立了“全员参与追求零缺陷，让顾客满意”的质量方针，严格实行全过程的质量监控和全员参与的质量管理，精心控制自原料进厂到成品出厂每个环节的质量要求，培训提升并定期考核员工的作业质量操作技能，始终践行佳通工匠精神，保持佳通轮胎稳定优质的产品质量。

2. 可能面临的风险

（1）主要原材料价格波动风险。近年来受世界经济周期和气候因素影响，天然橡胶价格波动幅度较大，虽然轮胎企业可根据原材料价格的变化调整轮胎销售价格，但提价的时间和幅度要受到市场供求关系的影响。因此，原材料价格的波动对企业资金周转能力、成本控制能力提出了更高要求。

（2）地缘冲突影响。俄乌冲突不断升级，零部件供应短缺或存潜在风险，以及美国和欧盟对俄罗斯的制裁，海外经济体通胀问题或将进一步恶化，原油、煤炭、钢材、化工品等价格都有不同程度的上涨，继而导致轮胎制造成本增加。此外，短期俄乌冲突将对轮胎出口量带来不利影响。

（3）国际贸易壁垒风险。在全球经济增长乏力、贸易保护加剧、部分国家

地缘政治动荡加剧等背景下，中国轮胎企业的出口贸易仍将面临众多挑战，不排除未来某些国家或地区仍会采取贸易保护措施，预计轮胎行业的贸易摩擦将长期持续。

（4）自身存在的不足。2021年佳通轮胎的相对市场位势得分仅7.63分，处于下游行列。较低的市场占有率会影响企业在行业内的地位与形象，更会阻碍公司创造营收、拓展企业规模。尽管佳通轮胎目前具备良好的创新孵化基地（5大研发技术中心），但需要配以高强度的研发投入，促进研发团队进行高质量的自主创新。佳通轮胎缺少对于高水平研发人员的吸纳，阻碍公司突破现有科技创新层级。

（二）“值得信赖”维度评价

1. 企业规模不断扩大

（1）总资产持续增加。2020年佳通轮胎的总资产为29.52亿元，2021年增长至33.40亿元，增长率为13.14%，2022年继续提升至34.41亿元，增长了3.02%。

（2）主营业务收入增长。佳通轮胎2020—2022年主营业务收入分别为27.75亿元、33.06亿元、34.75亿元。可以看出公司近年来主营业务收入持续增加，复合增长率为12.13%。

（3）员工结构不断优化。佳通轮胎2020年在职员工的数量为3220人，2021年员工总数仍为3220人，但岗位结构有所变化，2022年出现小幅增长，员工人数达到3363人。可见佳通轮胎的员工数量整体保持平稳。而从员工岗位设置来看，2020年公司生产人员同比增长5.29%，技术人员增加了5.32%，优化了员工的专业构成。

2. 拥有良好的创新孵化环境，但研发投入有待加强

目前，佳通轮胎共拥有5大研发技术中心以及4大试车场，以便严格测试轮胎性能，与研发相互配合。并与多家国际研究机构和院校达成紧密合作，致力于打造开放共享的协同创新氛围。佳通轮胎投入规模较小，远低于头部企业。尽管研发投入金额与企业本身规模有较大关联，但作为轮胎行业中的黑马力量，更应加紧提升研发的投入－产出，坚定把握住自主创新的船舵，提升核心竞争优势。

3. 运营管理稳健运行

（1）强化公司内部控制。佳通轮胎在内部组织成立内部控制团队，协助各部门对业务流程、各项关键环节进行监督检查，提升内部控制各环节的管控意识，持续推动内部控制制度得到有效执行，提升公司规范运作水平，促进公司健康可持续发展。

（2）开发知识资本，建立学习型团队。佳通轮胎关注对“人力资本”的管理和投资，根据战略规划和业务发展目标，结合员工岗位需求设定“学习路径图”；同时，根据工作需要、员工特长和能力，为员工职业发展搭建了“管理、专业和作业”三大通道的职业发展序列方向，并结合员工发展路径图配备相应课程培训。

（3）还需搭建高层次人才队伍。截至2022年，佳通轮胎的研发人员数量为231人，占公司总人数的比例为6.87%。其中博士、硕士研究生0人，本科生139

人，专科生及以下 92 人。数据显示，在所选样本中，仅佳通轮胎的研发队伍中缺乏高层次人才，同赛道玲珑轮胎的高层次研发人才占比高达 6.15%。

四、三角轮胎：应当重视企业资产运营效率的提升

三角轮胎前身为创始于 1976 年的威海轮胎厂，2016 年在上海证券交易所上市。近 50 年来，公司始终以轮胎的研发、制造和全球营销作为核心业务，年制造能力近 2700 万条，包括高性能商用车轮胎、乘用车轮胎、工程胎、巨胎、特种胎等，市场遍及 180 多个国家和地区，是全球范围内重要的专业化轮胎制造企业和供应商之一。近年来，三角轮胎的企业规模持续扩大，品牌影响力不断扩展，创新实力有目共睹，在公司治理和人才管理方面均有突出建树。但是，三角轮胎在经营过程中也存在着财务管理能力偏弱、发明专利偏少的问题，需要企业重视营运能力和发展能力的提升，加大自主研发力度，以确保企业发展的可持续性。

（一）优势与风险

1. 数字智能协同并驱

（1）数实结合，协同发展。三角轮胎建成的新型智慧工厂高度融合了多种技术，生产设备高度集成和智能化，生产过程全工序自动、高效运行，产能与生产效率大幅提高，产品质量的均一性和稳定性得到极大保证，多个指标达到国际先进水平。新一代信息技术与市场营销体系、技术研发体系、经营管理体系、供应链体系等深入融合，企业管理活动实现整体协同，企业运转效率提升，运营成本有效降低，决策过程高效智能。

（2）具备高水平的研发平台。三角轮胎是国家高新技术企业、国家知识产权示范企业、国家技术创新示范企业及工业产品绿色设计示范企业，建有国家级科研平台，并在美国阿克隆市设立技术研发中心。三角轮胎产品开发能力比较突出。

（3）拥有较高知名度的品牌优势。三角轮胎连续多年荣列“中国轮胎行业十大影响力品牌”“中国品牌力指数（C-BPI）排行榜”。面对多层次、多区域的市场需求，公司在持续提升“三角”主品牌的基础上，近年来加大了国内外副品牌的推广力度，建立了层次清晰、特点鲜明的多元化品牌体系。

（4）产品和质量管理对标国际先进标准。三角轮胎先后通过了 ISO9001、QS-9000、ISO/TS16949、IATF16949 质量管理体系认证，为国内外消费者提供高附加值、品质优良的产品和服务。

2. 可能面临的风险

（1）国际政治经济变动风险。近年来，国际竞争环境日益复杂，逆全球化趋势不断抬头，全球产业链和供应链面临“断链”风险；国际贸易摩擦日益增多，尤其是针对我国的贸易保护主义与日俱增。且受国外地缘政治冲突升级等因素影响，全球通胀加剧，世界经济增长面临严峻挑战。同时，三角轮胎进出口业务结算货币主要为美元，由于国际宏观经济形势多变，美元兑人民币汇率波动明显，

对公司业绩有较大影响。此外还面临国际贸易壁垒提升的风险。

（2）原材料价格波动风险。由于天然橡胶、合成橡胶以及炭黑、钢帘线是生产轮胎的主要原材料，占生产成本比重较大，因此原材料价格大幅波动会对三角轮胎成本控制及经营业绩有较大影响。同时，能源价格仍然处于高位运行，对公司成本产生较大影响。

（3）自身存在的不足。根据“轮胎”赛道财务数据分析，发现三角轮胎的营运能力表现不佳。虽然三角轮胎各项技术研究成果突出，但在专利范围内，实用新型专利占比高达79.26%，发明专利成果略少。

（二）“值得信赖”维度评价

1. 企业规模向好发展

（1）总资产规模持续扩大。2020—2022年三角轮胎的总资产分别为166.54亿元、167.39亿元、176.93亿元，其增长率分别为0.51%、5.70%。可见，三角轮胎近年来总资产规模在持续稳定地扩大，扩张速度较快，后续发展能力不可小觑。

（2）主营业务收入不断增长。2020—2022年，三角轮胎的主营业务收入分别为85.14亿元、89.16亿元、91.82亿元，三年间增长率分别为4.72%、2.98%。可以看出，三年来公司的主营业务收入在不断上涨。

（3）员工数量出现波动。2020—2022年三角轮胎员工人数分别为5687人、5386人、5693人。可见在这三年间，三角轮胎的员工队伍有一定的增减，但整体看数量基本保持稳定。

2. 布局前瞻性创新发展战略

三角轮胎坚持“开发一代、生产一代、储备一代”的产品技术发展战略，高度重视基础理论研究、新材料、新工艺、新装备等新技术研究应用及新产品的开发设计，重点建设材料化学、轮胎力学、艺术和工业设计、信息智能等跨学科、多学科融合的研发设计能力，突出仿真分析和数字化模型技术的深刻应用，践行“仿真先行，测试验证”的产品开发思路。长远性、综合性、系统性的战略布局加上高强度的研发投入，为三角轮胎的创新研发注入源源不断的活力。

3. 运营管理基本稳健

（1）公司治理有序进行。三角轮胎自觉开展了公司治理专项自查工作，基本符合要求。同时依法履行信息披露义务并积极接待投资者调研，借助“上证e互动”平台、电话等形式回复投资者建议和意见。且公司的独立董事比例为0.33，实现了两职分离，能够做到管理决策层的有效制衡。

（2）人才结构比较合理。目前三角轮胎有889名研发人员，研发人员数量占公司总人数的比例为15.62%，其中，博士研究生5人、硕士研究生46人、本科生285人、专科生235人、高中及以下学历318人，高层次人才占比5.74%。在赛道中，三角轮胎的研发人员占比排名第一，高层次研发人才比重也仅次于玲珑轮胎（6.15%）。可见，三角轮胎较为重视对于研发人才尤其是高层次研发人才的吸纳与培育，为企业的创新发展提供了良好的人才基础。

五、贵州轮胎：需多渠道建设高层次人才队伍，持续提升知识驱动的技术创新能力

贵州轮胎股份有限公司是中国工程机械轮胎配套、出口基地，主要从事商用轮胎的研发、生产及销售工作，规格品种多达3000多个。随着国家“双碳”战略的落地以及新能源汽车市场的蓬勃发展，贵州轮胎紧抓发展机遇，研发绿色高质量产品，为新兴市场服务。公司长期坚持“质量第一，用户至上”的经营理念，奉行“诚实为用户，信誉生效益”的营销思路，产品远销全球60多个国家和地区。近年来，贵州轮胎的企业规模持续性扩大，科技创新成果不断涌现，公司治理稳健运行。但是目前贵州轮胎在品牌建设、财务管理、发明专利等方面略有不足且高层次人才队伍较为缺失，今后需持续关注并逐步落实改进措施。

（一）优势与风险

1. 市场推动的产品创新能力较有优势

（1）布局国内国外“双基地”。随着公司越南基地一期项目的投产，贵州轮胎“双基地”布局迈出坚实的一步。公司产品主要出口到美国、欧洲、澳大利亚、巴西、印度、东南亚、中东等全球130多个国家和地区，国际化布局的实施能够更好地满足不同地区市场的需求。

（2）完善的精益管理体系。贵州轮胎打造了精益管理体系（GTPS），对标国际一流精益管理水平目标，全面建立、实施和保持精益化工作标准、精益能力评价标准，系统推广和运用精益生产的工具和方法，有效揭示潜在的质量、成本和效率提升空间。

（3）持续突破关键核心技术。贵州轮胎根据市场需求持续加大创新力度，不断开拓新的技术领域，产品生产制造拥有自主知识产权。公司已掌握处于国内先进水平的轮胎研发、设计和生产关键技术；其主要产品在同行业处于领先地位，部分产品主要性能指标达到国际先进水平。

（4）打造全系列的产品体系。贵州轮胎持续开发国内独有的技术和产品，如高端载重无内胎轮胎、绿色节油安全型宽基无内胎轮胎等，部分系列的产品为国内独家或首家开发，性能领先于国内品牌产品，接近甚至超越国际品牌产品，获得了国内外市场的广泛认可。

（5）紧抓质量信息管理。公司信息化系统中建立了质量信息管理平台，从原材料检验放行、过程制造到成品检验的质量数据进行实时采集、分析并形成质量图表，对关键质量特性波动进行预警、系统及时纠正和改善。

2. 可能面临的风险

（1）原材料价格波动风险。橡胶、炭黑、帘线等轮胎主要原材料占公司成本比重较大，近年来受贸易政策、汇率变动、原油价格的影响波动较大，加上能源

成本的走高，贵州轮胎的经营面临较大的成本压力，成本控制难度加大。

（2）境外经营风险。贵州轮胎海外市场拓展显著，国际化战略稳步前行。然而，面对境外法律、政策、政治及商业环境的差异，若应对不力或环境突变，将对公司运营构成风险。同时，海外投资与贸易高度依赖美元结算，人民币对美元汇率的波动直接影响公司财务表现，加剧了汇率波动带来的不确定性风险。

（3）自身存在的不足。贵州轮胎的发明专利偏少，自主研发水平待加强。公司需注重专利挖掘，根据现有技术和产品不断挖掘改进优化，提高科研质量。品牌建设滞后于同行业头部企业，需要在保障产品优势的同时，提升品牌影响力。当前资产变现能力较弱，短期偿债能力有待提升，营运效率、资产利用效率较差。

（二）"值得信赖"维度评价

1. 企业规模持续增长，发展态势良好

（1）总资产高速增长。2020 年贵州轮胎的企业总资产为 115.16 亿元，2021 年上涨至 128.76 亿元，2022 年持续提高至 157.62 亿元。可以看出，近年来贵州轮胎的总资产持续高速大幅增长，主要通过产能扩张来增强自身的行业竞争力，经济实力不断增强。

（2）主营收入持续扩大。贵州轮胎 2020 年的主营业务收入为 67.63 亿元，2021 年为 72.73 亿元，2022 年为 83.95 亿元，三年间增长率分别为 7.54%、15.43%。说明公司近年来的经营质量越来越高，产品在市场中的前景较好，在行业中的竞争力不断加强。

（3）员工数量稳中有增。2020—2022 年贵州轮胎的员工总人数分别为 6131 人、6174 人、6362 人，年均增长率为 1.88%。可以看出，公司的员工数量未有大幅增减，队伍结构相对稳定，有利于企业的可持续管理，促进公司内部健康和谐发展。

2. 积极推动产学研合作，但技术创新能力较弱

（1）推动产学研协同创新。近年来，贵州轮胎先后与多所著名院校开展技术合作，广泛开展了覆盖新材料、新工艺、先进分析技术、数字化模拟以及人员培养等各项课题，年均完成技术进步项目几十项，开发新产品上百项，推动贵州轮胎的科学技术水平不断向前向上发展。

（2）建设高水平国家级研发平台。贵州轮胎建有行业首批获准的国家级企业技术中心，建有博士后科研工作站、省级绿色轮胎工程技术研究中心和省级高性能轮胎工程研究中心，拥有一批专业从事轮胎研发及相关技术研究的中高级技术人员，全部产品研发过程均利用计算机 CAD、CAE 和 FEM 仿真设计完成。

3. 运营管理持续发展

（1）公司治理稳健运行。贵州轮胎实现股东、员工、社会等各方利益的均衡，以推动公司持续、稳定、健康发展。同时，公司的独立董事比例为 40%，高于同

赛道玲珑轮胎（33%）、佳通轮胎（33%）、三角轮胎（33%），充分发挥了独立董事作用，为董事会的科学决策提供了有效保障且内部控制有效。

（2）高层次重要人才引育面临较大挑战。贵州轮胎奉行引才、育才、用才、留才全方位发展。但受地理位置等诸多因素的影响，贵州轮胎对于高层次重要人才的引入与培育还尚存阻碍。公司内部的研发人员占总员工的10.48%，位列倒数第二，与三角轮胎（15.62%）还有较大差距。高学历研发人才亦处中游，可见贵州轮胎今后还需加大对高层次人才的吸纳，助力知识驱动下的技术创新能力的提升。

六、风神轮胎：需加强品牌建设，以提升市场位势和经营水平

风神轮胎，跻身中国520家大型重点企业之列，是业界领先的轮胎制造商与出口基地，荣膺中国十大轮胎品牌之一。长期稳居全球轮胎行业前25强，集研发、设计、生产、销售及进出口业务于一体。公司依托博士后科研站与国家级技术中心，持续驱动技术创新。其“风神”品牌享誉国内外，全钢载重子午胎更是中国名牌的象征。近年来，风神轮胎技术实力显著增强，但面临资产扩张放缓、品牌建设待加强的挑战。同时，财务管理层面，盈利与发展潜力有待提升，成为公司亟须关注并优化的关键领域。

（一）优势与风险

1. 比较显著的技术研发能力

（1）良好的研发平台和技术创新能力。风神轮胎，作为国家级高新技术企业与创新示范企业，依托企业技术中心与博士后工作站，融合自主创新、技术引进及“产学研”模式，持续强化科技创新能力。公司已与倍耐力、PTG等国际合作，掌握了包括巨型工程子午线轮胎、宽基超低断面无内胎技术等核心研发与设计制造能力。此外，还引领超低滚阻绿色轮胎与智能轮胎技术前沿，彰显其在轮胎科技领域的卓越实力与前瞻布局。

（2）拥有全系列工业轮胎的产品制造与服务能力。风神轮胎拥有中高端轮胎的制造能力，除生产自有品牌外，同时代为加工倍耐力品牌的高端工业轮胎。公司围绕多梯度品牌战略制定了产品长期提升计划，面向不同市场顾客群体提供高端和高性价比的工业轮胎。

（3）先进的质量管理体系和产品性能认证。风神轮胎秉承质量至上，力推绿色制造与可持续发展，全面推行高质量管理体系，斩获ISO9001、IATF16949等16项国际认证。公司以国际高端标准为导向，产品荣获美国SMARTWAY认证，欧盟ECE测试达B/C级，噪声满足欧盟第二阶段标准，彰显其在全球市场中的卓越竞争力与环保领先地位，是少数能全面达标国际高标准的企业之一。

（4）全方位的市场渠道和网络布局。风神轮胎建立了出口市场、配套市场和替换市场“三位一体”的市场渠道和销售网络，实现了优势互补和业务协同。出

口市场覆盖北美洲、拉丁美洲、欧洲、中东、非洲、亚太地区和独联体等全球营销市场，产品销往 140 多个国家和地区。配套市场，直接为东风汽车、徐工等 20 多家领先汽车、工程机械主机厂供货。维修市场，形成了以经销商批发、挂牌店零售为主的营销体系，销售网络覆盖全国。

2. 可能面临的风险

（1）经营成本上涨风险。国内外轮胎企业虽面临成本压力而提价，但受下游汽车与工程机械市场低迷影响，需求下滑，批发零售价难以上浮，渠道利润受挤压。核心原材料如天然橡胶、合成橡胶及炭黑、钢帘线成本占比高，价格波动显著影响成本控制与业绩。加之能源价格仍处于高位，进一步加剧了企业成本压力。

（2）国际政治经济变动风险。2022 年，国外地缘政治冲突升级，全球通胀加剧，世界经济增长面临严峻挑战。同时，公司进出口业务结算货币主要为美元，由于国际宏观经济形势多变，美元兑人民币汇率波动明显，对公司业绩有较大影响。随着美国、欧洲对中国轮胎反倾销调查启动，巴西、印度等国亦设限，中国轮胎出口面临多重压力。

（3）自身存在的不足。公司目前资产经营规模扩张缓慢，长此以往会导致股东回报率下降，影响公司的市场地位和声誉。风神轮胎进行品牌推广的广度和深度还有一定的发展空间。而 2022 年风神轮胎的净资产收益率仅为 –3.87%，出现负值，而同行该项比率均达到了 3%~7%，说明风神轮胎的盈利能力出现了问题，亟须采取合理的举措，改善企业的经营状况。

（二）“值得信赖”维度评价

1. 企业业务正处于调整期，规模略微下降

（1）总资产小幅波动。2020 年风神轮胎企业总资产为 72.02 亿元，2021 年增长至 75.14 亿元，增长率为 4.33%，2022 年下降至 72.22 亿元，增长率为 –3.89%。从整体上看，近年来风神轮胎的总资产规模呈上升趋势，但增减起伏较大，2022 年与 2020 年相比未有明显增长。

（2）主营业务收入下滑。风神轮胎 2020 年主营业务收入为 54.76 亿元，2021 年为 53.74 亿元，2022 年为 47.57 亿元，分别减少了 1.86%、11.48%。

（3）员工数量逐年减少。风神轮胎 2020 年的员工总人数为 6296 人，2021 年为 6067 人，2022 年为 5633 人，增长率分别为 –3.64%、–7.15%。可以看出，公司员工数量正不断减少，员工队伍规模缩减。说明风神轮胎近年在对公司员工结构进行调整，以适应自身发展需求。

2. 技术创新能力较强

（1）重视二次创新和产学研合作。在与 PTG 的技术协同方面，风神轮胎聚焦围绕配方、产品与工艺仿真、骨架材料分析等技术转移落地融合，以实现二次创新为目标。在产学研方面，风神轮胎与青岛科技大学合作的配方开发项目已完成项目基本研究内容，基本达到项目初期设定的目标，项目输出的成果在后续配方开发设计中进行转化和应用。

（2）掌握一批核心技术。风神轮胎拥有博士后科研工作站和国家级企业技术中心，且研发投入的强度在同赛道中位居前列，2022 年公司研发投入占营业收入的 4.66%，仅次于三角轮胎（4.69%）。

3. 运营管理基本稳健

（1）公司治理健康发展。公司的独立董事比例为 43%，高于同赛道玲珑轮胎（33%）、佳通轮胎（33%）、三角轮胎（33%）、贵州轮胎（40%），在重大事项及需要独立董事发表事前认可意见或独立意见的事项均按要求发表了相关意见，充分发挥了独立董事作用。

（2）着力实施人才兴企计划。风神轮胎积极实施人才计划，提升员工技能。持续实施“鹰”才计划，安排骨干人员进行基地间的交叉任职，持续开展挂职锻炼，以达到人尽其才，支持公司业务发展。

第六章　芯 片 行 业

集成电路作为信息产业的基础和核心，是国民经济和社会发展的战略性产业，一直以来占据全球半导体产品超过 80% 的销售额，在计算机、家用电器、数码电子、自动化、电气、通信、交通、医疗、航空航天等几乎所有的电子设备领域中都有使用。与此同时，随着工业、汽车市场逐步向国产芯片开放大门，工规级、车规级芯片国产化渗透率呈上升趋势。集成电路行业是一个快速发展的高科技行业，各种新技术、新产品不断更新，一方面产生了巨大的市场机遇，另一方面也导致市场变化较快。

一、芯片行业发展环境分析

汽车行业快速增长，目前有四大产业趋势：自动化、网联化、电动化和共享化。新能源汽车发展迅猛，已经超过传统燃油车，也使得车用半导体应用成倍增长。

面对汽车“智能化”发展浪潮，车规级芯片需求量呈指数级增长，芯片的算力、效能利用、功能安全及信息安全等级、可靠性及可拓展性不断提升，自主研发的高算力芯片开始推向市场。芯片企业与整车企业及行业机构的生态合作越发紧密、深入，供应链韧性明显增强。

（一）正逢集成电路产业与汽车智能化融合发展高速阶段

2022 年，全球政治经济局势动荡，地缘冲突不断升级，通胀率提升，流动性收紧，全球经济发展增长乏力，集成电路市场增速放缓，部分市场从芯片供不应求进入到库存的下行周期。但是在汽车行业智能化快速推进的拉动下，特别是国产智能网联汽车异军突起，芯片行业作为核心硬件支撑，其市场需求呈现出爆发式增长。伴随着集成电路行业全球产业链协同发展的大趋势，部分领域中全球供应链的割裂现象也使得芯片国产替代的需求进一步增加。

（二）迎来新一轮的市场格局和发展机遇

当前国内特种集成电路技术水平不断提高，新进入者开始增多，但特种集成电路行业整体仍处于良性竞争状态，企业共同服务客户需求，支撑行业发展进步，行业进入壁垒高、竞争环境好的特点没有变化，具有巨大的增长潜力和投资价值。在智能卡芯片领域，随着国内厂商技术能力不断增强，产品线逐渐丰富，国产安全芯片在继续主导国内市场的同时，逐渐具备国际竞争力。

（三）国家政策大力扶持

受益于政策推动、技术升级以及配套设施不断完善，新能源汽车快速扩张，带动半导体行业高速发展。近年来，为了推动功率半导体行业尤其是 IGBT 产业健康快速发展，国家相关部门不断加大扶持力度。2021 年 12 月，中央网络安全和信息化委员会办公室印发《“十四五”国家信息化规划》。

本行业选取 13 家公司作为“值得信赖”汽车芯片行业的分析对象。按指数计算出 2021 年各公司在偿债能力、营运能力、盈利能力以及发展能力方面的数值，并绘制成图 7。

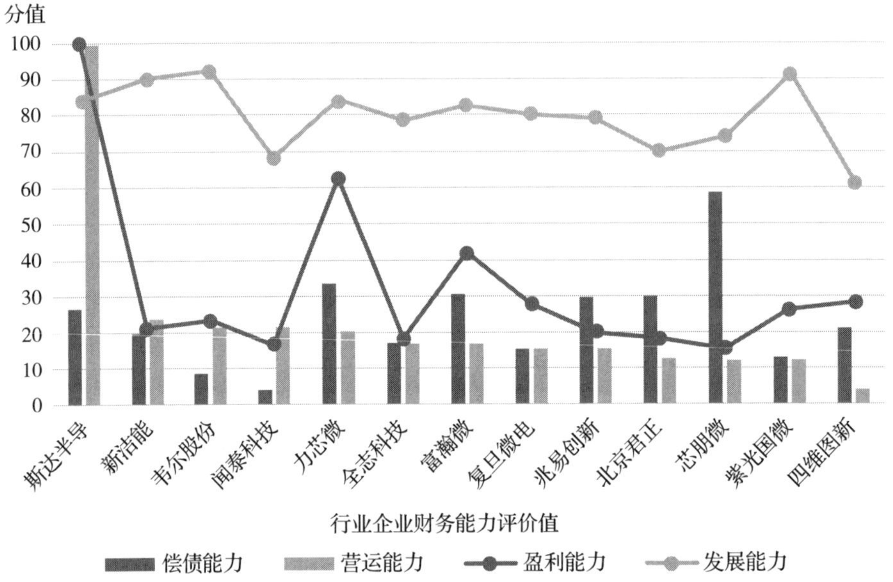

图 7　芯片行业企业偿债能力、营运能力、盈利能力以及发展能力评价对比图（100 分制）

二、韦尔股份：业绩下滑，汽车 CIS 蓄势待发

韦尔股份是中国半导体设计领域的佼佼者，专注于图像传感器、触控显示及模拟解决方案，并运营自有分销渠道。近年来，通过内生增长与战略并购并行，设计业务实现快速增长，2021 年营业收入达 241.04 亿元，同比增长 21.59%。但受全球疫情、地缘政治波动及消费电子市场疲软，特别是智能手机需求锐减影响，公司 2022 年预计净利润大幅下滑 73.19% 至 82.13%，面临严峻挑战。展望未来，新能源汽车的爆发式增长与自动驾驶技术革新为汽车 CIS 市场带来新机遇，有望复刻手机 CIS 的辉煌，成为公司新的增长引擎。然而，汽车领域的激烈竞争亦不容忽视，韦尔半导体需在抓住转型机遇的同时，积极应对市场挑战，以创新驱动发展，化解当前危机。

（一）优势与风险

1. 汽车半导体产品和技术核心竞争力

（1）研发能力和技术创新优势。韦尔股份深耕技术研发，持续加大投入。作为采用Fabless业务模式的半导体设计公司，研发能力是其核心竞争力，公司各产品线技术研发部门均为公司组织架构中的核心部门。在半导体领域，技术创新亦是企业的立身之本。其CMOS图像传感器种类和应用范围具有较为显著的优势，除主要市场外，在许多其他领域均具有齐全的产品线，市场占有率较高。

（2）品牌知名度优势。在CMOS图像传感器领域，公司是最早从事相关设计研发及销售的公司之一，在世界范围内建立了广泛的品牌影响力和市场知名度。公司是全球前三大CMOS图像传感器供应商之一，同下游客户缔结了长期稳定的合作关系，在诸多细分应用市场有着全球领先的市场份额。

（3）高度协同的供应链与客户群优势。面对市场热点转换迅速、产品生命周期较短、技术更新迭代速率较快的行业特点，公司采用的Fabless模式使企业更加高效、灵活，具有一定的竞争优势。同时，随着晶圆制程工艺难度的不断提高，专注于制程工艺研究的代工厂在生产效率、产品良率等方面的优势将愈发显著。

（4）人才和团队优势。公司重视研发团队的建设，招纳了一批具有国内外资深工作背景的科研人员，同时也吸引着全国各地优秀高校毕业生的加盟。公司拥有一支高技术水平、高执行力、高服务能力的现场技术支持工程师（FAE）团队。

2. 可能面临的风险

（1）市场变化风险。宏观经济波动或冲击半导体行业，包括韦尔半导体的设计及分销业务。若公司未能紧跟行业动态，误判市场趋势，未能及时在新兴领域推出符合需求的产品服务，将严重损害其经营业绩，面临重大经营风险。

（2）外协加工风险。在行业产能供应紧张来临时，晶圆厂和封测厂的产能能否保障公司的采购需求存在不确定性。产能切换与产线升级或致采购单价波动，单价上升将压缩公司毛利。加之自然灾害等不可预见事件，可能中断供货，进一步加剧公司运营风险，对公司业绩构成重大挑战。

（3）新产品开发风险。持续开发新产品是公司在市场中保持竞争优势的重要手段。随着市场竞争的不断加剧，如公司不能及时准确把握市场需求，将导致其新产品不能获得市场认可，影响市场竞争力。

（4）自身存在的不足。2020—2021年，公司主营业务受到较大影响，部分细分市场的出货量有所下滑，产品销售价格承压，公司营收规模和产品毛利率均较上年有所下降。受下游消费电子市场需求下滑的影响，以智能手机为代表的消费电子市场竞争更为激烈，部分产品单价出现了下滑。随着竞争加剧、部分库存商品价格下跌，韦尔股份未来的亏损风险不可轻视。

（二）"值得信赖"维度评价

1. 企业规模与赛道第一差距明显

2019—2021年，韦尔股份企业规模持续扩大。然而，与"芯片"赛道第一名闻泰科技相比，公司总资产、员工数量和营业收入都相差一倍以上，差距明显。

2. 企业价值经过三年快速增长期后严重下滑

2019—2021年，韦尔股份企业价值快速增长。以市值衡量的企业价值2019—2021间平均增长率高达48.75%。基本每股收益分别从2019年的0.76元/股增长到2021年的5.16元/股，平均增长率高达191.56%。2021年，韦尔股份企业价值位居行业第一，优势明显。然而，2022年，韦尔股份经营业绩出现下滑，公司股价也从2021年的高点下跌近70%，公司发展面临重大危机。

3. 创新投入和产出有待提升

数据显示，韦尔股份的创新投入在"芯片"赛道处于中下水平。2021年公司半导体设计业务研发投入26.20亿元，较上年同期增加24.79%，但是，研发投入占营业收入的比重仅有10.87%，远低于该赛道第一名四维图新（46.79%）。企业的创新投入和产出能力亟待提升。

4. 运营能力表现良好

（1）公司治理水平较高。公司财务营运能力评分位列行业第三。盈利能力表现优秀，位列行业第一。公司第一大股东与第二大股东持股之比为3.28，股权制衡度处于同赛道企业中上水平。独立董事比例33.33%，略低于同行业平均水平。公司实现了两职分离，企业经营决策机制良好。

（2）人才体系完善。2021年，公司共有研发人员1947人，占员工总人数的比例达43.33%。公司员工中硕士及以上学历占比32.41%，本科学历占比32.76%。硕士和博士研究生人数均位居行业第一，优势显著。

三、四维图新：应加强供应链管理，提升量产交付能力

四维图新聚焦汽车智能化主赛道，发展智云、智驾、智舱、智芯四大解决方案，在智能驾驶时代具有长期发展前景。但目前公司仍存在净利润波动较大、智舱收入下滑、政企业务验收延后等问题，盈利能力有待加强。未来在智驾业务方面，公司应继续提升量产交付能力，支撑营收高增长，并推进与产业链上下游伙伴的深度合作，提升业务毛利水平。在智芯业务方面，持续打造车规级MCU（微控制单元）产品集群，覆盖低、中、高端各类细分场景，积极面对全球芯片产业与供应链的巨大变化。

（一）优势与风险

1. 深入聚焦汽车智能化主赛道

（1）兼具汽车和互联网两大科技领域的跨界融合发展能力。面向数字化转型、

智能化升级和“车－路－云－图”融合发展机遇，四维图新凭借多年深耕汽车及产业互联网领域形成的经验与资源沉淀，充分吸收科技互联网行业对产品快速迭代、以用户为依托的服务理念，将人工智能融合到生产工艺及流程。

（2）围绕合作伙伴构建行业生态。四维图新积极参与行业及产业共建，与工信部、自然资源部等政府部门共同讨论和推进高精度地图数据的采集、审核及加密处理，推动动态传感器数据采集回传等方面的相关法律法规和流程建设。

2. 可能面临的风险

（1）知识产权被侵犯的风险。伴随互联网技术的快速发展，新型电子地图版权侵权案件时有发生，对于公司电子地图业务及软件产品的经济收入造成巨大威胁。

（2）新业务、新产品研发投入变现速度不及预期的风险。产业协同及资金投入能否及时到位，新产品研发及产品化路径能否经受市场验证并快速形成竞争优势，具有不确定性。

（3）自身存在的不足。2020—2022 年四维图新净利润分别为 –3.6 亿元、1.3 亿元、–5.1 亿元，净利润存在大幅波动。其中 2022 年大额亏损的主要原因是商业车联网行业景气度下行、公司智驾及芯片研发投入增加及股权激励摊销费用增加。

（二）“值得信赖”维度评价

1. 企业规模扩张缓慢

（1）营业收入增速放缓。2020—2022 年四维图新营业收入整体呈增长态势。2022 年公司营业收入为 33.47 亿元，同比增长 9.37%，但与上一年同期 42.48% 的增速相比有所放缓。其中，智云业务陆续落地重要客户，营收增长 3.14%；智驾业务迎来爆发，量产订单推动收入猛增 20 倍至 1.3 亿元；智芯业务表现亮眼，车规级 MCU 与 SoC 芯片热销，收入超 5 亿元，涨幅逾 40%。然而，受宏观经济及商用车市场低迷影响，公司商用车智舱业务遭遇挑战，收入显著下滑。

（2）总资产规模曲折上升。2022 年四维图新总资产为 140.08 亿元，相比上一年有小幅下降，主要原因是货币资金减少 12.12 亿元、非全资子公司亏损导致少数股东权益减少 1.56 亿元。

2. 积极进行研发投入

（1）研发强度位于赛道第一。2020—2022 年四维图新的研发投入逐年增长，其中 2021 年的研发强度达到 46.79%，位居赛道第一，远超其他公司。为把握 ADAS（高级辅助驾驶系统）定点和量产的历史机遇期，四维图新进行持续研发投入，智驾及芯片方向研发投入较上年增长约 1.5 亿元。

（2）坚实的研发人才基础。凭借公司在行业的影响力，四维图新先后引进国内外高科技企业高端人才，与哈尔滨工业大学、华中科技大学等高校建立校企合作关系，并依托在美国硅谷、荷兰、新加坡、日本设立子公司，不断丰富壮大全球优秀人才队伍，为公司进一步吸纳全球最前沿科技的专业人才、占领人才高地奠定了坚实基础。

3. 运营能力

（1）实施股权激励计划。面对日益严峻的科技和管理人才竞争形势，四维图新通过股权激励、薪酬改革、领导力提升等多种手段选用育留人才。通过实施股权激励，公司能够顺应形势，及时引进并保有行业内技术方向及管理方向的中高端人才。

（2）培训机制不断优化。四维图新坚持“内部培养与外部引进”的培养原则，将人才的引进和培养上升到了战略高度。公司打造了课程体系、讲师体系、资源体系、运营体系、制度体系5大方面体系，全方位提高企业“造血”能力。

四、兆易创新：应持续推进多产品线组合布局

兆易创新公司产品矩阵丰富，凭借技术积累、先发优势和规模效应，成为国内闪存芯片领域的佼佼者。2024年中报显示该公司主营业务利润同比大幅增长，净现金流同比增长509.79%，公司未来应继续完善和丰富产品线，拓展工业、汽车领域战略合作及生态布局，保持技术领先性和产品竞争力。同时，构建多元化的供应链，整合海内外优质资源，提升产品制造综合竞争力。

（一）优势与风险

1. 多元化布局助力稳健经营

（1）多赛道多产品线的组合布局。目前兆易创新产品主要是存储器、微控制器和传感器三大类。这种多产品线的组合布局，在历史上的不同阶段，以及未来的不同时期，随供需变化以及应用场景的不断拓展升级，可以形成不同业务爬坡期、爆发期交替叠加，从而实现长期稳健的持续成长。

（2）Fabless（无晶圆厂）轻资产经营模式优势。自成立以来，兆易创新采用灵活的Fabless轻资产经营模式。Fabless模式更为灵活，公司可以充分利用半导体产业链资源，集中主要精力用于产品研发和技术迭代，便于紧跟激烈的市场竞争环境，快速调整、快速发展。

（3）技术和产品优势。作为国内32bit MCU产品领导厂商，兆易创新的GD32 MCU产品已成功量产38大产品系列、超过450款MCU产品，实现对通用型、低成本、高性能、低功耗、无线连接等主流应用市场的全覆盖。

2. 可能面临的风险

（1）供应链风险。兆易创新的产品特点适合采用Fabless运营模式。晶圆代工厂和封装测试厂等供应链各环节的产能能否保障采购需求以及合理成本，存在不确定风险。

（2）汇兑损益风险。公司境外销售占比较高，且主要以美元结算，汇率大幅波动可能给公司运营带来汇兑风险。

（3）自身存在的不足。2022年兆易创新的经营活动净现金流额减少约13.12

亿元，主要是由于预付供应商货款增加 10 亿元。2022 年公司前五大供应商采购额与采购总额比值为 73.32%，占比较大。如果上述主要供应商出现经营困难或者其他重大变故导致公司采购出现问题，则可能对公司的经营状况和盈利能力带来不利影响。

（二）“值得信赖”维度评价

1. 企业规模

（1）营业收入小幅下滑。2022 年公司面临着行业周期下行压力，产品价格下行压力较大，但得益于多年来前瞻性的战略布局和持续研发创新，在 2021 年业绩高位的基础上，2022 年仍实现了较为稳健的发展。

（2）总资产保持增长态势。2022 年兆易创新总资产增加 12.27 亿元，同比增长 7.96%。主要因为预付供应商货款使得一年内到期的非流动资产及其他非流动资产增加约 10 亿元，存货较年初增加 7.05 亿元，以及投资小米智造基金和埃泰克汽车，致对外股权投资增加 1.09 亿。

2. 强化技术竞争力

（1）研发投入不断增加。兆易创新专注研发团队建设与管理，维持高额研发投入。公司发挥各产品线协同效应，提供包括存储、控制、传感、边缘计算、连接等芯片以及相应算法、软件在内的一整套系统及解决方案，建立技术领先优势。

（2）推进汽车业务领域突破。在汽车应用上，兆易创新 GD25 产品全面满足车规级 AEC-Q100 认证，GD55 的 2Gb 大容量产品也通过了该认证。公司 SPI NOR Flash 车规级产品 2Mb—2Gb 容量已全线铺齐，为市场提供全国产化车规级闪存产品。

（3）专利成果丰硕。兆易创新在建立技术优势并取得良好业绩回报的同时，高度关注知识产权的开发、积累和保护，尤其是丰富且多样化的专利组合，增强了公司先进技术的领导地位。

3. 运营能力

（1）持续提升系统性业务及运营管理能力。兆易创新持续深化公司战略管理 BLM（Business Leadership Model）体系，整合研发 IPD（Integrated Product Development）管理体系，贯穿产品定义、开发、GTM（Go-To-Market）过程，深化产供销协同。

（2）完善培训管理体系。兆易创新坚持长期发展宗旨，积极吸引并培养人才梯队，优化人才学习发展体系、培训管理流程及系统，建设内外部学习发展生态系统，以满足业务发展和组织能力建设的人才培养需求。

五、紫光国微：应进一步聚焦核心主业，夯实未来发展基础

紫光国微是领先的集成电路芯片产品和解决方案提供商。围绕市场需求，公司持续开展芯片核心技术攻关，取得多项突破性科技成果。但公司目前仍面临新

项目产品研发不及预期、毛利率下行等风险。面对竞争日益激烈的整体行业环境，公司应进一步聚焦核心主业，积极协调经营发展所需资源，在市场前景好、盈利能力强、业绩贡献大的领域持续加大投入，不断提升主营业务市场能力与技术能力，强化核心竞争优势，从而确保盈利能力的稳定提升，夯实未来发展基础。

（一）优势与风险

1. 行业深耕积聚竞争优势

（1）核心技术优势。经过多年的自主研发和技术积累，紫光国微掌握智能安全芯片相关的近场通信、安全算法、安全攻防、高可靠等核心技术，搭建了设计、测试、质量保障和工艺外协等技术平台，可保障多种工艺节点的研发、制造、测试及应用开发。

（2）供应链和客户优势。公司主要从事芯片研发设计，晶圆制造和封装测试主要采用外协加工的形式，已和业内主流代工企业形成长期合作伙伴关系，为公司的产能提供充分保障。公司始终坚持以客户为中心的服务体系建设，通过多年的市场耕耘，积累了深厚的客户资源，产品销往全球市场。

（3）品牌优势。在智能安全芯片和高可靠集成电路领域，紫光国微是国内最早从事相关设计研发的企业之一，在国内具有广泛的品牌影响力和知名度。在高可靠集成电路领域，公司已成为国内重要的供应商，用户遍及各相关领域。

2. 可能面临的风险

（1）毛利率下行风险。2022 年紫光国微智能安全芯片毛利率同比提升 6.34 个百分点，而特种集成电路毛利率下降约 2.44 个百分点。随着特种集成电路领域竞争加剧，产品降价压力逐渐增加。

（2）新产品研发不及预期的风险。公司持续高质量发展离不开有竞争力的产品和领先的技术，在技术方面，公司应做好战略性、先导性领域布局，在项目初期做好可行性评估，尽可能降低新产品研发不及预期的风险及损失，推动关键研发项目落地执行，形成未来业绩支撑。

（3）自身存在的不足。智能安全芯片应用领域拓展不及预期，因此 2023 年公司拟将投入该募投项目的募集资金收回，转向特种业务，进一步夯实特种主业竞争力。车载控制器芯片技术难度高、成本控制难，且处于行业垄断地位的国外竞争对手不断加强产品研发和市场推广力度，推出性价比更高的竞品，公司相关产品未来的市场化推广面临较大压力。

（二）“值得信赖”维度评价

1. 企业规模不断扩张

（1）营业收入稳健增长。2020—2022年紫光国微营业收入实现翻倍增长，2022 年公司克服供应链等不利因素影响，仍然实现较高基数下的持续增长，营业收入达到 71.20 亿元，较上年同期增长 33.28%。其中特种集成电路业务规模快速增长，导致产销量大幅增加，实现营业收入 47.25 亿元，占公司总营收的 66.36%；智能安全芯片业务受消费类市场影响，整体销售量有所降低，但仍实现了营业收入20.80亿元，占公司总营收的29.21%。

（2）总资产规模稳健增长。2020—2022年紫光国微的总资产规模不断扩大，2022年总资产规模达153.29亿元，同比增长32.23%。其中存货较上年增加9.90亿元，主要是由于公司集成电路业务规模增长库存量增大，以及为保证供应链安全所进行的战略备货增加。

2. 优异的芯片设计和产业化能力

（1）高研发投入支撑产品升级。紫光国微坚持产品技术为本，不断加大投入，巩固行业领先优势。公司持续加码研发投入，为产品升级及新产品的研发提供了充分的保障。

（2）技术积累巩固行业地位。紫光国微在超过20年的芯片开发实践中，形成了深厚的芯片设计和产业化能力，曾获得国家科技进步奖一等奖、二等奖，国家技术发明奖二等奖，并多次获得省部级科学技术进步奖等荣誉。

（3）充足的人才储备。2020—2022年公司研发人员占比不断提升，2022年占比达50.20%，其中硕士及以上学历占比为45%，为公司产品保持先进性提供必要条件。

3. 运营管理能力出色

（1）人力资源管理水平不断提升。公司积极拥抱数字化发展，推进创新人才建设。通过人力资源仪表盘进行组织诊断，从而完成纵向深度价值分析与横向业务驱动分析，为管理效能提升和战略决策落地提供重要参考依据。

（2）合规发展、严控风险。紫光国微重视合规管理，以风险管控为导向，识别评估风险并规范管理机制、完善业务规则；以内控建设为契机，推进大风控体系2.0建设，促进实现公司发展战略。

六、斯达半导：需积极抢占市场份额，加大创新研发力度

斯达半导是国内IGBT模块的龙头企业，围绕工业、车规级应用开发IGBT芯片及模块技术和产品。近年来，在国家政策扶持和IGBT需求旺盛的行业大格局下，斯达半导紧抓发展机遇，以IGBT核心技术为依托，以客户需求为导向，研发高质量的个性化产品，不断提高公司竞争力。目前公司规模仍在持续扩大，财务管理稳健运行，人才结构不断健全。但是，斯达半导还存在着诸如市场位势偏低、研发投入占比较少、高层次创新人才缺失等问题，还需公司加以重视并解决。

（一）优势与风险

1. 实现“用户看重的价值”

（1）快速满足客户个性化需求的优势。斯达半导拥有IGBT芯片及模块的设计和应用专家，并成立了专门的应用部；同时，公司建立了将客户需求快速有效地转化成产品的新产品开发机制；另外公司采用直销模式，直接与客户对接，进一步提升了服务客户的效率。

（2）细分市场的行业领先优势。斯达半导自成立以来一直专注于IGBT的设计

研发、生产和销售。在新能源汽车领域，公司已成功跻身于国内车规级 IGBT 模块的主要供应商之列，市场份额不断扩大；在新能源领域，公司已是国内主流光伏逆变器客户、风电逆变器客户的主要供应商；在工业控制领域，公司目前已经成为国内多家头部变频器企业 IGBT 模块的主要供应商。

（3）积极开拓市场的先发优势。国内其他企业进入 IGBT 模块市场需要面临较大的资金投入和市场长期开发的困难，斯达半导进入市场之初便利用自身技术积极开拓市场。随着公司生产规模的扩大，自主芯片的批量导入和迭代，在供货稳定性及产品先进性上的优势会进一步巩固，从而提高潜在竞争对手进入本行业的壁垒。

（4）高度适用的业务模式优势。斯达半导是以直销为主、经销为辅的销售模式，能够迅速了解客户需求，同时通过经销迅速扩张市场份额，提高市场声誉。

2. 可能面临的风险

（1）新兴市场的未知风险。新能源汽车市场稳健增长，但作为新兴领域，面临市场波动风险。若受政策调整、供应链配套、设施建设速度及客户接受度等变数影响，市场需求大幅波动，或将显著影响公司盈利能力。

（2）汇率波动的风险。近年来，国家深化人民币汇率改革，提升汇率弹性。然而，未来汇率大幅波动或政策重大调整，仍可能对公司经营业绩造成不利影响，需警惕汇率风险。

（3）自身存在的不足。按指数计算，2021 年斯达半导的相对市场位势得分仅 1.51 分，与同赛道闻泰科技（47.92 分）、韦尔股份（21.86 分）相比有显著差距，处于下游行列。2020—2022 年斯达半导研发投入的增加额未能匹配持续扩大的营业收入规模。斯达半导内部高层次研发人才还有所缺失，这不利于研发团队完成更多突破性的科技创新。

（二）“值得信赖”维度评价

1. 企业规模持续扩张

（1）总资产翻倍增长。斯达半导 2020 年总资产为 14.25 亿元，2021 年增长至 55.22 亿元，增长了 287.51%，2022 年持续提升至 71.28 亿元，增长率为 29.08%。公司自 2020 年上市以来，持续地吸纳资本、扩大资产规模，因此公司总资产规模发展迅速。

（2）主营收入大幅提升。斯达半导 2020—2022 年主营业务收入分别为 9.59 亿元、16.96 亿元、26.82 亿元，三年间增长率分别为 76.85%、58.14%，公司销售规模扩大、收入增长。2022 年公司主营业务收入在各细分行业均实现稳步增长。

（3）员工结构不断优化。斯达半导 2020 年在职员工的人数为 708 人，2021 年大幅增长至 1031 人，2022 年持续增长，达到 1413 人。年均增加人数为 353 人，可见公司近年来采取扩张型人才战略，不断壮大员工队伍。

2. 拥有高水平科研队伍和孵化基地，但研发投入还需加强

斯达半导以技术发展和产品质量为根本，以开发新产品、新技术为主要工作，

培养、组建了一支高素质的国际型研发队伍，涵盖了 IGBT 芯片、快恢复二极管芯片和 IGBT 模块的设计、工艺开发、产品测试、产品应用等，在半导体技术、电力电子、控制、材料、力学、热学、结构等多学科具备了深厚的技术积累。公司在营业规模不断扩大的同时，还应以资金流为支撑，匹配现有的经济科技实力，持续投入创新研发，提升研发强度。

3. 运营管理稳健运行

（1）强化内部控制。斯达半导严格遵守相关法规的要求，建立了较完善的内控管理体系，并根据实际情况不断优化公司治理结构和内控体系，修订和完善相关内控管理制度。公司每年持续开展内部控制自我评价工作并聘请会计师事务所进行内控审计，内控运行机制健全有效。

（2）需持续搭建高层次人才队伍。斯达半导尽管有一定的科技创新人才作技术支撑，但高层次人才数量还有明显不足。斯达半导未来还需大力吸纳高水平科技创新人才，为公司研发团队持续赋能，重视人才的引领作用。

七、全志科技：应持续推进产品智能化迭代升级

全志科技是卓越的智能应用处理器 SoC、高性能模拟器件和无线互联芯片设计厂商，公司智能产品线不断拓展，目前覆盖 AIoT、智能汽车电子、智能工业、智能解码显示以及通用智能终端等领域。但公司目前仍面临营业收入下降、经营活动净现金流大幅减少、供应商集中度过高等问题。未来全志科技应把握移动智能终端、物联网、汽车电子等新兴领域的应用需求增长机会，积极进行多点布局，持续推进产品智能化迭代升级，拓宽销售渠道，构建特色技术生态和产业链生态。

（一）优势与风险

1. 持续拓展智能产品线

（1）多元化产品布局优势。全志科技积极在 AIoT、智能汽车电子、智能工业、智慧视觉、智慧大屏等应用市场积极布局，通过以 SoC、PMU、WIFI、ADC 等芯片产品组成的套片组合为基础，结合智能技术服务平台的支持，为客户提供优质低成本的智能芯片及解决方案。

（2）产品质量、客户资源优势。全志科技持续推进质量竞争力领先战略，构筑了全业务流程的工业级和车规级品质实现能力，解决包交付品质处于业内领先水平。全志科技经过十多年的产业建设积累了数量众多的合作伙伴，通过积极整合产业链上下游厂商，增强了产业互联。

2. 可能面临的风险

（1）市场风险。智能终端市场发展日新月异，随着公司自身发展的需要，全志科技会不断推出新的产品种类，拓宽产品应用领域。但是新产品能否顺利推出取决于市场的接受程度、市场成长周期和公司的营销成效等因素，若公司不能准确把握市场需求，将面临该产品市场拓展不利的局面。

（2）库存风险。随着全志科技在多个下游应用领域相关业务规模的扩张，产品线以及产品型号的进一步丰富，为保障客户需求，公司需储备一定的安全库存。若市场需求骤降，公司或将面临存货积压风险，需密切关注市场动态以应对不确定性。

（3）毛利率下滑风险。全志科技所处的集成电路设计行业具有竞争激烈、产品更新换代较快的特点，为了保持相对稳定的毛利率水平，需要通过不断推出性价比更高的新产品、提升新产品的销售比例来获取较高的毛利率。若公司新产品未能满足消费者需求偏好转换，下游市场需求尚未释放，新产品未能大量出货，将导致公司综合毛利率下滑。

（4）自身存在的不足。2020—2022 年全志科技经营活动产生的现金流量净额持续下降，经营活动无法满足资本性支出资金需求，融资渠道趋紧。2020—2022 年全志科技前五大供应商采购额与采购总额比值不断升高，2022 年该比值高达 88.99%，占比较大。如果上述主要供应商出现经营困难或者其他重大变故导致公司采购出现问题，则可能对公司的经营状况和盈利能力带来不利影响。

（二）“值得信赖”维度评价

1. 企业规模扩张缓慢

（1）营业收入有所下降。受宏观经济环境下行等因素影响，AIoT 下游终端需求疲软，相关产品价格也由高位逐步回落，量价齐跌致公司营业收入承受较大压力。

（2）总资产增速放缓。2018—2022 年除 2021 年外，其余年度公司总资产规模扩张均较为缓慢。2022 年总资产相比上年仅实现 2.08% 的增长，其中由于经营活动产生的现金流量净额减少，年末货币资金相比上年减少 3.99 亿元。

2. 以技术创新提升产品竞争力

（1）研发强度位于赛道上游。面对日益复杂的经营环境，全志科技不断加大研发投入，引领技术突破和创新。全志科技重视技术创新成果的知识产权积累，并密切跟进各项新技术标准的演进。

（2）持续强化核心技术的自主研发。全志科技持续进行技术领域的布局和投入，为产品创新和市场推广打下坚实基础。

3. 运营能力有待提升

（1）2021 年，全志科技偿债、盈利、发展能力均处于赛道下游，与龙头企业差距较大。公司应把握移动智能终端、物联网等新兴领域的应用需求增长机会，为各类细分领域客户提供更加完整的开发生态，覆盖和培育更多的新增应用，通过技术改善，提升公司运营能力。

（2）应持续强化人才竞争力。全志科技需优化人才结构，引进高端人才，以适应技术落地与市场拓展需求。通过多渠道引入外部精英，构建高效人才供应链，并强化内部关键人才的专业成长。围绕产品、项目、技术构建跨地域、多层次人才网络，并整合外部培训资源，持续提升团队竞争力，确保业务快速发展与成功。

八、新洁能：需持续技术攻关投入，努力提升品牌优势

新洁能是一家专注于 MOSFET①、IGBT② 等半导体芯片和功率器件的研发、设计及销售的公司。公司注重产品研发、技术创新，通过严格的质量管控体系、现代化的经营管理体系，进一步拓展了 MOSFET 产品种类、重点深化了 IGBT 产品研发，成为国内自主创新、技术领先、品质高端的自主品牌的优质企业。新洁能需要持续布局半导体功率器件最先进的技术领域，逐步实现对 SiC/GaN 宽禁带半导体功率器件的研发与产业化，紧跟最先进的技术梯队。

（一）优势与风险

1. 注重打造技术、产品、产业链多方位的核心竞争优势

（1）企业家的有力支持。作为新洁能的掌舵人，朱袁正是国内最早一批专注于 8 英寸和 12 英寸芯片工艺平台对 MOSFET、IGBT 等先进的半导体功率器件进行技术研发和产品设计的先行者之一，在 MOSFET、IGBT 等先进的半导体功率器件这一细分领域具有雄厚的技术实力和丰富的研发经验。

（2）注重产品研发，发挥产业链协同优势。公司目前是国内 8 英寸和 12 英寸工艺平台芯片投片量最大的半导体功率器件设计公司之一，已与众多顶尖供应商构建紧密共生、协同进步的合作关系。

（3）加强产学研合作，布局先进技术领域。公司与科研院所在功率器件设计领域开展长期合作，针对重点项目成立了技术攻关小组。

（4）打造产品工艺技术平台，构建产品多样化优势。公司通过构建主要产品工艺技术平台，衍生开发细分型号产品，并持续升级产品工艺平台，形成了“构建 - 衍生 - 升级”的良性发展模式，从而使得公司细分型号产品能够快速、“裂变式”产生，满足下游多个领域的需求，最终引致公司经营规模迅速增长。

（5）以严格的质量管控体系，打造品质优势。公司拥有完善的产品质量管控体系，针对产品进行全流程质量管控，产品性能优良、质量稳定、一致性高。

（6）以技术追赶，发挥进口替代优势。国内半导体产品特别是高端半导体产品严重依赖进口。公司作为国内领先的半导体功率器件设计企业之一，通过多年的研发积累和技术引进，在技术水平、生产工艺和产品质量等方面已接近国际先进水平。

2. 可能面临的风险

（1）市场不确定性风险。宏观经济波动影响半导体功率器件行业需求与价格。尽管全球及中国市场持续增长，但下游市场波动或经济重大不利变化，将对公司等业内企业造成不利影响，需警惕风险。

---

① MOSFET：金属氧化物半导体场效应晶体管。

② IGBT：绝缘栅双极晶体管。

（2）采购价格波动风险。如果芯片代工和封测服务的市场价格持续大幅上涨，而公司无法采取有力措施进行应对，则将对公司盈利能力造成不利影响。

（3）供应商依赖的风险。如果公司主要供应商产能严重紧张或者双方关系恶化，则可能导致公司产品无法及时、足量供应，进而对公司的经营业绩产生不利影响。

（4）自身存在的不足。2020—2022 年，新洁能的存货周转率有大幅度降低。2022 年，存货损失进一步加大，不仅直接影响企业的经济效应，还会对企业的声誉和品牌造成影响。2021 年新洁能品牌优势值按指数计算为 49.61，处于赛道中间水平，与韦尔股份（51.78）、闻泰科技（50.71）差距较大。

（二）"值得信赖"维度评价

1. 企业规模明显扩大

（1）总资产大幅增加。2019—2021 年，新洁能的总资产分别为 8.07 亿元、13.98 亿元、18.85 亿元。2021 年较上年同比增加 34.84%。

（2）收入规模显著提升。2019—2021 年，新洁能的营业收入分别为 7.73 亿元、9.55 亿元、14.98 亿元，2021 年较上年同比增加 56.86%。公司积极抓住时机，芯片投片上利用 12 英寸产能优势，封装上利用自有封装产线优势，加大加快产品的供给，实现了较好的业绩增长。

（3）人员规模持续扩大。2021 年新洁能员工增至 308 人，同比增长 42.59%。2022 年，随着规模扩大，员工总数达 340 人，研发人员增至 106 人，同比上涨 35.89%。这表明企业扩张需更多研发人员支持新产品研发与改进。

2. 研发强度仍有提升空间

2021 年度，新洁能研发投入稳步增长。2019—2021 年的研发强度均维持在 5% 以上，但在赛道中，其研发强度处于赛道下游水平，与头部企业相比有较大差距。作为技术密集型的高科技企业，新洁能需要不断革新，持续进行研发投入和新产品开发以保持竞争优势。

3. 营运能力突出

（1）财务能力较为突出。其运营能力位列赛道第一、盈利能力列于第三。偿债能力与发展能力还存在很大的发展空间。随着产品线升级，盈利水平有望进一步提升。

（2）公司治理体系较为完善。2021 年，新洁能第一大股东与第二大股东持股比率为 4.48%，股权制衡度较低。独立董事比例为 33.33%，处于同行业平均水平，说明公司治理的透明度和公正性较好，能有效保护公司和股东利益，防止公司管理层滥用职权。公司尚未实行两职分离，企业经营决策机制有待提高。

（3）人才体系有待完善。2021 年，新洁能研发人员数量为 78 人，占公司总人数的 25.32%，拥有硕士及以上学历的人数为 13 人，占公司总人数的 4.23%。同赛道的韦尔股份，研发人员占比达 43.33%，拥有硕士及以上学历人员占比达 32.41%。可见，新洁能高层次人才紧缺。公司仍需积极引入高学历人才。

九、力芯微：需加大研发规模，以技术攻关抢占市场先机

力芯微专注于高性能、高可靠性电源管理IC设计，为客户提供卓越电源解决方案，并拓展至智能组网延时管理、信号链芯片等领域，稳固其在消费电子市场的领先地位。公司秉持质量至上，赢得市场广泛认可，同时深化产业链合作，促进协同发展。面对行业技术快速迭代与产品更新，公司紧抓市场需求与技术前沿，加大研发力度，致力于全系列、高品质电源管理芯片的持续创新。同时，积极布局信号链芯片市场，构建领先的电源管理技术平台，矢志成为国际顶尖的模拟芯片供应商，引领行业发展新篇章。

（一）优势与风险

1. 深耕电源管理领域，打造领先的电源管理芯片技术平台

（1）企业家的有力支持。作为力芯微的掌舵人，袁敏民带领企业锚定模拟电路，深耕电源管理芯片赛道，同时坚持创新驱动发展战略，不断加大研发强度，打造企业发展的“护城河”。此外，执行严格的质量标准是力芯微发展至今的重要理念，同时也是袁敏民对待产品、对待企业的态度。

（2）携手上下游企业，发挥产业链协同优势。公司与全球排名领先、工艺先进且成熟度高的主流晶圆制造、封装测试企业保持了长期稳定的合作关系，充分了解其工艺水平及变化情况，使得公司能够提前介入、磨合上游技术资源，进而将上下游技术、工艺资源、应用需求融入产品研发之中，实现产业链“需求－工艺－设计”的动态传导和有效的产业链资源协同。

（3）严控产品质量，打造领先的电源管理芯片技术平台。凭借优质的产品、快速反应的研发体系和差异化服务，公司在特定领域与全球知名IC设计公司的部分产品竞争，且部分产品性能指标已经达到或超过国际品牌的竞标产品。同时，在产品可靠性方面，公司持续引进和采用先进的质量管理理念，在研发及生产过程中执行严格、完善的质量控制体系，将高标准的质量管控体系贯穿产品设计及生产环节。

（4）同优质终端客户密切合作，打造客户资源优势。公司自2010年正式进入三星电子的供应商体系，在国际业务中与TI等国际知名企业竞标，积累了大量的开发经验。公司以国际客户的质量要求为准绳，形成了出色的研发能力和严格的质量控制体系，逐步形成了良好的市场口碑，并通过小米、LG等主流消费电子品牌供应商认证。

2. 可能面临的风险

（1）市场竞争加剧风险。公司市场策略聚焦下游知名客户，平衡新客户拓展与老客户维护，确保出货量与新品推广。然而，若未能精准把握市场趋势、高效转化技术并巩固市场地位，竞争优势或将减弱，影响经营业绩。

（2）产品迭代升级风险。随着下游应用扩展，公司需紧跟技术趋势与客户需

求，持续研发创新，保持产品竞争力。若技术创新停滞，迭代受阻，将削弱市场竞争力，制约业绩持续增长。

（3）研发失败风险。产品研发投入大、周期长且具不确定性。若产品未达预期或缺乏竞争力，公司将面临投资损失及竞争力削弱风险。

（4）自身存在的不足。力芯微的研发强度不足，未来可能导致企业失去技术领先地位、产品性能无法满足市场需求等弊端。因此，力芯微仍需继续加大研发投入，引入高水平的技术人才资源，打造企业创新发展的“永动机”。

（二）“值得信赖”维度评价

1. 企业规模明显扩大

（1）总资产大幅增加。2019—2021 年，力芯微的总资产分别为 3.84 亿元、4.18 亿元、11.17 亿元，其中 2021 年同比增加 167.22%，有大幅度提升，主要是报告期内公司首次公开发行股票募集资金增加。

（2）收入规模显著提升。2019—2021 年，力芯微的营业收入分别为 4.74 亿元、5.42 亿元、7.74 亿元，其中 2021 年收入显著提升，同比增长 42.80%。

（3）人员规模持续扩大。随着企业规模不断扩大、产能需求不断增加，力芯微员工总人数从 2019 年的 221 人，增加到 2021 年的 309 人。同时，力芯微作为技术密集型企业，重视技术的研发创新，不断加强研发投入，2021 年力芯微研发人员的数量达 164 人，较 2020 年的 133 人，同比增加 23.31%。

2. 研发强度仍有提升空间

坚持核心技术自主创新，不断加大研发投入力度。2022 年力芯微研发费用 10797.88 万元，占公司营业收入的 14.07%，研发投入稳步增长。2020—2022 年来的研发强度均维持在 5% 以上，呈大幅上升的态势，但在赛道中，力芯微的研发强度处于中下游水平，仍有提升空间。

3. 营运能力突出

（1）财务能力较为突出。2021 年，力芯微在偿债能力、发展能力方面较为突出，在赛道位列第二名。运营能力、盈利能力处于赛道中上游。2019—2021 年间，净资产收益率连续三年上升，由 2019 年的 15.67% 上升至 2021 年的 24.17%。

（2）公司治理体系较为完善。2021 年，力芯微第一大股东与第二大股东持股比率为 4.53，股权制衡度较低。独立董事比例为 33.33%，处于同行业平均水平，说明公司治理的透明度和公正性较好，能够有效地保护公司和股东利益，防止公司管理层滥用职权。尚未实行两职分离，企业经营决策机制有待提高。

（3）人才体系有待完善。2021 年，力芯微研发人员数量为 164 人，占公司总人数的 53.07%，拥有硕士及以上学历的人数为 37 人，占公司总人数的 11.97%。同赛道的韦尔股份，研发人员占比达 43.33%，拥有硕士及以上学历人员占比达 32.41%。可见，力芯微高层次人才紧缺。

十、北京君正：需提升经营管理效率，提升企业抗风险能力

北京君正致力于在中国研制自主创新CPU技术和产品，目前已成为一家国内外领先的嵌入式CPU芯片及解决方案提供商。围绕集成电路产业搭建技术产品核心竞争力，拥有强大的自主研发能力、多维度的产品优势、面向汽车电子的工程保障体系以及全球化的人才、资源，不断扩大业务规模。当前，北京君正公司规模不断扩大，业务范围不断延伸。但在发展过程中，还存在运营能力表现不佳，存货管理存在不足等问题。未来北京君正需加强人才队伍建设，提升经营管理效率，深耕集成电路设计领域，抓住汽车智能化发展机遇，提升公司抵抗市场需求波动风险能力，助力公司健康可持续发展。

（一）优势与风险

1. 围绕集成电路产业搭建技术产品核心优势

（1）强大的自主研发优势。北京君正拥有很强的研发基因，在核心技术领域一直坚持自主创新的研发策略。经过十几年的持续投入，在嵌入式CPU技术、视频编解码技术、影像信号处理技术、神经网络处理器技术、AI算法技术、存储器技术、模拟和互联技术持续发力，形成领先行业的核心技术优势。

（2）全方位的产品优势。由于北京君正坚持在核心技术上自主研发的策略，公司芯片具有自主可控、性价比高、高性能、低功耗特质、可持续发展性、面向行业市场丰富、齐全的产品品类等多重优势。

（3）面向汽车电子的工程保障体系优势。基于业务发展方面的需要，君正部分子公司通过了ISO 9001质量管理体系认证，符合ISO 14001环境保护标准。同时，公司依据IATF16949的要求，建立了面向汽车电子的供应链管理体系。君正还建立了相应的实验室和流程，以便向客户提供的车规等级芯片都可通过AEC-Q100体系的测试并提供测试报告。

（4）团队及人才优势。君正拥有国际化的集成电路设计团队，团队人才分布中国、美国、以色列、韩国、日本等地，领域知识涉及处理器设计、存储器设计、模拟电路设计、通信电路设计等，随着公司持续加大内部培养和外部引进人才的力度，公司的团队和人才力量将不断得到加强。

（5）资本的强有力支持。截至2022年5月20日，韦尔股份累计持有北京君正总股本4.96%的股份。拥有韦尔股份的支持，北京君正将拥有更多资金专注于核心技术的自主研发。

2. 可能面临的风险

（1）市场需求变化和行业竞争加剧风险。随着全球经济低迷、政治经济形势动荡等影响逐渐传导到行业市场，2022年下半年行业市场也逐渐呈现出一定的下调压力。近年来随着国家政策的鼓励支持，集成电路行业竞争日益激烈。

（2）产品开发风险。新工艺产品需要的资金投入不断提高，产品研发难度也

不断增大，如公司开发的产品不能很好地符合市场需求，则可能对公司的市场销售带来不利影响，使经营风险随之加大。

（3）毛利率下降的风险。2022年，因消费市场和行业市场先后出现需求下降的压力，市场供求关系变化导致部分产品毛利率出现下降，鉴于市场需求变化和供应链情况的不确定性，未来仍存在产品毛利率下降的风险。

（4）自身存在的不足。北京君正在多个国家和地区均设有分支机构，业务和人员遍布全球，运营管理会出现管理混乱、成本控制难度大等多方面难题。从行业整体来看，存储芯片经过2020年、2021年的高速发展，已进入下行期。尤其是在结构性过剩的消费电子等领域，库存消化的压力陡增。

（二）“值得信赖”维度评价

1. 企业规模小幅扩张

（1）总资产规模持续扩大。2020—2022年总资产分别为89.68亿元、113.35亿元、124.22亿元。2022年总资产规模同比增长9.59%，其中存货期末余额较期初增长62.31%，是生产采购支出增长所致。

（2）收入规模小幅增长。2020—2022年营业收入整体呈增长趋势，2020年君正营业收入为21.70亿元，2021年为52.74亿元，2022年为54.12亿元。2021年营业收入同比增长143.04%，2022年营业收入同比增长2.62%。2021年全球集成电路市场呈现了持续市场繁荣，北京君正总体营业收入呈快速增长趋势；2022年市场需求大幅变动，在集成电路设计领域普遍出现业绩压力较大的情况下，公司总体营业收入仍实现了小幅增长。

（3）员工规模稳中有增。为了满足业务增长的需要，北京君正积极引进各方面人才，扩大生产、销售、技术等专业人员，截至2022年底，公司现有人员1036人，较上年年底增加98人；与此同时，研发人员总计659人，较上年同比增长15.01%。

2. 仍需深耕集成电路设计领域，加强自主核心技术研发

北京君正致力于核心技术研发与创新，2022年研发投入达6.55亿元，占比营业收入12.10%，连续三年（2020—2022年）保持高强度投入。然而，在该赛道中，研发强度尚处中下游，与领先企业存在差距。北京君正需聚焦集成电路设计，深化底层技术，紧跟市场趋势，积极追踪新兴技术并适时研发，以增强自主研发与创新能力，进一步提升市场竞争力。

3. 运营能力有待提升

（1）财务能力需要提升。2021年北京君正偿债能力表现优秀，无短期偿债风险，但其他财务能力指标表现欠佳。

（2）公司治理体系有待完善。北京君正独立董事比例达33.33%，处于同行业平均水平，独立董事较好地履行了监督、制衡的职责，且北京君正第一大股东与第二大股东持股的比值为1，股权制衡度位于同赛道第一位，股权结构合理，但公司并未做到两职分离，增加潜在风险。因此，北京君正仍需加强公司治理，不断

完善公司治理体系。

（3）重视高层次人才队伍建设。2021 年，公司研发团队中研究生学历者 183 人，仅占研发总人数的 27.77%，远低于同时期紫光国微的 44.62%。为强化研发实力，推动高质量发展，君正亟须加大高层次人才队伍建设，提升产品创新能力。

十一、复旦微电：应提升主营业务盈利能力，发挥研发优势

复旦微电子集团是国内从事超大规模集成电路的设计、开发、生产（测试）和提供系统解决方案的专业公司，现已成为集成电路领域最具代表性的国内企业之一。背靠复旦大学微电子学院强劲的研发实力支持，复旦微电多项产品技术均达到国际或国内领先水平。但是，复旦微电利润对政府补助的依赖程度较高，收入占比最大业务毛利率有待提升，公司盈利能力不强。复旦微电亟须总结高毛利率业务运作管理经验，发挥团队研发实力优势，提高企业效益。

（一）优势与风险

1. 专注集成电路业务打造核心竞争力

（1）形成了丰富的产品线。公司自成立以来，专注于集成电路设计与研发，建立了从技术预研、产品设计、工程实现以及应用开发的多层次研发体系。经过二十余年的发展，积累了丰富的行业经验与产品关键技术。

（2）专业背景深厚的研发团队。集成电路设计属于技术密集型产业，公司高度重视人才梯队的建设。目前已拥有产品与系统定义、数字和模拟电路设计与验证、测试与工程实现、系统解决方案等研发团队，形成了多元化、多层次的研发人才梯队。

（3）完善的质量管理体系。公司高度重视产品从研发到交付各道环节的质量控制，并建立了完善的质量控制体系。公司已通过 ISO 9001、QC080000、ISO 14001 和 ISO 45001 等管理体系认证，并参与制定了多项国家标准和行业标准。

（4）深度供应链协作模式。公司选择的委外供应商以全球知名公司、国内领先的上市公司为主，具有先进的工艺水平和充足的产能储备。

（5）本土化与国际化兼顾的业务拓展模式。公司推动国内业务高速发展的同时，以打造具有国际化竞争力的平台为发展目标，积极布局国际市场。此外，公司还在美国、新加坡、中国香港特别行政区和中国台湾地区等设立了子公司和分支机构，加强与国际行业巨头的联动，培育并提升公司的国际影响力和品牌知名度。

2. 可能面临的风险

（1）新产品研发及技术迭代风险。如果公司在后续研发过程中对市场需求判断失误或研发进度缓慢，将面临被竞争对手抢占市场份额的风险。此外，高端芯片研发存在开发周期长、资金投入大、研发风险高的特点，在研发过程中很可能存在因某些关键技术未能突破或者产品性能、参数、良率等无法满足市场需要而研发失败、落后于新一代技术的风险。

（2）产品销售价格及毛利率下降的风险。未来，若技术升级、成本上升或议价力减弱，或公司未能巩固产品竞争力，销售均价与毛利率或将下降，导致公司处于劣势，持续盈利能力受损。

（3）供应商集中度较高与产能利用率周期性波动的风险。当前晶圆结构性产能恢复明显，但是上下游价格传导机制尚需时间，如公司因技术水平、管理能力或市场开拓能力不足将导致公司对部分晶圆成本的消化有所滞后，将会对公司的盈利能力、产品出货造成不利影响。

（4）政府补助、税收优惠等政策变动的风险。公司作为高新技术企业，享受优惠税收政策支持。如果国家鼓励政策发生变化，可能造成公司盈利水平波动的风险。

（5）应收账款及应收票据回收的风险。如果未来宏观经济形势、行业发展前景等因素发生不利变化，客户经营状况发生重大困难，公司可能面临应收账款及应收票据无法收回而增加坏账损失的风险。

（6）自身存在的不足。复旦微电盈利能力对政府补助的依赖程度较高，亟须反思提升主营业务盈利能力。收入占比最高的业务毛利率有待提升，可总结高毛利率业务运作管理经验，提高安全与识别芯片业务毛利率，获取更大盈利。

（二）“值得信赖”维度评价

1. 企业规模呈扩张趋势

（1）总资产规模持续扩大。2020—2022 年，复旦微电总资产规模分别为 26.79 亿元、41.65 亿元、61.11 亿元，三年平均增长率为 51.10%。2022 年，复旦微电收入规模增长，应收账款较上期增加 61.66%。总的来说，由于募资及收入规模增长，复旦微电总资产规模扩张速度较快。

（2）营业收入持续增长。2020—2022 年，复旦微电营业收入分别为 16.91 亿元、25.77 亿元、35.39 亿元，三年平均增长率为 44.86%，2022 年综合毛利率为 64.67%。

（3）员工人数持续增加。2020—2022 年，复旦微电员工人数分别为 1449 人、1531 人、1688 人，三年平均增长率为 7.95%。2022 年，复旦微电员工流失率 9.66%，劳动合同签订率 100%，薪酬增长率 18.43%，公司劳工关系良好，人才吸引力强。

2. 创新投入及产出效率高

2021 年复旦微电研发强度为 29.06%，位居“芯片”赛道内第二名。2020—2022 年公司研发费用分别为 4.91 亿元、6.92 亿元、7.35 亿元，三年来公司研发投入持续加大，陆续完成了研发建设工作。

3. 运营能力良好

（1）公司治理水平较高。复旦微电第一大股东与第二大股东持股比例的比值为 2.59，第一大股东股权制衡度较高。公司独立董事比例为 33.33%，董事长与总经理非同一人担任，说明公司管理层决策独立性较高，公司治理结构能有效预防

“内部人控制”问题。

（2）人才体系及培养机制较为完善。复旦微电高学历人才占比明显多于同规模企业，人才基础较为坚实。公司重视员工教育，每年投入资金和精力培训员工，为员工提供了自我提升和成长的平台。

十二、芯朋微：应提升营业收入，扩大公司规模

芯朋微电子专注于功率半导体研发，在国内开发成功并量产了各种规格的高低压集成开关电源芯片、驱动芯片等，均获得国家及省部级科技奖励和国家重点新产品认定，能有效实现芯片进口替代。2020 年公司于科创板 A 股上市，在江苏省周边形成了良好的区域优势，公司发展稳中向好。但是，芯朋微在发展过程中仍存在公司规模太小、营业收入额不大、财务能力表现不佳、需加强研发效率等问题。在重要性及竞争程度日益增强的芯片市场，芯朋微亟须由“小而美”向“大而强”转变。

（一）优势与风险

1. 形成了以集成电路研发技术为主的核心竞争力

（1）企业家的引领作用。公司董事长张立新毕业于东南大学，技术出身，曾主持多项科技重大专项课题，获得 7 项国内发明专利、2 项美国发明专利和 6 项实用新型专利；有坚实的科技研发基础，为公司掌握更多自主知识产权、扩大竞争力提供了强大支撑。

（2）形成了基于核心技术平台的产品布局和阶梯式增长模式。首要的是公司搭建了先进的“高低压集成技术平台”。公司通过持续的研发投入保证核心技术平台的先进性，以保证芯片产品的技术优势。基于不断升级的核心技术平台，公司产品线不断丰富，收入规模和盈利水平稳步上升。

（3）技术团队研发优势。公司拥有高水平的研发团队。公司成立以来始终专注于电源管理芯片研发，以自主创新为经营核心宗旨，研发实力突出，特别在高低压集成半导体技术方面具有优势。

（4）基于行业标杆客户的产品推广模式。公司产品在整机 / 模块产品中获得了知名终端客户的认可，也成为打入进口品牌所控制的市场的前提，为公司的业务发展打开了广阔的空间。

（5）产业链协同和区位优势。公司位处江苏省无锡市，该地区是中国集成电路产业的传统优势区域，周边配套产业链完备，有利于公司与上游芯片制造、封装厂商实现产业链协同。

2. 可能面临的风险

（1）技术升级迭代风险。若公司未能紧跟行业技术趋势或研发滞后，或遭遇技术瓶颈，将削弱竞争力和持续发展能力，对公司产生不利影响。

（2）市场竞争加剧风险。公司产品市场占有率较低，在技术实力、市场份额

方面和境外竞争对手相比均存在差距，面临较大的国内外品牌的竞争风险。

（3）客户认证失败的风险。公司芯片产品需要通过客户测试认证才能进入批量供应。若公司连续多款产品在同一客户中认证失败，可能导致客户对公司产品的品质产生疑问，从而导致公司不能获得新客户或客户流失，进而导致公司收入和市场份额下降，对公司盈利能力产生不利影响。

（4）供应商集中度较高的风险。公司前五大供应商采购额与采购总额比值为81.41%，集中度高。若上述供应商产能受限、提价或断供，将致公司产品供应紧张、成本上升，影响盈利能力。

（5）政府补助不能持续的风险。2021 年，公司政府补助金额占利润总额的比例较大，政府补助记入公司非经常性损益，且公司未来能否持续获得存在不确定性，公司存在因政府补助波动导致净利润波动的风险。

（6）自身存在的不足。在"芯片"赛道中，芯朋微的品牌优势值和相对市场位势都不算突出，尤其后者，其主要原因是公司规模太小。芯朋微研发上相较行业龙头发力较晚，而芯片技术研发又需要大量时间及资源投入，公司现有成果较少。

（二）"值得信赖"维度评价

1. 公司规模持续扩大

（1）总资产规模持续上升。2019—2021 年芯朋微总资产规模分别为 5.47 亿元、13.95 亿元、16.34 亿元。2020 年较 2019 年总资产规模增长 155.03%，2021 年较 2020 年增长 17.13%，总体涨势良好。

（2）员工人数持续增长。2019—2021 年公司员工人数分别为 100 人、158 人、285 人。三年员工人数平均增长率为 69.19%，员工人数增幅总体而言较大。

（3）收入总额不断增加。2019—2021 年，公司营业收入分别为 3.35 亿元、4.29 亿元、7.53 亿元，2021 年较 2020 年收入增长近 75.52%。增长的主要原因是公司积极应对产能短缺难题，不断开拓新客户和新市场。

2. 创新投入及产出有待提升

2021 年芯朋微研发强度为 17.49%，位居"芯片"赛道内第四名，处于赛道中上游水平。2021 年，芯朋微研发费用 1.32 亿元，同规模公司富瀚微研发费用为 2.50 亿元，新洁能研发费用为 0.80 亿元，芯朋微研发投入处于中等水平。作为新上市的公司，又身处技术要求高、研发难度较大的芯片领域，芯朋微仍需加大公司研发强度，防止技术落后。

3. 运营能力潜力巨大

（1）财务能力总体表现良好。公司 2021 年偿债能力位居赛道首位，现金流充足。芯朋微在高端芯片制造领域深耕细作，产品销售持续上升，2024 年第三季度实现了净利润比去年同比增长 178.81%。

（2）公司治理水平较高。2021 年，芯朋微第一与第二大股东持股比率为 4.57，股权制衡度评分为 98.99，制衡度良好。独立董事比例为 42.86%，公司管理层独立性较好。

（3）人才体系不断增强。总体来看芯朋微高层次人才人数增长率较高，员工待遇吸引力较强，不同层次人才结构较合理。

十三、富瀚微：需持续加大研发投入，提高市场位势

富瀚微长期深耕视觉领域，是以视频为中心的芯片和完整解决方案提供商。通过多年的自主研发创新，公司已在图像信号处理、视频编解码、智能处理算法、复杂多媒体 SoC 设计技术等关键领域拥有多项核心技术，并与下游龙头企业建立了稳定的合作关系。近年来，由于行业景气度上扬，客户需求旺盛，公司积极进行市场拓展和布局，建设了一支高学历、年轻化的研发团队，实现营收、净利高速增长，但同时，富瀚微也表现出创新强度下降和相对市场位势较低的问题。公司需进一步加大研发投入，夯实技术优势；精准把握客户需求，拓展产品线；积极开拓国际市场，提高品牌影响力。

（一）优势与风险

1. 已形成自主核心技术优势

（1）完善的产品线及系统的质量管理。富瀚微健全了全面系统的质量管理体系，拥有行业级和车规级品质实现能力，且在智慧安防、智慧物联市场，行业级品质得到了多家行业标杆客户的认可。

（2）研发技术优势。富瀚微专注视觉芯片的设计开发，通过多年自主研发创新，已拥有图像信号处理、音视频编解码、智能算法、先进 SoC 设计技术、大规模集成电路设计等核心技术。

（3）不断延伸的市场优势。一方面，富瀚微通过一站式、前后端协同的产品布局，为客户提供高性价比视频芯片及解决方案。另一方面，公司聚焦 AI 视觉应用，为客户提供算力、算法、AI 产品解决方案，推进普惠 AI 的全面落地。

（4）产业链协同优势。经过多年发展，富瀚微与晶圆制造商和芯片封测厂商建立了稳固、良好的合作关系。多年的紧密合作，既保证了产品工艺的稳定性和高良率，又为公司的稳定生产和及时供货提供了保障。同时，面对缺芯的市场形势，富瀚微积极采取措施，提前优化库存，确保交付。

2. 可能面临的风险

（1）客户集中度较高的风险。与主要客户合作稳定且其资信良好，但若客户经营、采购战略大变，或公司流失客户，或客户遇重大不利，均将对公司经营造成不利影响。

（2）供应商集中度较高风险。公司从技术先进性、供应稳定性和代工成本等方面考虑，合适的供应商选择有限，使得 2021 年公司供应商集中度较高。当公司产品市场需求量旺盛时，可能存在供应商无法满足公司生产需求的风险。针对该风险，公司需要不断加强与上游供应商的配合，以保障公司的生产需求得到充分

满足。

（3）市场竞争激烈的风险。近年来随着国家政策鼓励支持集成电路产业发展，集成电路设计企业竞争日益激烈，公司若不能及时适应快速变化的市场环境、升级或研发符合行业变化的新兴技术及产品，满足下游客户快速变化的市场需求，未来将存在被竞争对手挤占市场从而造成公司市场占有率及业绩下滑的风险。

（4）国际贸易摩擦风险。近年来，国际贸易摩擦不断升级，集成电路作为高度全球化的产业也受到影响。在销售端，可能出现流失部分下游客户。在采购端，部分供应商可能受到国际贸易政策的影响，波及富瀚微的供应、授权和服务供给。若未及时寻找到同等品质的替代方案，将对采购产生不利影响。

（5）自身存在的不足。尽管2021年富瀚微的研发投入与上一年相比翻倍增长，但2018—2021年，公司的研发投入占营业收入比例从32.19%逐年下降至14.58%，可见公司的研发投入并未跟上营业收入增长的速度。公司需要进一步完善薪酬福利制度及长期激励机制，促进人力投入向效益的转化。一方面，公司的产品相对单一，主要集中在一些特定的应用领域，产品覆盖面相对较窄；另一方面，公司主要面向国内市场，在国际市场上的推广和营销力度相对较弱，品牌知名度和影响力不够。

（二）“值得信赖”维度评价

1. 企业规模高速扩张

（1）总资产翻倍增长。2019—2021年，富瀚微的总资产分别为12.80亿元、14.55亿元、29.10亿元。2021年总资产规模同比增长100.00%，实现高速扩张。

（2）营业收入大幅提高。2019—2021年，富瀚微的营业收入分别为5.22亿元、6.10亿元、17.17亿元。2021年，安防等行业景气度上扬，客户需求旺盛，叠加供应链国产化需求以及疫情影响，芯片供应链持续紧张。公司在巩固自身优势的同时积极进行市场拓展和布局，带动营业收入同比增长181.48%。

（3）净利润成倍增长。2019—2021年，公司扣除非经常性损益的净利润分别为0.62亿元、0.77亿元、3.40亿元。伴随着营业收入的大幅提高，2021年净利润同比增长341.56%，其中，毛利率为42.45%，同比上升2.76个百分点。且近年来，公司毛利率持续高于行业平均水平。

2. 研发强度呈下降趋势

2019—2021年，研发人员数量从195人上升至330人，研发人员数量占比从80.91%上升至84.40%，呈现稳定增长趋势。随着公司营业收入的大幅提高，研发投入未跟上，导致公司研发强度下降。

3. 运营能力持续提升

（1）公司治理体系有待完善。2021年，富瀚微第一大股东持股比例与第二大股东持股比例的比值为1.18，股权制衡度处于健康状态，避免了一股独大的局面。

公司的独立董事占比37.5%，表现较好；董事长和总经理由同一人担任，未做到两职分离，企业经营决策机制有待提高。

（2）重视人才队伍建设和储备。富瀚微高度重视人才队伍的建设和储备，持续加大内部培养和外部引进人才的力度。公司拥有多层次的人才梯队，汇集和培养了优秀的IC设计、图形图像处理、算法研发等专业人员，团队稳定性高，为公司的长期稳健发展提供了有力保障。

十四、闻泰科技：汽车半导体龙头企业

闻泰科技，作为全球基础半导体、光学/显示模组及产品集成的领航者，依托旗下安世集团这一半导体平台，稳居全球功率半导体前五及国内榜首。闻泰科技深耕汽车半导体领域，凭借企业家鼎力支持、车规级芯片领导地位、强大产能保障、卓越产品质量、顶尖研发实力、低碳技术引领及稳固客户网络等核心优势，持续引领行业创新。积极响应碳中和号召，闻泰科技不断探索新型清洁技术。面对全球化挑战，闻泰科技坚定实施“走出去”战略，通过海外布局与并购，开辟中国企业全球化新路径。在中国电动汽车市场蓬勃发展的浪潮中，闻泰科技应乘势而上，加大新品研发创新力度，强化集团内部协同合作，构建战略发展新蓝图，迈向高质量发展新阶段，以科技力量驱动绿色出行未来。

（一）优势与风险

1. 汽车半导体产品和技术核心竞争力

（1）车规半导体龙头优势。安世集团是全球领先的分立与功率半导体IDM龙头厂商，是全球龙头的汽车半导体公司之一，其产品质量、供应体系具有全球领导地位，每年可交付1000多亿件产品。安世半导体的母公司闻泰科技在2020年与临港新片区、临港集团签约，投资了中国第一座12英寸车规级功率半导体自动化晶圆制造中心。

（2）车规产品质量优势。安世半导体使用PPB（Part Per Billion）作为标准，且不良率持续降低，以超低不良率成为业界标杆并成为全球客户的首选供应商。

（3）产品研发能力优势。安世半导体于2021年7月在上海正式成立中国研发中心（China Design Center），为国内电动汽车、工业电子、消费电子及光伏逆变器领域提供定制化及高性能产品。

（4）低碳节能技术优势。安世半导体一直投资和研发自有氮化镓和碳化硅工艺技术，目前遍布全球的自有化生产基地可以提供真正车规级AEC-Q101认证的产品。新一代的安世半导体氮化镓（HEMTs），提供业界领先的低导通电阻，更高的开关稳定性，可显著提升动态性能。

（5）客户稳定广泛优势。安世半导体在半导体行业拥有超过60年的经验，在汽车、工业、通信基础设施、消费及便捷式设备等领域，与全球众多品牌厂商建立了长期且稳固的合作关系，是众多跨国公司的首选供应商。

2. 可能面临的风险

（1）全球经营风险。公司可能面临全球供应链状况、竞争态势等多方面不确定性因素带来的风险。当前，全球地缘政治格局对半导体产业影响仍然存在不确定性，可能有国内外政治经济环境变化的风险。

（2）自身存在的不足。创新研发投入有待进一步加强。2021 年全年，公司研发投入总额占营业收入比例为 7.02%，在行业内处于较低水平。其中，半导体业务研发投入 8.37 亿元，占总研发投入（37.00 亿元）的 22.62%。

（二）“值得信赖”维度评价

1. 企业规模持续扩大

（1）总资产规模稳步提升。2019—2021 年公司总资产分别为 651.32 亿元、598.91 亿元、725.76 亿元。2020 年受到疫情影响总资产有所降低，2021 年实现了快速增长。

（2）员工规模持续扩大。2019—2021 年公司员工规模不断扩大，分别为 22467 人、25096 人、31658 人，平均增长率高达 18.93%。

（3）收入规模不断增长。2019—2021 年营业收入整体呈增长趋势，分别为 415.78 亿元、517.07 亿元、527.29 亿元，基本每股收益分别为 1.76 元 / 股、2.06 元 / 股、2.11 元 / 股。

（4）企业价值持续增加。以市值衡量的企业价值 2019—2021 年分别为 1039.73 亿元、1232.49 亿元、1611.35 亿元，平均增长率高达 24.64%。

2. 创新投入和产出有待提升

数据显示，闻泰科技的创新投入在“芯片”赛道处于落后位置，2021 年公司研发投入总额占营业收入比例为 7.02%，位于同行业倒数第三。研发人员拥有的发明专利位列该赛道最后一名。企业的创新投入和产出亟待提升。

3. 运营能力表现良好

（1）公司治理水平较高。2021 年，公司第一大股东与第二大股东持股之比为 1.27，股权制衡度较同赛道平均水平低。独立董事比例达 40%，略高于同行业平均水平，独立董事较好地履行了职责。尚未实现两职分离，企业经营决策机制有待改进。

（2）人才体系较完善。数据显示，2021 年闻泰科技员工的硕士研究生学历占比位居同行业第二，优势明显，但是该赛道的整体水平较低。公司进一步强化雇主品牌，通过由内而外的文化吸引力以及人才培养提升硬实力。同时，不断升级培训体系，并成功打造应届生“星生泰”培养项目，为培养更多德才兼备的卓越人才提供了有力保障。

第七章 软 件 行 业

2021年，我国软件和信息技术服务业（下称“软件业”）运行态势良好，软件业务收入保持较快增长，盈利能力稳步提升，软件业务出口保持增长，从业人员规模不断扩大。新能源汽车融汇新能源、新材料和互联网、大数据、人工智能等多种变革性技术，推动汽车从单纯交通工具向移动智能终端、储能单元和数字空间转变。而伴随着越来越多的传感器、高性能芯片以及5G技术的导入，大量的数据、算法以及连接在汽车上交织融合，使得汽车的智能化程度快速提升。

一、软件行业发展环境分析

“软件定义汽车”正逐步成为汽车产业的主流趋势，智能汽车成了继个人电脑、智能手机之后的又一重要智能移动终端，车载操作系统市场前景广阔。

物联网领域仍具备巨大的发展空间，2019年全球物联网的收入为3430亿美元（约人民币2.4万亿元），预计到2025年将增长到1.1万亿美元（约人民币7.7万亿元），年复合增长率高达21.45%。根据2024年11月3日世界物联网大会上公布的数据，中国2024年建成承载物联网5G基站有望超过430万个，物联网连接数有望突破30亿个。

本行业选取中科创达公司作为“值得信赖”汽车软件行业的分析对象。

二、中科创达：需对标世界一流提质增效

软件定义汽车的大趋势下，中科创达以自身在智能汽车OS[①]领域的核心优势，继续带动汽车业务的快速发展，并发展了智能座舱、自动驾驶、SOA车云一体等方面业务。

中科创达是一家聚焦操作系统领域的软件业公司。在智能操作系统领域中，中科创达为产业界提供“IP+服务+解决方案”的三位一体的全栈式、立体化、模块化、标准化、定制化的软件产品和方案，成为操作系统领域中技术与生态并行的先行者。中科创达在近几年的发展中，企业规模持续上升、品牌价值突出。在三大核心领域的技术研发能力不断提升、运营能力稳定发展。但也存在着市场不确定性、财务绩效指标呈下降趋势、研发费用较为不足等问题。未来公司应组建

① OS：操作系统。

不同领域的专业化团队，坚持人才驱动创新，在全球化布局中注重“头部价值”，完成对公司经营逻辑、定位以及构建核心优势的革新。

（一）优势与风险

1. 打造以技术为核心的生态竞争力

（1）企业家的有力支持。2018 年，中科创达快速成长为全球首屈一指的移动智能终端软件技术商，公司取得的成绩与董事长赵鸿飞对市场的敏锐洞察力和对公司的正确领导以及我国主动对外打开技术合作的大门密不可分。

（2）平台技术的壁垒优势。中科创达是全球领先的智能操作系统产品和技术提供商。公司的核心技术全面覆盖智能操作系统技术领域，是国内外稀有的能够提供从芯片层、系统层、应用层到云端的全面技术覆盖的操作系统技术公司。

（3）产业生态的整合优势。中科创达致力于与最优秀的行业伙伴合作，构筑网状生态圈层，持续发挥公司在差异化和产业赋能的优势。公司和产业生态伙伴战略合作不断深化，共同为智能终端产业链打造更好体验的核心计算平台。

（4）开源领先优势。中科创达作为操作系统领军者，加速开源进程。在 OpenHarmony① 领域，已推出适配多芯片模组的行业方案。于 openEuler② 领域，依托其跨平台特性，构建边缘计算软件仓库，并发布面向该领域的商业发行版，深化技术创新与应用拓展。

（5）客户的独特价值优势。作为上汽乘用车重要的战略合作伙伴，中科创达始终围绕客户价值做产品，也为客户的产品上市做出了贡献。公司在智能科技音频领域享有盛誉的模组产品，满足了客户对首款品牌便携音箱和科技方面的多元化需求。

2. 可能面临的风险

（1）市场风险。智能物联网是中科创达大力拓展的战略业务，虽然智能物联网业务具有海量的市场规模，但仍属于导入期，存在热点分散、此起彼伏的现象，其市场不确定性较大。如果公司不能把握行业特点，客户拓展进度和订单数量不及预期，将对公司业绩造成不利影响。

（2）财务风险。中科创达应收账款净额为 12.88 亿元，占资产总额的比例为 17.8%，其占比较高，且应收账款已按照坏账准备计提政策提取了坏账准备。尽管公司报告期内并未出现大额坏账，但应收账款绝对金额及占总资产的相对比重仍然较高，不能排除未来出现应收账款无法收回而损害公司利益的情形。

（3）自身存在的不足。财务绩效指标呈下降趋势。2021 年偿债能力和发展能力均呈现出下降趋势是因为中科创达在 2021 年的采购增加和业务增长导致了应付账款和预付款项的增加。公司投入研发力度虽占比超过 10%，但相较于一般的技术密集型的科技类公司，中科创达的人均研发费用仍然较低。作为以人才驱动为

① OpenHarmony：由开放原子开源基金会孵化及运营的开源项目。

② openEuler：是一款开源操作系统。

主的高科技类企业，其行为与高科技类企业较不匹配。

（二）“值得信赖”维度评价

1. 企业规模持续扩大

（1）总资产规模不断扩大。中科创达2019—2021年的资产总额分别为28.29亿元、55.57亿元、72.38亿元，总资产呈上升趋势。其中，2020年较上年增长高达96.43%，2021年较上年增长30.25%。

（2）收入规模不断增加。中科创达2019—2021年营业收入呈现上升趋势。其中2019年的营业收入为18.26亿元；2020年营业收入为26.27亿元，较上年同期增长43.87%；2021年，营业收入为41.27亿元，较上年同期增长57.10%。

（3）员工规模稳定。中科创达母公司在职员工255人，子公司在职员工11212人，共有11467位员工，员工规模庞大，并且保持着小幅增长的趋势。

2. 研发能力持续上升

中科创达聚焦智能操作系统的技术研发，在智能软件、智能网联汽车、智能物联网三大核心领域进行产品化与技术创新。长期以来的研发投入为中科创达提供了强大的技术背景，也为研发成果的资本化和产品化奠定了坚实的基础。中科创达十分重视自主研发，其研发能力在持续上升。

3. 运营能力较为稳定

（1）公司治理体系比较完善。中科创达展现出了卓越的公司治理能力：业务上，拥有完备的研发、采购、销售体系及独立运营机制；人员管理上，构建独立人事、社保及薪酬体系；资产完备，满足经营全需求；组织架构上，以股东大会、董事会、监事会、经理层为核心，形成健全法人治理结构；财务独立，设有专门部门与制度，确保会计核算与决策自主。此外，2021年股权制衡度佳，独立董事占比高，进一步彰显其治理透明与高效，综合体现中科创达治理的优异水平。

（2）人才体系健全。2021年，在中科创达的研发人员中，拥有硕士研究生学历的员工人数为843人，博士研究生学历的员工人数为7人。这些数据表明了中科创达十分重视人才的配置。

第八章　电子器件行业

目前全球汽车行业正经历重大变革，新四化趋势持续加强，全球主要市场通过一系列政策法规和标准等支持新能源汽车、智能网联汽车、自动驾驶等技术的发展。全球汽车行业新能源渗透率提升及智能化趋势的强化一方面要求上游零部件行业在电动化、智能化技术上不断革新进步，另一方面也为电子器件行业带来良好的发展机遇，特别是对于域控制器、座舱解决方案、网联产品、新能源管理系统等需求快速提升，相关电子器件价值量也不断上升。

一、电子器件行业发展环境分析

随着中国电动汽车在海外生产布局增长，上游一批电子元器件厂商积极开展国际化贸易，从原来的销售渠道布局为主积极向生产基地建设转型。

（一）适逢经济复苏的时代机遇，持续扩大继电器市场占有率

继电器作为最主要的基础元件之一，是整机电路控制系统中必要的、核心的电控基础元件。随着智能家居、工业自动化、光伏领域的强劲增长、全球电表智能化、汽车智能化和新能源汽车的快速发展，以及5G时代的到来，继电器市场将迎来新一轮的发展。

（二）“双碳”背景下，新能源需求为薄膜电容注入成长新动能

薄膜电容器广泛应用于家电、通信、电网、工业控制、照明和新能源（光伏、风能、汽车）等多个行业，是不可取代的电子元器件。由于市场变化及技术的进步，照明领域对薄膜电容器的需求减少，竞争加剧。预计未来几年，高端薄膜电容器市场仍会稳步增长。

（三）正逢市场规模持续增长、国产替代化进程进一步加速的时代机遇

连接器是电子电路的沟通桥梁，是构成整个电子装备必备的基础电子元器件，应用领域非常广泛。全球连接器行业处于稳步上升期，随着下游产业的发展和连接器产业本身的进步，连接器已经成为设备中能量、信息稳定流通的桥梁，总体市场规模基本保持稳定增长的态势。

（四）大力推动产业政策与科技创新，电机市场需求飞速增长

新能源汽车驱动电机市场发展前景较好。智能控制器是实现智能控制指定电子机器设备的小型操作工具。随着智能化需求的增长，智能控制器产品的渗透性进一步增强，应用领域日趋广泛，其重点布局在汽车电子、家用电器、电动工具及设备这三大领域。

本研究选取江特电机、宏发股份、德赛西威、利元亨、均胜电子、法拉电子、得润电子和方正电机作为“值得信赖”汽车电子器件行业的分析对象。按指数计算出 2021 年各公司在偿债能力、营运能力、盈利能力以及发展能力方面的数值，并绘制成图 8、图 9。

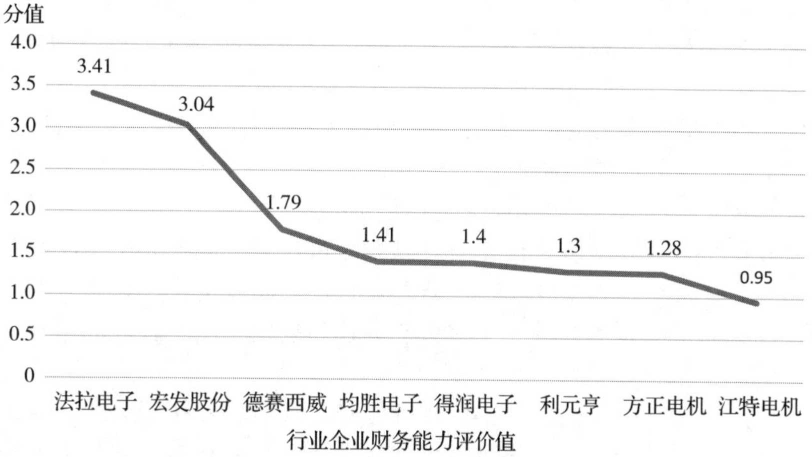

图 8　“电子器件”赛道企业偿债能力评分（单位为 1）

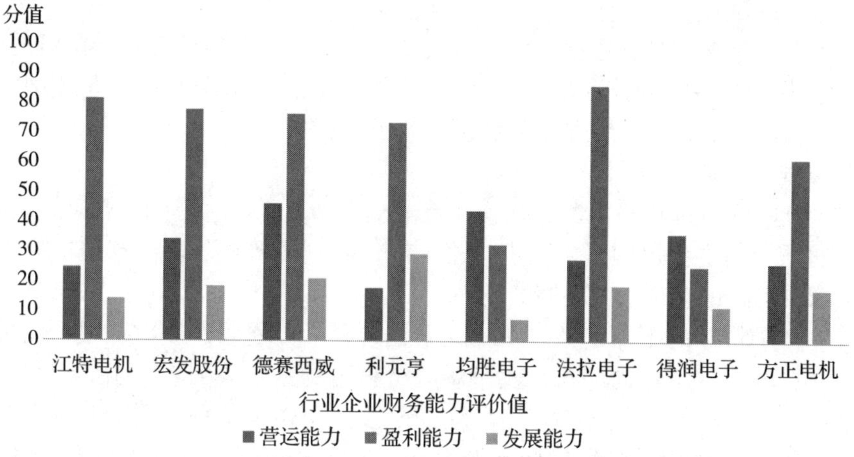

图 9　“电子器件”赛道企业营运盈利、盈利能力及发展能力评价对比图（100 分制）

二、江特电机：需加强高层次人才队伍建设，强化自主创新能力

江特电机是一家主要从事锂云母采选及碳酸锂加工、特种电机研发生产和销售的国家高新技术企业，产量位居建机电机、起重冶金电机等细分行业的前列。正逢全球碳中和的时代机遇，江特电机大力推进企业绿色化转型，通过丰富的产品资源、强大的营销队伍、领先的品牌优势，发展智能电机产业，持续打造锂产

业的核心竞争力。企业的规模在近几年的波动下逐步回升、品牌价值较为突出。但是，江特电机也存在研发投入力度不足、财务管理能力欠缺、高层次人才缺乏等问题，在未来的发展中需要加强高层次人才队伍建设，坚持技术创新，强化自主创新能力，提高运营能力。

（一）优势与风险

1. 大力发展智能电机产业，持续打造锂产业的核心竞争力

（1）企业家的有力支持。在董事长胡春晖的带领下，江特电机逐步调整业务结构，在巩固和扩大建机电机、起重冶金电机等原有细分市场龙头地位的基础上，拓展了军工电机、新能源电机市场；同时，通过较大的锂资源储量，江特电机实现净利润大幅增长，公司各方面财务指标呈逐渐回升趋势。

（2）主营产品资源丰富。宜春拥有亚洲储量最大的锂瓷石矿，江特电机在宜春地区拥有2处采矿权和5处探矿权的锂瓷石矿。江特电机依托自有的采矿、选矿到碳酸锂深加工的全产业链，原材料成本较为稳定，能够有效控制各个生产环节的生产成本。

（3）强大的运营推广队伍。江特电机拥有一支市场开拓能力和产品销售能力强的营销队伍，是国内最大的伺服电机制造企业。公司在多个细分市场处于龙头地位，建机电机、起重冶金电机、风电配套电机、伺服电机等品种在细分行业产销量位居行业前列。

（4）保持领先的品牌优势。江特电机从建厂以来一直专注于特种电机的研发、生产和销售，60多年的技术积淀树立了“江特”品牌的良好形象，是我国中小型电机行业首家上市公司，品牌知名度高，产品竞争力强。

2. 可能面临的风险

（1）碳酸锂市场价格不断波动。江特电机在2021年主要财务指标出现较大好转，利润增长的主要原因是碳酸锂价格上涨，毛利大幅增加。而碳酸锂的市场价格在不断波动，也会带来其利润的波动。

（2）产量目标的不确定性。在实际采集过程中，受采选能力受限、储量较大的矿山“探转采”工作周期长以及市场原材料采购紧张等因素影响，江特电机的碳酸锂产量目标存在不确定性风险。而现阶段公司颇为依赖占据营业收入较大比例的碳酸锂产品，如果产量目标不能实现，那么公司的营业收入将呈下降趋势，从而给公司带来经营风险。

（3）自身存在的不足。虽然江特电机的研发投入在逐年上升，但远低于同赛道的头部企业，江特电机的研发投入在营业收入的占比也较低，说明公司的研发投入略有提升但仍存在不足，需加大研发投入力度。江特电机的财务管理能力欠缺，发展势头还不够强劲。江特电机的高层次人才队伍缺乏。

（二）“值得信赖”维度评价

1. 公司规模小幅波动

（1）总资产规模逐渐回升。江特电机总资产在2018年后逐年下滑至2020年

的 48.2 亿元，伴随存货从 2018 年的近 8 亿元降至 2019 年的 4.5 亿元，降幅显著，或受市场需求缩减影响。2021 年，随碳酸锂市场回暖，公司总资产增至 54 亿元，显示出积极复苏态势。

（2）收入规模小幅波动。2021 年，江特电机的营业收入为 29.8 亿元，同比增长 61.73%，复合增长率为 9.84%。在 2017—2019 年，受国内金融去杠杆，新能源汽车政策变化，碳酸锂价格大幅下滑及对外贸易关系摩擦的持续影响，江特电机的经营环境未有明显好转，其营业收入从 33.3 亿元下降至 18.4 亿元；2021 年碳酸锂的价格回升，公司的营业收入也呈现上升趋势。

（3）员工数量呈下降趋势。江特电机在 2021 年共有 3116 名员工，同比增长 12.42%；其员工数量同公司的总资产类似，从 2018 年开始逐步下降，并且减少的员工多为生产人员。

2. 研发能力与行业领先水平有较大差距

江特电机的研发强度仅为 3.77%，拥有专利数仅为 6 件，在“电子器件”赛道中处于最末水平。2021 年，江特电机的研发投入金额为 11238.83 万元，2020 年研发投入为 7513.35 万元，同比增长 49.58%。但公司的研发投入占营业收入的比例仅为 3.77%，相较于上一年的营业收入占比，下降了 0.3%。由此可以看出，江特电机的研发能力并不具有优势，在自主创新方面和同赛道其他公司有较大差距。

3. 运营能力稍显欠缺

（1）公司治理结构比较完善。江特电机严格按照法律法规相关要求，建立健全了股东大会、董事会、监事会等治理结构，形成了完善的法人治理结构。

（2）高层次人才缺乏。江特电机的在职员工中，生产人员占比最高，其比例为 76.28%；技术人员占比为 7.51%，在同赛道中处于最末水平，并且远低于德赛西威（42.25%）、法拉电子（29.26%）及利元亨（23.35%）。同时，在江特电机的在职员工中，硕士及以上学历仅 14 人。可以看出江特电机缺乏高层次人才，人才体系并不健全。

三、宏发股份：要以研发投入高层次人才为切入口，提升质量效率双核心能力

宏发股份是一家享誉全球的继电器行业龙头企业，其产品覆盖继电器、低压电器、高低压成套设备等多个领域，在各细分市场中均位居榜首。尤其是宏发功率继电器，其市场占有率长期稳居全球第一。宏发股份紧抓经济复苏的时代机遇，坚持“质量效率双核心”的理念，成为行业标准化发展的领导者。公司依靠领先的设计制造能力以及自主开发的非标测试系统，持续向高端领域拓展。企业规模不断扩大，品牌价值持续领先，研发能力稳步提升。然而，公司也存在研发投入规模和强度不够、财务能力相对优势不够突出、人才队伍难以满足未来关键核心

技术突破的需求等问题。未来，宏发股份需要进一步加大研发投入强度，提升销售和经营能力，巩固市场第一的领先优势。

（一）优势与风险

1. 坚持“质量效率双核心”，持续向高端领域拓展

（1）行业标准化发展的领导者。宏发股份拥有国内继电器行业内首家国家级企业技术中心、院士工作站、博士后工作站以及亚洲最大的继电器检测中心。宏发股份成为继电器行业首家主持制定国家标准的企业，进一步巩固了在继电器行业的领先地位，显著增强了在继电器行业的国际影响力。

（2）领先的设计制造能力。宏发股份坚信好的产品离不开卓越的设计制造能力，经过几十年的沉淀和积累，打造了一条完整的深度集成模具、精密零件、自动化生产线的设计及制造的产业链。自动化程度的上升提高了公司人均生产效率，保证了产品质量的一致性和稳定性。

（3）具备非标测试系统的自主开发能力。宏发股份拥有中国继电器行业规模最大、设施最完备的继电器检测中心，并设立了“三大核心产品测试实验室”和“四大公共服务实验室”。

2. 可能面临的风险

（1）原材料市场风险。若未来公司主要原材料价格出现剧烈波动，而公司无法通过提高产品销售价格等方式将原材料涨价的负面影响转移给下游企业，将会对公司的经营业绩产生不利影响。

（2）技术创新风险。若公司未来不能持续进行研发投入或技术创新，将导致产品无法满足客户需求及行业变化的要求，市场竞争能力下降，从而影响公司的盈利能力。

（3）自身存在的不足。公司在逐渐增加研发费用，但其在营业收入中的占比并没有较大的增幅，而是趋于稳定发展。因此在同赛道中，宏发股份的研发强度并不占据优势。宏发股份的销售能力与经营能力一般，导致销售收入、公司收益较少，资金的回流速度相对较慢，故财务能力的相对优势较弱。宏发股份的研发人员水平相较于同赛道其他公司处于中等水平，具有一定的相对优势。

（二）“值得信赖”维度评价

1. 企业规模持续扩大

（1）总资产规模大幅上升。宏发股份 2021 年总资产达到 136.66 亿元，同比增长 26.04%。2020 年总资产为 108.43 亿元，相较于 2019 年的 101.97 亿元同比增长 6.34%。可以看出在 2021 年宏发股份总资产规模扩张速度较快。

（2）收入规模逐步上升。从 2019—2021 年，宏发股份的营业收入从 70.81 亿元上升至 100.23 亿元，复合增长率为 18.97%，反映出宏发股份近年的收入规模呈现逐步上升的趋势。

（3）员工规模稳定增长。2021 年宏发股份在职员工共有 15279 位，相较于 2020 年 14235 位员工，同比增长 7.33%；相较于 2019 年 13133 位员工，复合增长

率为 7.86%。反映出宏发股份近几年来员工规模呈现稳定增长趋势。

2. 研发能力稳步提升，产品创新能力达到行业先进水平

在“电子器件”赛道，宏发股份的研发强度为 4.94%，仅高于江特电机和法拉电子。公司在 2021 年研发投入为 4.95 亿元，同比增长 23.04%，且在研发人员拥有的发明专利数方面，宏发股份的专利数居于前列，仅次于利元亨和德赛西威。说明宏发股份虽然相较于同赛道的其他公司研发投入并不突出，但在近几年加强了研发费用的投入，保证专利数的高产出，从而持续提高公司的创新能力。

3. 运营能力具有较大提升空间

（1）比较健全的公司治理体系。宏发股份严格按照要求，不断健全规章制度，完善公司法人治理结构，其中独立董事占比 33.33%，并实现了两职分离，强化规范运作和信息披露，维护公司、股东和债权人等利益相关者的合法权益。

（2）高层次人才仍然缺乏。宏发股份在人才体系方面处于一般水平，虽然具有较弱的相对优势，但能够进一步进行完善。

四、德赛西威：运营能力亟待加强

德赛西威，作为国际移动出行科技的佼佼者，深耕智能座舱、智能驾驶与网联服务三大前沿领域，致力于技术融合创新。公司专注汽车电子，凭借雄厚技术积淀与多元化产品线，巩固市场地位。同时，构建数字化智能工厂与开放供应链生态，强化质量管理与信息安全，品牌价值斐然。然而，面对行业“缺芯”挑战，德赛西威盈利与偿债能力承压，风险防控显露短板。加之规模扩张下管理跟进不足，制约成长步伐。展望未来，德赛西威应发挥多产品线协同效应，巩固新业务前沿地位；优化管理体系，提升供应链韧性与盈利能力；并健全风险防控机制，减轻经营风险。通过这一系列举措，企业将持续增强综合竞争力，稳健前行于智能出行时代。

（一）优势与风险

1. 全方位的核心竞争力

（1）企业家有力支撑。随着汽车“新四化”的快速发展，在新商业模式的长期快速发展态势下，德赛西威董事长陈春霖以更高的要求鞭策自己进入第三次创业，聚焦于智能汽车的蓝图。在其带领下，公司主营业务和汽车“四化”趋势联系密切，具有明显的卡位优势和先发优势。

（2）多产品融合优势。德赛西威产品涵盖范围广，公司产品线涵盖智能座舱、智能驾驶和网联服务三大产品群，形成全面完善的业务结构，拥有更全面的技术和经验积累，具备较高的整体解决方案及开发能力。

（3）汽车领域软件开发能力达到国际先进水平。德赛西威高度重视自主研发、创新能力的培养，拥有强大的技术储备。

（4）领先的智能制造水平。德赛西威拥有国际领先的智能制造工艺，公司全方位打造数字化智能工厂，组建行业领先的高度自动化、信息化生产线。数字智能工厂、智能仓储系统均已陆续投入使用。

（5）完善的质量管理体系。德赛西威建立了完善的质量管理体系，是领跑汽车电子行业质量的标杆企业，以“零缺陷原则、顾客满意、持续改进、以人为本”为质量方针，设备能力和实验场地规模位居国内领先，为智能化产品质量提供了强有力的保障。

2. 可能面临的风险

（1）资源短缺风险。汽车行业“缺芯”的影响，使得下游的汽车厂商产销量都普遍受到了影响，包括蔚来、小鹏、一汽大众、奥迪等在内的新能源整车厂，都受到了不同程度的冲击。诸多知名大厂的汽车产销量下滑，也让作为供应商的德赛西威受到了波及。

（2）竞争对手环伺。德赛西威市场竞争激烈，竞争对手环伺。公司的竞争对手不仅是同赛道公司，还包括华为这样的第三方智能零部件供应商和百度、小米、滴滴等在人工智能领域积累有相当经验，且有志于造车的互联网巨头。与同赛道的其他对手相比，科技巨头以及互联网巨头的入局，给德赛西威带来更值得“警惕”的对手。

（3）目前存在的不足。德赛西威公司目前还需要从财务、业务等方面提升抗风险能力。当前市场竞争愈发激烈，同赛道及互联网巨头竞争者环伺，德赛西威需要积极开拓新业务，提升公司盈利水平，增强自身抗风险能力。德赛西威目前尚未实现两职分离，使得公司的经营管理权高度集中，对管理的监督力度变弱；同时也阻碍了公司经营决策机制的进一步完善。2024 年，德赛西威存货周转能力有所上升，较去年同季度增长了 36.38%。公司可以持续关注存货管理效率，提高运营效率。

（二）“值得信赖”维度评价

1. 企业规模持续扩大

（1）总资产持续增长。德赛西威 2019—2021 年总资产分别为 63.48 亿元、75.50 亿元和 101.52 亿元。尽管疫情对经济的影响较大，但德赛西威总资产持续增加，2020 年较上年增长 18.94%，2021 年较上年增长 34.46%。

（2）收入规模整体增长。近年来，德赛西威营业收入整体呈增长趋势，2019 年营业收入为 53.37 亿元，2022 年为 95.69 亿元，复合增长率高达 21.49%，同比增加 40.75%。基本每股收益由 2019 年的 0.53 元增长到 2021 年的 1.51 元，这说明德赛西威经营能力持续提升。

（3）员工规模稳中有增。为了保障业务增长，员工规模继续扩大，2021 年员工总人数达 5342 人，研发人员数量较上年增加了 29.12%，具备硕士研究生学历的研发人员较上年增加了 19.66%，反映了公司旨在不断引进高层次人才，提高核心岗位员工素质，同时，也反映了公司业务增长的内在需求。

2. 面向关键核心技术突破的研发能力不断提升

保持高水平研发投入是公司始终贯彻的经营战略，也是德赛西威保持技术领先的主要成因。在行业变革背景下，持续的研发投入更加不可或缺。在研发队伍扩张的同时，公司持续加强项目及研发流程管理，提升研发效率。

3. 运营能力欠缺

（1）财务能力有待提升。德赛西威的运营能力在2021年处于赛道首位。发展能力评分仅次于首位利元亨。但盈利能力欠佳，且与头部企业差距大。

（2）公司治理体系有待完善。股权制衡度较高。德赛西威第一大股东与第二大股东持股之比为1.07，股权制衡度较同赛道平均水平低。独立董事比例达33.33%，处于同行业平均水平，独立董事较好地履行了职责。但公司尚未实现两职分离，企业经营决策机制有待改进。

（3）人才体系逐步健全。公司加大对核心技术和管理人才的引进，构建人才梯队，研发人员数量稳步增长，且具有硕士研究生学历和博士研究生学历的人数不断增加，公司秉承“人才带领人才发展”的宗旨，积极健全自身人才体系。

五、利元亨：应加强品牌建设，提升运营能力

利元亨是数智化工厂领域的先进企业之一，主要从事智能装备的研发、生产及销售，为新能源（锂电、光伏、氢能）行业的头部企业提供数智整厂解决方案。公司依靠在智能产品研发、信息化基础、全球化布局、人才培训体系等方面的优势，不断扩大业务规模，致力于做到锂电池产业链的全覆盖。当前，利元亨公司规模不断扩大，研发能力稳步提升。但公司也存在客户结构不合理，财务管理能力不足的问题。未来，利元亨应加强品牌建设，优化客户结构，逐渐摆脱对第一大客户的依赖，同时提升财务管理能力，助力公司提质增效。

（一）优势与风险

1. 全方位的核心竞争力

（1）较好的智能制造产品开发优势。利元亨专注于智能制造装备技术研发及工艺开发、产品设计等，将研发积累和技术创新放在企业发展首位。经过多年的建设，公司已形成了完善的研发体系，建立了高素质的研发团队，熟练掌握智能制造装备的关键共性技术，具备承担重大科技项目的能力，积累了丰硕的研发成果，产业化应用中的产品或技术具有先进性。

（2）具备较好的信息化基础。利元亨建立了比较完善的研发管理体系、设备制造过程管理体系、供应链管理体系、质量控制体系，引入多个信息化管理系统，实现了从设计、计划、采购、制造到检验等产品生命周期全过程的有效管理。

（3）拥有全球化的战略眼光。利元亨不仅是一家专注于智能制造高端装备的国家高新技术企业，也是具有全球视野的新能源智能装备行业的领先企业。公司早在2017年就已有产线及整厂设备出口到德国，项目足迹遍布亚洲、欧洲、北美

洲等地区，服务于世界一流的企业。

（4）人才培训体系健全。利元亨始终坚持把公司发展目标与人才战略规划作为导向，成为人才孵化、技术创新、高技能人才成长的培育平台。除日常培训外，公司革故鼎新，专项突破，以群体特性为指南，开展定制化培训。现拥有181人的讲师团队，涵盖2317项课程，在培训体系建设上取得显著突破，推动了高技能人才的成长。

2. 可能面临的风险

（1）行业技术迭代风险。未来，国内新能源汽车步入成熟期，锂电池业将结构性调整，技术落后产能将被淘汰。消费电子业存在周期性波动风险。若公司未能与先进锂电池技术紧密合作，维持优质客户，锂电行业调整将对公司业绩构成不利影响。

（2）订单交付风险。除因客户排产计划调整、厂房修建等因素通知延迟出货外，公司产品设计、人员、生产场地等产能要素若不能及时匹配，会导致订单无法及时交付。公司订单规模增长较快，可能存在逾期未能交付设备，客户取消订单，存货未能实现销售发生跌价的风险。

（3）自身存在的不足。目前，利元亨存在客户集中度较高、第一大客户收入占比较高、对第一大客户严重依赖的风险。如果未来第一大客户减少设备资产的投入，导致利元亨无法继续获得第一大客户的订单，且公司不能持续开拓新的客户，将会对公司经营产生不利影响。若未来客户经营情况发生重大不利变化，应收账款将面临较大的无法收回风险；与此同时，公司应收账款周转率和流动比率近年来持续降低，说明利元亨财务管理能力与当前业务规模不匹配，财务管理机制有待优化，管理水平有待提升。

（二）“值得信赖”维度评价

1. 企业规模持续扩大

（1）总资产规模持续扩大。2019—2021年总资产分别为15.86亿元、34.63亿元、55.76亿元。2021年总资产规模同比增长61.02%。

（2）收入规模整体增长。2019—2021年营业收入整体呈增长趋势，2019年营业收入为8.89亿元，2022年为23.31亿元，复合增长率高达37.89%。反映出利元亨三年间的收入规模呈现高速上升的趋势。

（3）员工规模稳中有增。为了满足业务增长和客户大规模交付需求，利元亨积极引进高层次研发人才，扩大和储备设计开发、生产装配、质量检测、项目管理等各类管理技术人员，截至2021年年底，公司有人员6496人，较上年增加超1900人；与此同时，研发人员人数总计1517人，较上年同比增长59.85%。

2. 聚焦新能源高端智能装备领域，持续加大研发投入

利元亨秉持技术创新理念，深耕新能源高端智能装备，研发强度居“电子器件”赛道之首，达11.70%，发明专利数领先同行，彰显卓越的研发与创新能力。

3. 运营能力尚需加强

（1）公司治理体系有待完善。利元亨独立董事比例达42.86%，处于同行业

领先水平，独立董事较好地履行了监督、制衡的职责且公司做到了两职分离，增强董事会决策的公正性和合理性，但利元亨第一大股东与第二大股东持股之比为11.74，建议优化股权结构，警惕“一股独大”的情况出现。

（2）高层次人才资源依旧匮乏。利元亨在高层次人才集聚实力上仍存在较大差距，但利元亨也在进一步加强人才梯队建设，研发人员数量同比增长59.85%，同时进一步完善“四等十级”的人才绩效考核薪酬激励体系，持续推进员工培训工作，完善公司培训体系。

六、均胜电子：需重视并购后整合，提升运营能力

宁波均胜电子主要致力于智能座舱、自动驾驶、新能源管理和汽车安全系统等的研发与制造，在全球汽车电子和汽车安全市场居于领先地位。依靠海外并购，公司不断扩大业务规模，积聚了丰富的客户资源、全球化生产供应网络、深厚的技术储备，同时建立了全球研发布局体系和具备全球视野的管理层团队，助力公司高质量发展。当前，芯片短缺和大宗物资原材料上涨以及全球经济停滞都给均胜电子带来巨大冲击，并购产生的巨大财务压力和海外市场的表现乏力成为制约公司发展的主要原因。后期，均胜电子要注意重视公司并购后整合，提升管理效率，完善国内市场布局，采取措施减轻公司财务压力，做到公司利润的实质增长。

（一）优势与风险

1. 在汽车电子和汽车安全领域形成核心竞争力

（1）拥有丰富稳定的客户资源，开展多维度领域的合作。均胜电子与全球主流整车厂紧密合作，覆盖产品预研、新技术联合研发至全球高效量产与迭代，及本地化优质服务，全面满足技术领先、品质卓越、量产稳定的客户需求。助力客户在汽车行业智能化电动化浪潮中快速迭代，客户群涵盖国际知名企业、国内龙头企业及造车新势力。

（2）拥有全球化生产供应网络，智能化生产水平持续提升。均胜电子在亚洲、北美、欧洲等主要汽车出产国均拥有生产基地布局，供应链体系完备，凭借强大的垂直一体化制造能力和全球化配套体系保证，能够高效响应客户需求，也为深入拓展全球业务提供了坚实的保障。

（3）软硬件深度垂直整合，灵活敏捷响应客户需求。均胜电子具备完整的硬件设计、软件开发和数据处理能力，能够从底层开始自主开发、设计、生产汽车电子相关产品的核心软硬件及系统集成，涵盖智能座舱 / 网联系统、智能驾驶、新能源管理系统等领域。

（4）汽车安全市场份额突出，技术储备深厚，竞争壁垒突出。均胜电子是全球极少数具备主被动安全产品设计开发、测试验证以及大规模量产的公司，并在安全气囊、火药、气体发射器及新型材料等核心领域均有数十年深厚技术储备，能够满足汽车安全严苛的质量标准，行业竞争壁垒突出。

（5）全球研发布局，技术标准领先。均胜电子高度重视自主研发和技术创新，在亚洲、欧洲和美洲设有主要研发中心，研发团队覆盖全球主要汽车产出地，工程技术和研发人员的总数超 4900 人，形成了具备快速响应能力的全球创新网络生态。

2. 可能面临的风险

（1）宏观经济环境及行业风险。尽管公司客户多为国际名企，具备强竞争力和抗风险力，但宏观经济波动或致订单减少，影响经营。新能源汽车、智能座舱 / 网联、自动驾驶等虽为行业趋势，但商业化进度或不及预期，存在风险。

（2）汽车芯片供应短缺风险。2022 年以来部分车规级芯片，尤其是 MCU 芯片的供应仍然紧缺，如未来汽车芯片供应问题持续存在，将可能影响到公司的经营业绩。均胜电子已通过多重措施提升供应链韧性，以应对解决车规级芯片的短缺风险，包括跨区域调货、多渠道采购、强化供应商沟通、升级物流保障等。

（3）原材料成本上涨风险。如果未来部分原材料继续上涨，而公司无法对产品价格进行调整或对产品售价的调整不及时，将对公司当期的生产成本和利润产生不利影响。

（4）商誉减值的风险。如果未来宏观经济、下游客户行业、市场环境等发生重大不利变化，或相关子公司未来年度经营业绩未达到预期效益，则面临商誉减值的风险，从而对公司业绩产生不利影响。

（5）自身存在的不足。均胜电子借助疯狂并购，完成了全球产业布局，营业收入大幅增长，但其盈利能力并未与营业收入同比提升。预计原材料价格与运输费用的大幅上涨减少毛利润约 9.5 亿元、墨西哥、巴西和印度部分工厂停工停产以及客户计划外的临时排产调整等产生损失约 6 亿元，公司盈利状况受其影响巨大。

（二）“值得信赖”维度评价

1. 企业规模整体缩减

（1）总资产规模不断下降。2019—2021 年总资产分别为 569.25 亿元、562.65 亿元、513.27 亿元。2021 年总资产规模同比下降 8.78%，

（2）收入规模大幅降低。近年来营业收入整体呈下降趋势。2019 年营业收入为 616.99 亿元，2020 年营业收入为 478.90 亿元，2021 年为 456.70 亿元，同比下降约 4.64%。

（3）员工人数不断减少。受芯片短缺、大宗商品和全球运费价格持续飙涨和全球经济滞涨的影响，均胜电子业务遭受较大冲击，员工规模也出现大幅降低。截至 2021 年底，公司有人员 43110 人，较上年减少 10706 人。此外，以市值衡量的企业价值在 2021 年为 300.57 亿元，在电子器件领域表现不够突出，与同一赛道的德赛西威（785.77 亿元）有较大差距。

2. 依托汽车技术和新能源研究院，全面推进汽车智能化变革

宁波均胜智能汽车技术研究院，聚焦前沿科技，致力于将人工智能技术与汽车产业深度融合，加速推动汽车智能化变革。在智能座舱、智能驾驶、新能源管

理和汽车安全等领域，均胜电子拥有大量专利与技术储备，具备完整的产品硬件设计、软件开发和数据处理能力。公司自设立智能汽车技术研究院和新能源研究院后，持续加大对智能电控、智能座舱和智能驾驶等领域的研发投入，引领技术链的升级。

3. 运营能力尚需提升

（1）公司治理体系有待完善。均胜电子独立董事比例达 33.33%，处于同行业平均水平，独立董事较好地履行了监督、制衡的职责，且内部控制较为有效，但公司没有做到两职分离，同时均胜电子第一大股东与第二大股东持股之比为 8.42，要注意优化股权结构，警惕“一股独大”的情况出现。

（2）注重人才资源的吸纳和培养。2021 年均胜电子研究生学历以上员工总人数为 2886 人，占员工总数的 32.22%，人才资源在同赛道中处于领先水平。

七、法拉电子：应加强高层次人才队伍建设，提升自主研发能力

法拉电子是国内薄膜电容行业的龙头企业，深耕薄膜电容这一细分领域，长期致力于薄膜电容器的研发和制造。公司依靠在产品自主化研发、质量管理体系以及客户服务体系等方面的优势，不断扩大业务规模，向高端薄膜电容市场进军。当前，法拉电子公司规模不断扩大，盈利能力表现突出，重视职工权益保护。但在公司规模扩大、产品转型升级的过程中，还存在对单一客户依赖度较高，上下游话语权较弱，高层次人才较为缺乏以及股权结构不够完善等问题。未来，法拉电子要加强高层次人才队伍建设，进一步提升薄膜电容自主研发能力，助力公司持续稳定发展。

（一）优势与风险

1. 前瞻布局新能源，具备综合优势

（1）产品自主研发能力强。法拉电子从事薄膜电容器的研发制造，在技术、研发、生产、管理及人才培养等方面拥有丰富的经验，并实现稳定传承；实现了薄膜电容器用金属化薄膜材料的自主研发生产，通过合作开发和内部持续创新建立了法拉电子独有的设备和材料供应链体系。同时，法拉电子围绕战略目标，聚焦光伏、风电及新能源汽车用薄膜电容器的研发创新。

（2）质量管理体系完善。法拉电子不断致力于建立持续改进、强调缺陷预防、减少变差和浪费的品质体系。公司以满足顾客要求为基本出发点，坚持预防为主，追求质量零缺陷的理念；搭建全员参与、持续改进的质量管理体系。

（3）客户服务体系健全。法拉电子拥有一支强大的技术服务队伍，提供售前、售中和售后技术服务支持，能够针对客户的特殊需求提出解决方案，为客户提供技术培训、产品测试、试验、评价，并为客户选择、设计适用的产品；拥有完善的顾客抱怨处理程序，建立 48 小时内客户反馈处理机制，及时发现和纠正产品和服务的缺陷。

2. 可能面临的风险

（1）主要原材料价格波动风险。有色金属的价格波动将对法拉电子毛利率水平带来影响。如果有色金属价格短期内出现大幅波动，可能对公司的经营造成影响。

（2）出口市场面临的风险。法拉电子产品出口占有一定比例，2022年公司境外营业收入为9.24亿元，占公司营业收入的24.6%。地缘政治局面的变化，产品销往的国家和地区的政治、经济环境及贸易保护政策等的变化，都可能使公司面临出口业务波动的风险。

（3）自身存在的不足。公司对单一或少数客户存在较大的依赖度，若公司不能持续开拓新的客户，将会对公司持续稳定经营产生不利影响。法拉电子2017—2021年的应付预收款减应收预付款都小于0，说明公司被其他上下游公司无偿占用资金，应收账款占总资产比例平均为17.85%，说明公司在上下游行业话语权较弱，应收账款占资产比例较大。法拉电子公司高层次人才缺乏。法拉电子股权制衡度偏低会导致控制权集中、减弱股东间的监督和问责机制、降低投资人对公司的投资意愿，增加融资和业务风险，有可能不利于公司长期健康发展。

（二）“值得信赖”维度评价

1. 企业规模快速扩张

（1）总资产规模持续扩大。2020—2022年总资产分别为36.50亿元、46.42亿元、56.71亿元。2022年总资产规模同比增长22.17%。

（2）收入规模高速增长。2020—2022年营业收入整体呈增长趋势，2020年法拉电子营业收入为18.91亿元，2021年为28.11亿元，2022年为38.36亿元。2022年营业收入同比增长36.46%，复合增长率高达26.59%。反映出法拉电子近几年的收入规模呈现高速上升的趋势。

（3）员工规模稳中有增。为了满足业务增长的需要，法拉电子积极引进各方面人才，扩大生产、销售、技术等专业人员，截至2021年年底，公司有人员4887人，较上年底增加1039人；研发人员人数总计489人，较上年同比增长19.56%。此外，以市值衡量的企业价值在2021年为511.38亿元，位于电子器件赛道第三名，表现较为突出。

2. 聚焦薄膜电容领域，需持续加大研发投入

目前薄膜电容器产业正在从快速增长期进入稳定发展期，由于新能源需求的增长，中国薄膜电容器市场规模大幅上升。高端薄膜电容市场将不断扩大，法拉电子还需围绕战略目标，聚焦光伏、风电及新能源汽车对薄膜电容器研发创新，摆脱传统领域束缚，不断提升公司自主研发能力，保证新品推进的落地生根。

3. 运营能力有待提升

（1）公司治理体系有待完善。公司董事会对公司内控制度的建立健全、有效实施及检查监督负责。股东大会、董事会、监事会与经营层权责清晰，治理结构合规。然而，法拉电子股权制衡度略逊于同行，第一大股东与第二大股东持股比

例 7.11，需优化股权结构以增强治理效能。

（2）需加强高层次人才梯队建设。法拉电子在高层次人才集聚方面与同行业其他企业实力差距较大。法拉电子需加大人才梯队建设，保证公司在运营、技术、研发等方面能够助力公司规模的扩大和产品的转型升级。

八、得润电子：需开拓新产品赛道，提升盈利发展能力

得润电子，专注于电子连接器研发、制造和销售，在 2021 年度中入围中国电子元件百强企业第 18 名。正逢市场规模持续增长，国产替代化进程进一步加速的时代机遇，得润电子能够提供一体化解决方案和一站式采购服务，加深与客户的战略合作关系，具备持续打造强劲核心产品的竞争力。公司规模在近几年来呈小幅波动趋势，品牌价值具有相对较弱的优势，能够持续推动与利益相关方的共赢发展。但也存在研发创新能力呈下降态势、财务管理能力不足等问题，在未来的发展中需要加大研发投入力度，增加产销量，调整产品结构，以此加强企业的财务管理能力。

（一）优势与风险

1. 具备业务布局完善、研发优势积淀深厚的核心竞争力

（1）深度的客户战略合作。得润电子着眼于电子电器的互联互通产品，持续拓展不同的客户和领域，有效延伸了产品线和客户群，同时致力于促进各业务之间的协同效应，根据客户的需求，为客户提供一体化解决方案和一站式采购服务。

（2）强劲的核心业务产品竞争力。得润电子完成了 CPU Socket 最新一代产品从技术预研到最终批量生产的完整流程，通过了国际大客户的测试认证，顺利进入了量产阶段，具有自主品牌和相关知识产权，实现了国内连接器行业在自主芯片插座产品的重大突破，为公司在高端连接器领域的发展以及在服务器、通信设备及汽车等应用领域的扩展奠定了坚实基础。

2. 可能面临的风险

（1）市场竞争日趋激烈。得润电子所处行业发展前景良好，新能源汽车行业处于高速发展阶段，市场空间巨大，但同时也处在快速变化的时期，新材料新技术新概念不断涌现，行业企业也在加速成长，使得公司面临日趋激烈的市场竞争。

（2）汇率波动风险。得润电子的国际业务主要以欧元、美元等外币进行结算，目前国际经济环境存在较多不确定因素，随着公司在港澳台及其他国家和地区以外的市场销售收入的持续增加，汇率波动造成的汇兑损益将会对公司的经营业绩造成一定影响。

（3）国内外宏观经济尚不稳定。目前全球经济形势复杂多变，全球经济不确定性风险加剧，国内经济恢复基础尚不牢固，若国内外宏观经济发生重大不利变化，将对公司业务产生一定不利影响。

（4）自身存在的不足。虽然得润电子仍拥有较强的核心业务产品竞争力，但

在2021年度，相较于赛道中的其他公司，仅具有较弱的相对优势。得润电子存在营业利润率、总资产周转率等较低的问题，在未来的发展中需要增加产销量，调整产品结构，加强公司的财务管理能力。

（二）“值得信赖”维度评价

1. 企业规模呈小幅波动趋势

（1）总资产规模呈稳定波动。得润电子在2017—2021年间，总资产在94.76~102.25亿元波动，资产运用效率保持稳定状态。

（2）收入规模实现稳健增长。2021年，得润电子的营业收入为75.87亿元，同比增长4.33%，复合增长率为1.33%。在汽车产业芯片短缺的不利环境下，得润电子持续为国内外重要客户提供产品配套服务，2017—2021年，公司的整体营业收入实现了稳健增长。

（3）员工规模呈逐年下降趋势。2021年得润电子母公司在职员工603人，子公司在职员工8944人，在职员工总数量达到9547人，相较于2020年的11056名员工，同比增长-13.65%。得润电子在2019—2021年的员工规模逐年下降，且2021年减少的多为生产人员。

2. 研发能力能够进一步提升

得润电子的研发强度为5.18%，仅高于江特电机（3.77%）、法拉电子（3.82%）及宏发股份（4.94%）；得润电子拥有专利数为49件，仅高于江特电机、法拉电子和方正电机，并且与利元亨和德赛西威等公司的差距较大。可以看出，得润电子的研发能力在同赛道中具有较弱的优势，还有一定的提升空间。

3. 运营能力优势并不显著

（1）公司治理结构较为完善。得润电子严格遵法，完善法人治理结构，确保股东大会、董事会、监事会与管理层权责明晰、协作高效、决策科学、监督有力。加强内控、信息披露及投资者关系管理，提升治理水平，维护公司利益，保障股东权益。

（2）人才体系比较健全。得润电子的在职员工中，生产人员占比最高，达到75.07%；技术人员占比为9.03%，高于江特电机（7.51%），并与宏发股份（9.33%）、均胜电子（10.62%）等公司差距较小，故得润电子在“电子器件”赛道中，其技术人员比重位于中等水平，公司的人才体系较为健全。

九、方正电机：完善创新人才配置，提升研发产出效率

方正电机是新能源汽车驱动电机、智能控制器、微特电机及汽车电子器件等多个领域的领军企业，致力于成为电驱动领域卓越并且受人尊重的世界级企业，其新能源驱动电机出货量长期稳居第三方独立供应商第一。秉承着“技术为先”的理念，坚持高强度技术研发投入，以强大的生产制造能力和供应链整合优势，持续占领市场。近年来，企业规模快速增长，公司治理体系日趋健全，但仍存在

企业品牌价值优势不显、短期偿债能力呈下降态势、研发产出效率较低等问题。在未来的发展中，方正电机可以通过扩大业务范围，做好公司长期战略规划，拓宽创新人才队伍等方式打造企业领先的技术优势。

（一）优势与风险

1. 秉承“技术为先”理念，打造一流的核心零部件供应商

（1）高强度的技术研发投入。方正电机技术研发投入力度较大，并以新能源集成驱动系统为总方向、坚持践行“技术先行”的发展理念，以产学研、国内外科研单位合作开发等模式探索适合市场的新产品新项目。

（2）领先的市场占有率。通过多年的技术积累和市场开拓，方正电机已经在微特电机及控制器、新能源汽车驱动电机、汽车发动机控制系统等多个细分领域处于市场领先地位。

（3）强大的生产制造能力。方正电机通过过去几年对设备自动化的不断投入和改造，新能源驱动电机生产设备及开发测试设备均已达到国内领先，接近国际水平。

（4）供应链整合优势。方正电机历来重视供应链的整合和管控，各业务板块之间已实现共用原材料的集中统一采购；实现材料采购成本的下降，发挥各业务板块的协同效应。此外，方正电机也将部分优质供应商引入园区，在保障零部件供应之外，有效降低了物流运输成本和仓储成本。基于深度合作、共同成长的理念，公司已与部分核心零部件供应商进行战略合作，建立并巩固了自身的供应链优势。

2. 可能面临的风险

（1）原材料价格波动风险。2021 年大宗商品价格持续上涨，直接导致公司采购成本大幅增长。如后期大宗商品价格持续波动将直接影响公司产品的盈利能力。

（2）商誉减值准备计提的风险。如果未来节能与新能源汽车宏观经济、市场环境、监管政策变化或者其他因素导致并购资产未来经营状况未达预期，公司将存在继续计提商誉减值的风险，对公司的当期损益将造成不利影响。

（3）自身存在的不足。方正电机的偿债能力和营运能力稍显不足，若长期处于该状态，公司的经营风险和资金断流风险将会增加，一旦企业资金供应不足，就可能出现企业破产倒闭的情况。方正电机的专利产出与其突出的研发投入并不匹配，方正电机的创新人才不足导致难以实现高质量的研发产出问题。

（二）“值得信赖”维度评价

1. 企业规模快速扩张

（1）总资产规模快速增长。2021 年公司总资产达到 32 亿元，相较于 2020 年同比增长 23.21%。可以看出，方正电机的总资产规模虽在 2019—2021 年内略有波动，但在 2021 年势头强劲，呈现快速增长的趋势。

（2）收入规模大幅攀升。方正电机在 2019—2020 年的营业收入规模趋于平稳，波动幅度较小；而在 2021 年，公司的营业收入达到了 18.91 亿元，同比增长

高达65.47%，可以推测收入规模将会实现大幅攀升。同时，在主营业务收入构成中，汽车应用类产品在2021年的营业收入为9.31亿元，相较于2020年的3.83亿元，增长率为143.08%，这是由于电机市场需求飞速增长，从而使得方正电机2021年的营业收入增加。

（3）员工规模同步增长。方正电机2021年的在职员工数量为2816名，其中母公司在职员工1874人，子公司在职员工942人，相较于2020年的2328名员工，同比增长20.96%。反映出方正电机近几年的员工规模变化趋势与收入规模步调一致，均在小幅波动后呈快速扩张的趋势。

2. 研发投入突出，产品创新能力有待加强

在“电子器件”赛道，方正电机在2021年的研发投入达到1.62亿元，同比增长36.28%，其研发强度即研发投入占营业收入的比例为8.59%，仅次于利元亨（11.70%）和德赛西威（10.06%），在同赛道的企业中位居前三。方正电机的研发强度虽处于前列，但其拥有专利数仅有21件，与其他企业相比有较大差距。反映出方正电机的专利产出与其突出的研发投入并不匹配，公司的创新能力可以进一步加强。

3. 运营能力稍显不足

（1）公司治理体系基本健全。方正电机严格按照有关法律、法规和规范性文件的要求，不断完善法人治理结构，建立健全公司内部管理和内控制度，促进公司规范运作。方正电机较为健全的公司治理体系，保证了各利益群体之间的共赢，推动公司持续、稳健地发展。

（2）创新人才短缺。方正电机对比同赛道均胜电子（硕士研究生1391人，博士研究生39人）、德赛西威（硕士研究生280人，博士研究生12人）仍存在较大差距。反映出方正电机的创新人才不足，从而导致公司的产品创新能力不足以达到领先水平。

第九章　零部件行业

我国汽车零部件行业，包括汽车轻量化技术相关领域的汽车零部件企业，正呈现向头部集中的趋势，一旦头部汽车零部件企业的产能和生产管理水平提升到足够高度，将能够顺势取得更高的市场份额和达到更大的业务规模。随着汽车市场竞争日益激烈，汽车产业链开始重构。整车制造商为争夺市场，把业务重点放在加快新车型研发和投放上，尽量剥离原有零部件业务，配套零部件广泛外包并采取全球采购策略，使零部件企业的开发深度不断提高。

一、零部件行业发展环境分析

近年来，消费市场快速多变，基于整体系统设计与整体解决方案的同步开发模式应运而生，并迅速成为全球汽车工业的主流发展方向，汽车零部件企业在汽车产业链的技术与研发中扮演着越来越重要的角色。

（一）汽车零部件市场迎来百花齐放局面下的发展机遇

因汽车电动化、网联化、智能化的迅猛发展，新能源汽车、智能汽车的价值链、供应链正在加速重构，新势力造车、新新势力造车的加入，使得汽车零部件市场迎来了百花齐放的局面。相对封闭的配套体系被逐渐打破，整车厂越来越接受和欢迎有产品力的零部件，尤其在汽车线束、连接器、车身电子、智能座舱、自动驾驶等领域，具有消费类经验的汽车零部件公司在消费电子产品中积累的快速迭代能力、成本控制意识、及时响应需求的经验，以及对生态圈的理解，很好地助力整车厂在新产品、新技术上的推广和应用，提升了整车厂的竞争力。

（二）汽车车身轻量化成为行业发展必然路径

近几年，新能源汽车快速发展促进了轻量化产品的更新迭代。未来随着新能源汽车渗透率不断提升，新能源汽车技术不断提高，新能源汽车结构不断创新，轻量化产品更新迭代将持续加速，这也催生了对铝合金部品供应的市场需求以及对多品类模具的开发需求，进一步推动了上游铝合金部品产业、模具产业快速发展。

（三）一体化压铸市场的广阔前景带来发展契机

与传统“冲焊”工艺相比，一体化压铸技术的优势体现在五个方面：在生产成本方面，生产线、材料、人力三重降本；在生产效率方面，工艺流程大幅简化，车型开发速度加快；在造车精度方面，精度可达微米级别，利于自动驾驶技术开发；在安全性能方面，解决铝合金焊接点强度难题，更易实现最优工程学结构；在轻量化效果方面，车身用铝量提升，最大减重可达 150kg~200kg。

（四）冷精锻行业巨大的开发潜力带来发展机遇

冷精锻是一种净（近）形成形工艺，具有加工精度高、生产效率高、材料利用率高与锻件力学性能好等优点，符合绿色生产的理念，常用于制造综合性能要求较高且外形较为复杂的零件。精密冷锻产品的生产与销售主要取决于下游行业的景气度，如汽车及摩托车精密冷锻件的生产与销售直接取决于汽车及摩托车工业景气程度。作为专业生产适用于汽车精密冷锻件产品的企业，后文将要介绍的杭州新坐标公司的蓬勃发展不仅关系着冷精锻领域的开发，一定程度上也为汽车行业贡献着巨大力量。

（五）汽车零部件政策与外贸政策利好带来发展机遇

全球化进程的加快使中国制造的汽车零部件也被国外市场追捧。近年来，中国汽车零部件产业得到了国家重大工程和技术专项的支持，各级政府出台了一系列鼓励政策支持外贸力度。有关数据显示，近年来我国汽车零部件出口额均以每年 30% 的速度持续增长，汽车零部件出口总值占汽车产品出口的比重也逐年增加，呈现出良好的发展势头。

（六）高端精密机械零部件需求增大带来发展契机

目前我国正处于经济结构转型的关键时期，对高端、精密的机械零部件需求较大，这一现状为我国轴承制造行业也提供了发展契机。随着我国轴承行业技术研发能力的不断提高以及一大批优势企业的不断涌现，国产高端轴承将逐步实现进口替代，并将成为国内轴承行业未来发展的主要趋势，市场前景十分广阔。

本研究对 31 家“值得信赖”汽车零部件行业企业的 2021 年偿债能力、营运能力、盈利能力以及发展能力进行测算，得到图 10：

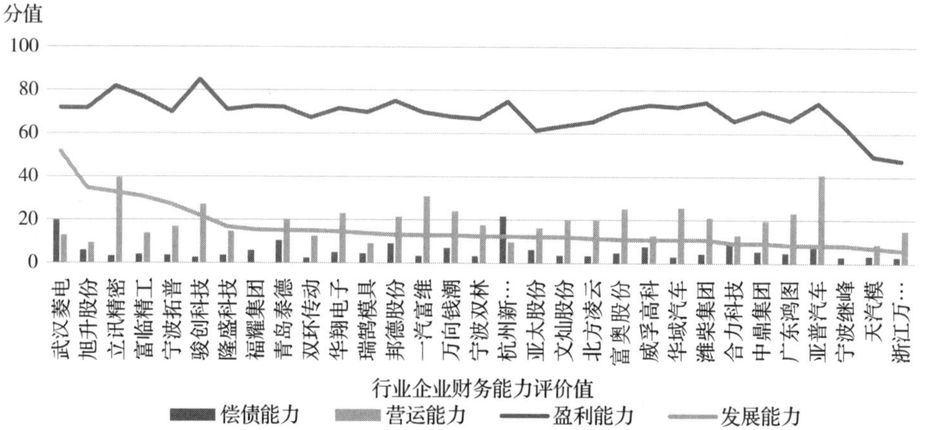

图 10 汽车零部件行业企业偿债能力、营运能力、盈利能力以及发展能力评价对比图（100 分制）

二、武汉菱电：需强化核心技术保护措施

武汉菱电电控是一家深耕汽车发动机管理系统的“专精特新”小巨人企业。

菱电电控自成立以来便一直坚持自主研发的技术发展路径，为掌握完全的自主知识产权路径以及在EMS（汽车发动机系统）核心技术上不被国外卡脖子而持续努力，是本土汽车“大脑”第一品牌。近年来，武汉菱电的企业规模扩张速度较快，但在“汽车零部件”赛道中品牌价值较低，而其研发团队在EMS领域表现出色，成果斐然。不过，武汉菱电仍需强化核心技术的保护措施。在财务维度中，武汉菱电的偿债、盈利和发展能力都表现较好，但营运能力仍处于行业中下游水平，亟待提升。

（一）优势与风险

1. 深耕EMS领域的高水平技术竞争胜势

（1）核心领域强劲的人才优势。软件开发中底层程序、控制策略、功能测试等软件工程师，硬件中的电路设计、防电磁干扰设计的硬件工程师，以及熟练了解系统平台性能的标定工程师都是EMS企业不可或缺的人才。

（2）技术积累优势。武汉菱电自创立之初就确立自主研发的技术路径，软件开发平台的程序均由本公司研发人员自己编写，通过车辆测试发现问题，逐步改进，形成经验积累优势。其软件平台之所以能不断进行功能扩展也能不断地升级换代，是因为软件程序代码是公司研发人员在长期的实验验证和大规模实车使用过程中一点一滴积累、改进和提高形成的。

（3）产品线齐全、技术储备深厚。武汉菱电产品线涵盖汽油机EMS、纯电动汽车VCU（整车控制器）和MCU（电机控制器）、混合动力汽车的EMS、VCU、MCU和GCU（增程器发电机控制器），汽油机EMS包括汽车EMS、摩托车EMS以及汽油与CNG（压缩天然气）两用燃料EMS，是国内产品线最全的自主电控系统厂商。

2. 可能面临的风险

（1）核心技术人员流失风险。武汉菱电目前通过员工持股、股权激励等方式激励稳定核心技术人员团队，但仍存在因核心技术人员流失而给公司的持续技术创新能力和市场竞争力带来不利影响的风险。

（2）产品替代风险。若纯电动汽车发展速度超出预期，尤其是电池技术取得革命性突破，传统燃油车存在被纯电动汽车替代的风险，传统汽车EMS销量可能会出现较大幅度下滑，可能对武汉菱电生产经营的持续性带来不利影响。

（3）自身存在的不足。未来一段时间内武汉菱电仍会面临客户集中度较高带来的潜在风险，若客户的经营状况发生不利变化或合作关系恶化，将对其生产经营造成不利影响。相比跨国EMS厂商的多重保护机制，武汉菱电核心技术的保护措施尚不够完善，可能存在着泄密的风险。

（二）“值得信赖”维度评价

1. 企业规模持续扩大

（1）总资产大幅增长。由于2021年武汉菱电首次公开发行股票募集资金成功和年度实现的利润增长，公司总资产达到了17.66亿元，同比增长了132.51%。此外，从 2019 年的 6.42 亿元到 2020 年的 7.60 亿元，可知武汉菱电的总资产增长速度快，增长幅度大。

（2）收入来源较为集中且收入规模稳步增长。武汉菱电 2019—2021 年的营业收入分别为 53,569.48 万元、76,241.29 万元、83,468.04 万元，呈逐年稳步递增状态，并且营业收入完全来源于主营业务，说明该公司在汽车零部件细分领域深耕细作以及专注本行。

（3）员工规模较小。由于公司体量不大，菱电电控 2021 年在职员工数量为 610 人，与同行业其他公司相比，处于中下游水平，增长空间较大。

2. 持续高强度的研发投入

武汉菱电致力于打破中国汽车产业"核心技术空心化"的局面，通过研发团队多年持续的努力，成功开发出具有自主知识产权的发动机管理系统。武汉菱电研发强度较高，在"零部件"赛道中处于前列，在后期发展中应更重视技术领域的专利布局。

3. 运营能力逐步提升

（1）公司治理体系较为完善。股权制衡情况较好。武汉菱电在财务、公司治理和专业技术方面都设置了独立董事，其公司的独立董事网络全面完善且水平较高。但是其总经理和董事长由一人担任，尚未实现公司两职分离。

（2）人才吸引能力较强。武汉菱电 2021 年研发人员为 428 人，占总员工人数比例较大，为 70.16%。同时，武汉菱电也很注重建设人才队伍，实施了股权激励计划，研发人员的股权激励相关费用高达 1,860.29 万元。还通过完善人力资源管理体制，为员工不断创造更好的工作环境和培养机制，不断增强对高技术创新人才的吸引力。

三、宁波拓普：谨慎应对"三化"带来的产品结构性风险

宁波拓普，作为汽车科技前沿的零部件先锋，深耕汽车 NVH[①]、动力底盘及智能驾驶控制领域，NVH 技术国内领先，同步整车研发能力卓越。近年来，拓普集团前瞻布局新能源赛道，构建产业生态，聚焦轻量化与模块化创新，研发实力与日俱增，企业版图持续扩张。然而，基础科研根基尚待加固，品牌影响力有待彰显，财务与运营效能亦需提升。秉持绿色发展理念，拓普集团自建分布式光伏，助力国家双碳目标。紧抓新能源浪潮，拓普与头部车企携手，深化国际合作，加速全球化步伐。同时，强化基础研究，深化产品线创新，力求产品性能卓越、品质稳定，矢志成为国际一流的汽车零部件供应商。通过不懈努力，拓普正稳步迈向国际舞台，引领行业未来。

---

① 汽车 NVH：指噪声、振动和粗糙度（Noise，Vibration，Harshness），是评价汽车舒适性的重要指标之一。

（一）优势与风险

1. 符合行业发展趋势的汽车核心技术的研发与产业化优势

（1）产品平台化优势。拓普把握行业发展趋势，前瞻布局新能源汽车赛道，持续扩大产品线，形成平台型企业。产品线覆盖面广，具备为客户提供深化服务的能力，可为客户提供一站式、系统级、模块化的产品与服务，在世界汽车零部件领域比较稀缺，很难找到其他对标企业。

（2）技术研发领先优势。拓普始终坚持研发与创新，在二十多年前即在行业内率先确立正向研发的发展战略。经过多年的技术积淀，现已具备八大产品模块的系统级同步正向研发能力，具备机械、电控、软件的一体化研发整合能力，并且形成了数量众多的发明专利等自主知识产权。

（3）国内外客户群优势。拓普以为客户创造价值为己任，在合作过程中获得了客户的广泛认可，品牌的知名度和美誉度不断提升，客户黏性不断增强。

2. 可能面临的风险

（1）“电动化、智能化和网联化”趋势带来产品结构性调整风险。汽车产业工厂布局成本高、周期长，设备工艺复杂，变更认证烦琐，且“三化”转型需高额研发投入，短期内难增利，或致企业流动负债激增，偿债能力下滑，流动性风险凸显。

（2）自身存在的不足。近年来，拓普在产业化研发中直面材料、工艺、电控、软件、检测等多维度挑战。其减震降噪技术领跑业界，新能源领域营收激增彰显市场优势。品牌建设尚需强化，以提升品牌认知与美誉度。2021 年报揭示，高资产负债率与低流动比率映射出资产与负债失衡，短期偿债能力承压，财务风险不容忽视。拓普正积极应对，力求在巩固技术领先的同时，优化财务结构，确保稳健发展。

（二）“值得信赖”维度评价

1. 企业规模持续扩大

（1）总资产明显增长。拓普集团 2019—2021 年总资产分别为 112 亿元、121 亿元、187 亿元。2020 年同比增长 8.04%，2021 年同比增长 54.55%，总资产有明显提升。

（2）总营收快速增长。由于新能源汽车行业快速崛起，对汽车零部件的需求大幅增长，而拓普集团公司在汽车底盘领域的技术及研发水平位居国内前列，成为新能源汽车底盘的主要供应商。拓普集团 2019—2021 年总营收分别为 53.59 亿元、65.11 亿元、115 亿元。2020 年同比增长 21.50%，2021 年同比增长 76.62%。

2. 现有产品线的扩充研发能力持续提升

2021 年，拓普继续加大研发投资，增加资源配置，持续完善现有产品线，保持已有产品研发的领先优势。2021 年拓普集团的研发强度为 4.38%，研发人员拥有的专利数为 190 件，研发效率距离赛道领先企业还有一定的差距，需要企业进一步提高创新研发能力。

3. 运营能力稳步提升

（1）公司治理体系较为完善。据公司 2021 年年报披露，公司的第一大股东为迈科国际控股（香港）有限公司，直接持股占比 62.94%。宁波筑悦投资管理有限公司为公司控股股东迈科国际控股（香港）有限公司的全资孙公司，与其为一致行动人，直接持股占比 0.49%。公司实际控制人及最终受益人为邬建树，直接持有拓普集团 0.65% 的股份，并直接持有迈科国际控股（香港）有限公司 100% 的股权。邬建树直接及通过路径共持有拓普集团 64.08% 的股份，公司前十大股东共计持股 70.81%。创始人邬建树持股比例较高，股权清晰，从顶层设计上保持对公司的控制力以确保重大决策相对稳健，公司能长期稳定运营，同时也具备较大的资本扩张空间。

（2）高度重视人才的选拔与培养。公司建立博士后工作站，世界范围内引入科技人才。拓普坚持“知人善任、任人唯贤”的干部选拔理念，打造具备竞争力的、年轻化的干部队伍。

四、文灿股份：要以全球化优势提升市场位势

文灿股份作为汽车铝合金铸件研发制造企业，拥有完整的压铸工艺体系，主要从事汽车铝合金精密压铸件的研发、生产和销售。近年来，文灿股份进一步深化新能源汽车领域布局，结合在大型一体化压铸结构件领域的先发优势开拓高附加值产品，总营收大幅增加。在完成对法国百炼集团的收购之后，文灿股份进行了多方位的资源整合，并持续优化企业的管理体系，未来将借助百炼集团的品牌效应进一步增强文灿股份自身的品牌力度，财务能力和运营能力也需齐头并进。就研发能力来说，企业需更加重视研发创新，扩大研发投入规模，重视专业人才的储备与培养，提升企业的研发创新能力和效率。

（一）优势与风险

1. 铝合金铸造工艺制造领域的先发优势

（1）客户资源比较优势。依托公司在技术研发、产品质量管理等方面的综合优势，文灿股份与国内外知名汽车整车厂商及一级零部件供应商建立了稳固的合作关系。2021 年，文灿股份还与亿纬锂能、欣旺达及阳光电源等知名电池厂商建立了合作关系。

（2）拥有完整的铝合金铸造工艺。铝合金铸造分为高压铸造、低压铸造和重力铸造三种工艺，文灿股份传统的技术优势为高压铸造，在近年设立江苏文灿后进一步建设发展低压铸造工艺。

（3）车身结构件一体化压铸的先发优势。文灿股份多年以来持续研发并提升高真空压铸技术、应用于高真空压铸的模具技术、特殊材料开发或制备技术及相关生产工艺技术，为车身结构件积累了丰富的技术和经验，并且其开发和量产的车身结构件系列比较完整和全方位，在铝合金压铸的车身结构件方面形成先发优势。

（4）品牌的协同效应优势。文灿股份子公司法国百炼集团有着近60年的发展历程，在铝合金铸造汽车零部件领域积累了良好的信誉并形成了独有的品牌优势，在铝合金刹车铸件（刹车主缸和卡钳）领域处于全球领导地位。

2. 可能面临的风险

（1）原材料价格波动的风险。受国际国内经济形势、国家宏观调控政策及市场供求变动等因素的影响，未来几年铝价变动仍存在一定的不确定性，使得铝压铸件行业的原材料成本波动风险上升，很可能给公司经营带来不利影响。

（2）市场竞争加剧的风险。若文灿股份不能及时有效提高自身的管理水平，使之与迅速扩大的业务规模相适应，则将影响到公司的应变能力和发展活力，进而削弱公司的竞争力，给公司未来的经营和发展带来较大的不利影响。

（3）自身存在的不足。汽车零部件产品的迭代速度不断加快，企业要通过大规模的研发投入提高自身的创新效率。文灿股份缺乏高层次人才，研究人员学历层次不够高，人才智力储备不足，需要进一步优化人才结构。其相对市场位势距离行业领先还有较大差距，需要提升。在收购百炼集团后，整体盈利能力有明显提升，但双方相关业务整合仍在进行之中，母公司与子公司之间的经营管理制度也不够完善，文灿股份发展受到影响，亟须公司自身进行业务调整，提升运营能力。

（二）“值得信赖”维度评价

1. 企业规模持续扩大

（1）总资产稳步增长。文灿股份2019—2021年总资产分别为39.31亿元、56.01亿元、59.32亿元。2020年同比增长42.48%，2021年同比增长5.91%。

（2）总营收有较大幅度增长。文灿股份2019总营业收入为15.38亿元。自2020年8月将法国百炼集团纳入合并报表，2020年8月至12月法国百炼集团实现收入10.02亿元；扣除法国百炼集团合并收入，公司实现营业收入为16亿元，同比增长4.08%，2020年较上年同比增长69.25%。2021年实现营业收入41.12亿元，增长58.00%，扣除法国百炼集团合并收入，同比增长20.08%。总营收总体增长趋势明显，说明文灿股份的总体经营能力有所提升。

2. 创新研发能力存在较大差距

2021年文灿股份的研发强度为2.92%，研发人员拥有的专利数为8件，处于行业靠后位置，研发水平和研发效率距离赛道领先企业还有较大的差距，需要企业增加研发投入，进一步提高企业的创新研发能力。

3. 运营能力提升空间大

（1）财务能力总体表现平稳。2021年，文灿股份财务能力各项指标位于行业平均位置，其中运营能力评分为19.97，略高于均值。与行业领先企业相比，提升空间大。

（2）公司治理体系比较完善。2021年，文灿股份第一大股东持股比例与第二大股东持股比例的比值为1，意味着股权制衡度较高，避免了一股独大的局面。公司董事会由7名董事组成，其中独立董事3名，比例达42.86%，高于三分之一，董事会独立性较强，能有效约束和监督内部董事及经理层，减少内部人控制，保护中小股东及利益相关者利益，从而增强企业的长期可持续发展能力。

五、旭升股份：应稳步推进储能类产品布局，保障长期增长动力

旭升股份深耕精密铝合金零部件领域多年，是业内少有的同时掌握压铸、锻造、挤压三大铝合金成型工艺以及量产能力的企业。在行业整体政策和业务拓展驱动下，公司加速海内外异地产能建设，拓展非汽车类的户用储能结构件及消费铝瓶业务，通过客户结构优化提升风险抵御能力，潜在发展空间大。但公司也存在汇兑损失导致利润减少、客户集中度相对较高等问题。未来公司应进一步推进和丰富储能类产品的布局，凭借领先的工艺、研发及客户拓展能力，快速抢占市场份额，成为全球新能源轻量化领域领跑者。

（一）优势与风险

1. 行业聚焦积聚竞争优势

（1）新能源汽车行业聚焦优势。在汽车轻量化领域，旭升股份是国内较早重点针对新能源汽车研制精密铝合金零部件的企业之一。近年来新能源汽车行业快速发展，公司在新能源汽车行业的先发优势和规模优势已逐渐积累形成了行业聚焦的优势。

（2）产品质量及服务优势。公司极其重视产品质量管控，从原材料采购、生产管理、质量检测等各环节对产品质量实施全流程把控，并对产品售后质量情况紧密跟进。

（3）客户资源优势。凭借早期积累的中高端客户服务经验，旭升股份已成功开拓并构建了全球客户资源体系，重点覆盖亚洲、北美及欧洲三大全球新能源汽车消费的潜力市场。

2. 可能面临的风险

（1）收入倚重于主要客户的风险。公司的营业收入倚重于主要客户，若该客户的经营情况出现重大不利变化，或公司出现客户订单大量流失的情况，或公司无法持续取得客户的新定点项目等，则公司的经营业绩和财务状况可能受到重大不利影响。

（2）原材料市场价格波动的风险。在原材料价格大幅上涨的情形下，若公司未能有效将原材料价格波动传导至下游客户的产品销售价格中，未能有效抵消生产成本上升的影响，则公司的毛利率、经营业绩和财务状况等可能会受到不利影响。

（3）中美关系引发的地缘政治风险。若因地缘政治因素导致未来中美贸易摩擦加剧、贸易壁垒提高、外销客户因贸易保护政策而减少对公司的订单等，则公司的经营业绩和财务状况可能会受到重大不利影响。

（4）自身存在的不足。若未来国内外宏观经济、政治形势、货币政策等发生变化，美元发生大幅贬值，且公司未能通过有效手段对汇率波动风险进行规避，则

公司将面临汇兑损失的风险，进而可能对公司的经营业绩和财务状况产生不利影响。

（二）“值得信赖”维度评价

1. 企业规模持续增长

（1）总资产规模不断扩张。随着经营规模扩大，生产设备投资、采购规模逐渐增加，2020—2022 年旭升股份的总资产规模翻倍增长，呈现明显上升趋势。从 2020 年 45.92 亿元增长到 2022 年 96.24 亿元，2021、2022 年的增长率分别达到 78.09%、17.68%。

（2）营业收入高速增长。2020—2022 年旭升股份营业收入整体呈明显增长趋势，2021、2022 年分别同比增长 85.77%、47.31%。近年来公司积极拓宽国内外市场，与客户建立长期合作关系。

（3）员工数量不断增加。2020—2022 年旭升股份员工数量翻倍增长。由 2020 年 1862 人增至 2022 年 4392 人，由此可看出公司业务规模和业务领域的迅速扩张，公司人才需求越来越多。但 2022 年本科及以上学历的员工在全体员工中的占比仅为 8.63%，其中硕博研究生仅有 25 人，员工整体受教育水平仍有优化空间。

2. 创新研发能力不断提升

积累了多方面的技术研发优势。旭升股份长期致力于精密铝合金零部件相关工艺技术的研究与开发，并且在新能源汽车的轻量化技术路径方面积累了技术经验优势。公司长期重视研发投入，紧跟客户快速迭代的步伐，确保产品工艺、制造能力保持同业领先水平。此外，公司的技术研发优势亦延伸至户用储能领域，已针对户用储能系列产品研制了配套的金属结构件，并于 2022 年第四季度起向该领域的知名客户进行批量供应。

3. 运营管理能力稳健提升

（1）治理结构合理。旭升股份第一大股东所持股份与第二大股东间比率为 1.14，股权制衡度处于健康状态，避免了一股独大的局面；公司董事会由 6 名董事组成，其中 3 名独立董事，独立董事比例达到 50%。

（2）以人才赋能企业创新发展。旭升股份在各生产环节均配备了高端设备并建立了专门的设备自动化人才团队，对关键设备实施改装和自动化集成，以实现高效生产和工业智能化，并能确保公司生产出高精密、高质量、高附加值的产品。

六、福耀集团：应积极探索业务多元化发展，发挥铝饰件与汽玻的协同效应

福耀玻璃，汽车安全玻璃及工业技术玻璃的中外合资巨头，正逢汽车“新四化”浪潮，智能全景天幕等高价值产品需求激增，迎来发展新纪元。公司稳固主业之余，积极拓展光伏玻璃与铝饰件领域，2019 年收购德国 SAM 铝饰公司，加速全球化战略。2024 年欧洲市场 SAM 业务仍在亏损，但盈利能力在提升。展望未

来，福耀应深化铝饰件业务优化，提升运营效率，削减成本，并强化与汽车玻璃业务的协同效应，共谋长远发展。

（一）优势与风险

1. 专注汽玻业务打造核心竞争力

（1）产业生态及成本控制优势。从成本控制的角度来说，福耀玻璃精于产业链管理，产品拥有显著的低成本优势。在其原材料中，浮法玻璃、硅砂、PVB已经实现自产，原材料自产率高，盈利能力大幅超越汽车玻璃行业内其他竞争对手。丰厚的利润为公司的扩张、研发、抵御风险提供了坚实的基础。

（2）高进入壁垒下的竞争优势。只有具备产品品质保证能力、迅速低成本的物流供应体系、同步研发技术水平的汽车玻璃生产商才有机会进入市场，由此形成了巨大的行业壁垒。

2. 可能面临的风险

（1）成本波动风险。受国际大宗商品价格波动、天然气市场供求关系变化、纯碱行业的产能变动及玻璃和氧化铝工业景气度对纯碱需求的变动、人工成本的不断上涨等影响，公司存在着成本波动的风险。

（2）汇率波动风险。福耀玻璃的海外销售业务占一半左右，且规模逐年增大。若汇率出现较大幅度的波动，将给公司业绩带来影响。

（3）自身存在的不足。2021年受海运费和纯碱的价格上涨影响，公司毛利率同比减少0.60个百分点；2022年受能源和纯碱的价格上涨影响，公司毛利率同比减少1.87个百分点，降为34.03%。

（二）“值得信赖”维度评价

1. 企业规模持续扩张

（1）总资产不断增加。2020—2022年福耀玻璃的总资产不断增加，2022年总资产规模达507.67亿元，同比增长13.36%。

（2）营业收入不断增长。2022年福耀玻璃加大营销力度，智能全景天幕玻璃、轻量化超薄玻璃等高附加值产品营收占比同比增长6.21%，全年实现营业收入280.99亿元，比上年同期增长19.05%。

（3）员工数量不断增加。近年来，福耀玻璃的全球雇员逐年增长至近3万人。随着各地产能的进一步扩张，2022年公司生产人员及技术人员同比增长9.49%。

2. 创新研发加深品牌护城河

（1）研发强度保持高水平。持续的高研发投入使福耀玻璃在产品技术先进性以及生产效率、成本控制方面保持行业领先。

（2）技术创新、管理创新两手抓。公司坚持技术和管理创新，把握汽车行业新四化趋势，在玻璃载体上充分应用跨界技术，为客户提供全解决方案，并以知识产权和供应生态群为本公司业务持续增长构建护城河。

3. 运营能力稳健

（1）偿债、盈利、发展能力均处于赛道中上游，其净资产率在2019—2021年连续三年上升。伴随着高附加值全景天窗等产品和铝饰件渗透率进一步攀升，公司核心业务盈利能力有望加速。

（2）公司治理不断完善。福耀玻璃第一大股东所持股份与第二大股东间比率为 1.53，股权制衡度处于健康状态。公司与控股股东在人员、资产、财务、机构和业务方面严格做到了“五分开”，各自独立核算，独立承担责任和风险。

（3）重视人才培养。为满足公司战略规划需要，福耀玻璃对各层级管理干部、关键业务与技术骨干、高潜人才举办培训项目，同时通过线上渠道开展微课堂、微课、直播等形式的学习资源进一步完善培训与人才发展体系，为企业稳健经营与转型升级提供坚实的人才保证，促进企业高质量发展。

七、立讯精密：需警惕流动性风险

立讯精密，深耕连接线、连接器、电机等多品类电子元器件研发制造，产品横跨 3C、企业级、汽车及医疗领域，提供一站式采购解决方案。近年来，公司紧握新能源汽车风口，市场份额显著攀升，汽车业务成为营收增长新引擎。立讯精密秉持创新驱动发展战略，研发投入持续加码，品牌力与运营效能并蓄，引领行业前行。然而，面对现金流量挑战，公司需审慎管理财务风险。展望未来，立讯精密将依托既有消费电子产品与通信领域的深厚积淀，加强与全球客户合作，深化零部件研发，拓宽产品线布局，力求提升产品盈利空间，强化自我造血功能，推动企业稳健迈向高质量发展新篇章。

（一）优势与风险

1. 数字赋能的自动化工艺形成了核心竞争力

（1）推动技术的跨界赋能，追求协同效应。立讯精密依托强大的智能制造平台，充分利用在消费电子产品和通信领域深耕多年所积累的技术实力与客户资源，以把握技术发展和赋能客户为导向，通过布局国内多个生产基地与研发中心，能高效发挥国内外资源的协同效应，实现向汽车电子产品领域的跨界赋能。

（2）积极推进数字驱动的创新。随着新一代信息技术与制造业的不断深度融合，立讯精密时刻紧扣智能制造这一核心技术，大力推动自动化工艺、数字化应用对制程开发、人员组织及生产方式的持续赋能。

（3）高度重视基础研究投入和研发。上市以来，立讯精密始终将研发创新放在企业发展的重要位置，持续坚持对研发技术的大力投入，努力革新传统制造工艺，不断提升自动化生产水平，将各段精密制造工艺平台化。

2. 可能面临的风险

（1）海外经营风险。由于我国实行有管理的浮动汇率制度，汇率随着国内外政治、经济环境的变化而波动，当汇率出现较大波动时，汇兑损益对公司的经营业绩会造成一定影响。

（2）业务结构调整风险。短期内该部分业务无法对公司的收入与利润提供有效支撑，可能导致公司流动负债大幅度增加，偿债能力明显下降，容易引发流动性风险。

（3）自身存在的不足。目前，立讯精密客户集中度相对较高，并且短期主要集中在消费电子产品领域。毛利率水平低导致立讯精密自有资金储备并不充足，近期经营成本非常依赖筹资活动行为，自身造血能力不足。如今，由于折旧金额升高，立讯精密每年在改造生产线和设备上的开支巨大，经营活动现金流与投资活动现金流累加值已经多年为负。

（二）“值得信赖”维度评价

1. 企业规模增长迅速

（1）总资产明显增长。立讯精密2020—2022年总资产分别为700亿元、1206亿元、1484亿元。2021年较上年同比增长72.29%，2022年较上年同比增长23.05%，2021年以来立讯精密的总资产有明显增长，2022年年末总资产已超过2020年年末总资产的2倍，立讯精密的发展迅速可见一斑。

（2）总营收稳步增长。立讯精密2022年总营收达到2140.28亿元，其中汽车互联产品及精密组件的营业收入为61.49亿元，占总营业收入的2.87%。2021年总营收达到1539.46亿元，其中汽车互联产品及精密组件的营业收入为41.43亿元，占总营业收入的2.69%。2022年总营业收入同比增加39.03%，单汽车互联产品及精密组件2022年的营业收入较2021年同比增加48.42%，说明立讯精密不仅总营业收入稳步增长，而且汽车零部件领域的营业收入也在稳步提升中。

2. 创新研发能力居于行业前列

立讯精密的研发成果显著，研发能力处于稳步提升中。

3. 运营能力较强

（1）公司治理体系合理。立讯精密股权结构稳定集中，清晰合理，有利于公司持续健康发展。独立董事比例高达42.86%，处于该行业领先水平，且较好地履行了职责。同时，立讯精密实施股票期权计划，能够有效捆绑公司、股东及核心骨干的利益，提升公司的凝聚力和核心竞争力，确保公司中长远战略目标的实现及可持续发展。

（2）人才体系较为完善。2022年公司员工共236932人，研发人员共18421人，占比为7.77%，较2021年增加了14.39%。其中本科学历8327人，硕士学历332人，学历结构层次较高。

八、合力科技：应重视长期盈利能力的提升

合力科技是国内领先的大型高端精密模具及零部件供应商，中国铸造协会认定的中国铸造行业铸造装备分行业排头兵企业。几十载行业深耕让合力科技拥有了较强的产品竞争优势，但目前公司仍面临着盈利能力不足、客户相对集中等问题。未来，公司应充分利用全球汽车模具产业和铝合金部品产业向中国转移以及

国内汽车轻量化趋势下的产业机会，加大对国内外市场的开拓力度和深度，力争成为具有全球竞争力的专业模具厂商。

（一）优势与风险

1. 长期投入形成“一站式”服务的核心优势

（1）加工技术优势。公司通过建成模块自动化加工线、电极自动化加工单元打造数字化工厂。公司通过多年的技术积累，掌握了大型精密铸造模具、热冲压模具设计和加工制造的核心技术，公司铸造模具和热冲压模具的技术参数达到较高水平。

（2）“一站式”服务优势。公司建立了从大型精密铸造模具和热冲压模具的研发设计、加工制造、质量控制、试模生产、小批量交样、售后服务到铝合金部品生产的“一站式”生产服务体系，通过提供“一站式”服务，进一步提升了公司服务下游客户的能力，提升了公司的核心竞争力，增强了公司的盈利能力。

（3）模具及铝合金部品的同步开发优势。凭借与下游主要客户之间良好的合作关系，对铸造工艺、热冲压工艺较为深刻的理解以及较强的模具研发、设计和制造能力，公司可参与客户终端产品的初始研发过程，与客户共享研发数据，从而准确把握市场需求、基本实现了与客户产品的同步研发。

2. 可能面临的风险

（1）汽车行业周期性波动风险。公司核心客户为稳健经营的汽车零部件及整车厂商。若宏观经济波动，客户经营受冲击，或将导致公司订单下滑、销售受阻、回款迟滞，面临宏观经济及汽车行业周期性波动风险。

（2）原材料价格波动风险。订单至采购间存周期，原材料价格若骤升，且销售合同未预见此风险，加之议价能力弱，公司生产成本将攀升，进而削弱盈利能力。

（3）自身存在的不足。如果上述主要客户出现经营困难或者更换供应商，将导致对公司的订单需求下降，则可能对公司的经营状况和盈利能力带来不利影响。2019—2021 年合力科技销售净利率分别为 12.24%、9.22%、8.60%，呈逐年下降的趋势，且 2019—2021 年加权平均净资产收益率平均低于 7%。

（二）“值得信赖”维度评价

1. 企业规模

（1）总资产规模存在缩减趋势。2020—2021 年合力科技的总资产不断减少，从 2020 年的 15.09 亿元逐年下降至 2022 年的 14.50 亿元。作为零部件供应商，合力科技本身毛利率并不算高，对原材料价格上涨较为敏感，近年由于受到铝锭等原材料价格上涨影响，盈利空间被压缩，也影响了公司在其他方面的资金投入。

（2）营业收入持续下降。2020—2022 年合力科技营业收入总体呈下降趋势，2022 年营业收入为 6.85 亿元，同比减少 2.65%。公司应坚持走“做精品模具，创国际品牌”的发展道路，以市场为导向、产品质量为保证、技术创新为手段，逆转营业收入逐年下滑的趋势，提高企业核心竞争力和长期盈利能力。

（3）员工教育程度结构有待优化。随着公司业务规模的扩大和业务领域的扩张，合力科技对人才的需求越来越多，但相比2021年，2022年公司员工数量甚至有所减少；同时，本科及以上学历的员工在全体员工中的占比近年来一直维持在较低水平。公司应加强人才引进和人员培训工作，全面提高员工素质，为公司的发展增强后劲。

2. 重视创新能力提升

（1）卓越的设计开发能力。多年的经验积累和技术沉淀使得公司的模具设计水平在行业内居于前列，公司开发的模具产品曾多次获得“国家重点新产品”和中国模具工业协会评定的“精模奖”，也曾多次为重要客户提供新产品开发的首套模具或者首套国产化模具产品。

（2）研发强度逐渐加大。合力科技始终坚持以技术创新为企业发展的推动力，研发强度由2020年的3.45%逐年增至2022年的4.79%，2021年其研发强度在赛道排在第8名，处于行业前列，和位列第一的武汉菱电（12.12%）仍有较大差距。

3. 运营能力有待提升

（1）治理结构合理。公司第一大股东所持股份与第二大股东间比率为1.14，股权制衡度处于健康状态，避免了一股独大的局面；独立董事比例为33.33%，并能充分发挥独立董事的专业作用和监督作用以确保公司的经营战略目标的实现。

（2）重视人力资源开发。公司与高校、技术人才培训机构开展长期合作，建立健全公司的技术人才引进及培育体系，为公司持续培养设计、数控编程、钳工等方面的专业技术人才。

九、双环传动：需要重视运营能力的提升

双环传动是国内新能源汽车齿轮行业的龙头企业。公司齿轮产品丰富，业务线条齐全，已成为全球最大的专业齿轮产品制造商和服务商之一。近年来，双环传动紧跟新能源产业的创新步伐，公司业务不断扩展，在优秀企业家的引领下具备了较为突出的产品研发能力和优质客户资源。然而，近几年，双环传动品牌价值位居赛道中下游，创新投入和产出能力不强，运营能力也有较大的提升空间。双环传动需对上述不足加以重视，提升企业综合胜势，打造更加强有力的竞争优势。

（一）优势与风险

1. 产品先发优势明显，市场拓展战略清晰

（1）优质的客户资源与合作关系优势。双环传动长期专注于机械传动齿轮制造领域，基于四十余年的专业化生产制造积累，双环传动与众多国内外优质客户建立起了深厚的合作关系，并进入了各细分领域中头部企业的供应链体系，形成一批本行业“巨头”客户群。

（2）工艺技术与品质升级的优势。双环传动具备高层次的专业工程师团队，每年实施多项工艺改造升级。凭借与国内外客户在高品质传动件领域的多年合作

经验以及自主研发能力，双环传动在高端齿轮部件的设计、加工、规模化生产等方面具备显著优势，有益于双环传动把握行业转型升级的市场机遇，逐步从手动挡等传统汽车传动部件向自动挡、新能源车传动部件等高精度、高品质、高附加值产品转型。

（3）产能规模优势。齿轮的制造产能建设周期长、资金需求量大，近年来双环传动顺应行业趋势提前布局并建成了可满足当下及一定前瞻性需求的产能，与战略客户构建快速响应、协同共生的合作关系。

（4）基础研究优势。双环传动确立了全球“精密传动领导者”的产业理想，建立实验室和省重点企业研究院，与高校形成长期合作，开展多项齿轮传动领域的基础性研究，累计实施各类科研项目数十项。

（5）绩效系统保障管理增效优势。随着经营规模不断扩大，双环传动管理水平也持续提升，形成精细化管理模式。

2. 可能面临的风险

（1）宏观经济形势变化风险。经济长期向好的趋势依然，但受疫情影响短期增长面临的下行压力增大。在国际经济环境变化复杂的背景下，供给端和需求端均有有利因素与不利因素，双环传动将聚焦成长赛道，把握优质客户，同时开辟增长新曲线，以降低宏观经济造成的影响。

（2）原材料价格波动风险。如果主要原材料价格因宏观经济波动、上下游行业供需情况等因素影响而出现大幅波动，仍然可能在一定程度上影响双环传动毛利率水平，对双环传动业绩造成不利影响。

（3）自身存在的不足。双环传动的研发强度仍有较大提升空间。双环传动的品牌价值远不及行业内的头部企业。双环传动存在较为明显的流动性压力，公司具有较大的偿债压力，一定程度上会影响公司的资金运转和经营管理。

（二）“值得信赖”维度评价

1. 企业规模持续扩大

（1）总资产持续增长。双环传动 2019—2021 年总资产分别为 81.60 亿元、85.31 亿元、98.23 亿元。尽管疫情对经济影响较大，但从 2019—2021 年来的资产总额增长趋势来看，双环传动总资产持续增加，2020 年较上年增长 4.55%，2021 年较上年增长 15.14%。

（2）员工规模持续扩大。2019—2021 年双环传动员工规模不断扩大，分别为 4578 人、4649 人、5333 人，平均增长率高达 8.13%。其中，2020 年研发人员 471 人，占总员工比例为 10.13%，2021 年研发人员为 542 人，占总员工的比例为 10.16%，研发人员比例不断提升。

（3）收入规模整体增长。与此同时，2019—2021 年营业收入整体呈增长趋势，2019 年营业收入为 32.36 亿元，2020 年营业收入为 36.64 亿元，同比增加 13.23%，2021 年营业收入为 53.91 亿元，同比增加 47.13%。基本每股收益由 2020 年的 0.08 元增长到 2021 年的 0.46 元，这说明双环传动经营能力持续提升。

2. 创新投入和产出有待提升

双环传动研发强度在赛道处于中等偏后位置，2021 年这一数值为 3.79%，与该赛道平均值 4.64% 相差较大。研发人员拥有的专利发明数为 14 件，位于倒数第二。企业的创新投入和产出亟待提升。

3. 运营能力有较大提升空间

双环传动治理体系较好。双环传动股权制衡度 2021 年第一大股东与第二大股东持股比例的比值达到 1.39，股权制衡度较高，高于 10 家样本企业的平均股权制衡度。独立董事比例达 33.33%，处于同行业平均水平，独立董事较好地履行了职责。实现了两职分离，有利于企业统筹长期目标和短期目标。

十、隆盛科技：应注重长期盈利能力的提升

隆盛科技聚焦新能源、精密零部件、汽车 EGR 系统三大业务板块。2022 年公司新客户与定点项目持续突破，加速向新能源领域转型。在乘用车混动领域，公司已获国内混动头部车企的项目定点；在新能源汽车零部件领域，公司重点投入驱动电机铁芯项目，2023 年进入大规模量产阶段，广泛配套于各主流新能源车企。未来随着产能逐步释放，公司应积极开拓新客户，实现产销量的快速提升，并持续整合从 EGR 系统产品到上游精密冲压零部件，再到新能源驱动电机核心部件的全产业链布局，实现长期盈利能力的提升。

（一）优势与风险

1. 全面产业链布局打造竞争优势

（1）产品线优势。隆盛科技的产品从 EGR 系统产品到上游精密冲压零部件，再到新能源驱动电机核心部件等方面，已经形成较为全面的产业链布局。

（2）同步开发及客户快速响应优势。隆盛科技具备与客户同步开发的能力，紧跟下游行业技术发展趋势，与下游客户进行深度合作。在新产品开发前期参与客户产品设计，通过大量数据分析和成型模拟，为客户提供成本最优产品设计方案；通过参与客户的研发工作，提前进行技术储备，保证了公司研发技术的前瞻性和先进性。

（3）质量管理优势。公司以 IATF16949 汽车质量管理体系为基础，结合自身生产管理特点及汽车领域客户需求，对产品实施全流程的质量控制措施，制订了贯穿新品开发、生产过程管控和客户满意度管理等各个环节的产品质量管理流程及质量管控制度。

2. 可能面临的风险

（1）商誉减值的风险。若未来微研精工生产经营状况恶化，则公司存在商誉减值的风险，从而对公司当期损益造成不利影响。

（2）原材料成本上升的风险。如果未来硅钢片价格继续上升，可能影响公司毛利率水平，进而对公司业绩造成不利影响。公司已与较多供应商达成长期良好的合作关系，具有一定的议价能力。

（3）自身存在的不足。2020—2022年隆盛科技经营活动净现金流呈明显下降趋势，其中2022年公司经营活动产生的现金流量净额较上年减少7298.95万，同比减少341.34%，主要是受所支付材料款增加影响。

（二）“值得信赖”维度评价

1. 企业规模

（1）营业收入持续增长。2020—2022年隆盛科技营业收入整体呈增长趋势，由2020年5.78亿元增至2022年11.48亿元。

（2）总资产规模持续扩张。2020—2022年隆盛科技的总资产呈上升趋势，2022年总资产增至28.72亿元，同比增长84.39%。

2. 长期致力零部件产品的研发和技术创新

（1）专利成果丰硕。隆盛科技被认定为国家高新技术企业，现建有江苏省柴油发动机废气再循环（EGR）系统工程技术研究中心、江苏省企业技术中心，拥有一支具有强竞争力的技术研发创新队伍，包含众多教授级高工、研究生，涉及学科涵盖内燃机、热能、电化学、材料化学等领域。

（2）积极进行研发布局。隆盛科技积极开展各类研发项目，以前沿技术支撑公司未来业务布局。

3. 运营能力

（1）加码员工持股计划。目前针对公司董事、高级管理人员和核心骨干人员，隆盛科技已进行三期员工持股计划，其中在第三期员工持股计划中，公司在二级市场以集中竞价的方式累计买入公司股票1772235股，占公司目前总股本0.88%。该持股计划彰显了员工对公司未来长期发展的充分信心；同时公司通过进一步绑定员工利益，利于增强员工积极性、加快推进业务发展。

（2）重视技能人才队伍建设。隆盛科技通过技能培训，提高员工技能水平，打造技艺精湛、素质优良的技能人才队伍，增强公司核心竞争力。此外，公司积极配合无锡职业技术教育学会开展的产教融合工作，与院校紧密围绕人才紧缺技术岗位需求，针对生产制造、设备运维等一线岗位，校企共育共培人才。

十一、瑞鹄模具：应进一步构建完整产业布局

瑞鹄模具是一家致力于汽车车身制造的高端装备——冲压模具、焊装自动化生产线的开发、设计、制造和销售的高新技术企业。经过多年的发展沉淀，瑞鹄模具围绕汽车白车身制造领域逐步打造了轻量化车身成形装备、轻量化车身冲焊成套装备、智能制造及机器人系统集成的产业布局。但目前公司也存在品牌价值优势不突出、坏账风险高、营运能力较差等问题。未来公司应进一步构建完整的产业布局，力争实现覆盖件模具产品竞争力达到全球领先水平，轻量化零部件产品具有行业竞争力，焊装自动化生产线产品竞争力进入国内行业前列，从而促进公司市场竞争力和综合能力的持续上升。

（一）优势与风险

1. 形成了比较完整的产业布局

（1）“一体化配套服务”优势。瑞鹄模具主营业务为汽车制造装备业务及汽车轻量化零部件业务，业务涉及汽车白车身制造工艺规划设计，车身冲压模具及焊装自动化生产线和智能物流等制造装备的开发、设计及制造，车身轻量化零部件配套供应等，为国内少数能够同时为客户提供完整的汽车白车身高端制造装备、智能制造技术及整体解决方案、轻量化零部件供应的一站式供应商。

（2）品牌及客户资源优势。瑞鹄模具成立二十多年来，凭借着强大的研发技术实力、优异的产品质量、严格的质量控制、丰富的项目经验和完善的售后服务，在行业内建立了较高的品牌知名度，与众多国内外知名汽车厂商建立了良好的合作关系。

（3）技术积累优势。瑞鹄模具已累计为全球100余款车型开发出车身材料成形装备和30余条车身焊装自动化生产线。丰富的项目积累及数据库积淀为瑞鹄模具未来项目的参数优化、智能化快速产品设计、工艺设计、结构设计、成型分析及系统集成等多方面打下了良好的基础。

2. 可能面临的风险

（1）关联交易占比增加风险。近年瑞鹄模具装备业务对关联方奇瑞汽车等关联交易保持稳定。预计未来一段时期内，公司对奇瑞汽车等关联方的关联交易金额和占比可能继续增加。

（2）季度间业绩波动的风险。瑞鹄模具所属汽车制造专用设备行业不存在明显的季节性特征，但主要产品为非标产品，具有很强的定制化特征，订单间（金额、交付周期）差异较为明显，同一年度各季度间收入存在一定的不均衡性，且不同年度的同一季度间亦存在一定波动，导致公司季度间存在业绩波动的风险；汽车轻量化零部件业务所属汽车制造行业，其业务发展与下游客户配套车型产销量高度相关，在公司不同季度间固定成本相对恒定的情况下，不同客户不同车型在不同季节销量会存在一定波动，导致公司季度间存在业绩波动的风险。

（3）自身存在的不足。2022年末，瑞鹄模具应收账款余额超3.1亿元，总金额较高。如因宏观环境变化或公司主要客户生产经营发生重大变化，将会造成应收账款拖欠，存在无法按期收回甚至无法收回、导致坏账损失的风险。瑞鹄模具的品牌优势值在“汽车零部件”赛道处于下游。

（二）“值得信赖”维度评价

1. 企业规模稳步增长

（1）总资产稳步增加。2020—2022年瑞鹄模具总资产总体呈上升趋势。2022年总资产达到40.25亿元，同比增长39.00%。

（2）营业收入稳定增长。2022年，瑞鹄模具实现了营业收入11.78%的同比增长，全年营业收入为11.68亿元。其中出口销售较同期增长55.66%。

2. 始终重视自主研发创新能力

（1）建设高水平的国家级技术创新平台。瑞鹄模具目前为国家火炬计划重点高新技术企业，建有经国家发展改革委、科技部等五部委联合认定的国家企业技术中心，并建有多个研究中心，主要从事围绕汽车车身高端装备、智能制造等关键共性技术的研发。

（2）研发强度逐年加大。研发投入是技术创新的基本保障。2020—2022 年瑞鹄模具的研发强度逐年加大，且处于赛道上游，其中 2022 年研发强度达到 6.81%，研发投入金额为 7956.22 万元。

3. 运营能力

（1）公司治理水平一般。瑞鹄模具 2021 年第一大股东和第二大股东的持股比例为 2.56，处于同赛道企业中间水平。独立董事比例为 33.3%，排名第 21，位于赛道中下游。基本实现了两职分离，有利于企业统筹长期目标和短期目标，以更健全的机制做出企业经营决策。

（2）稳定的核心管理团队。瑞鹄模具的核心管理团队自公司成立至今保持很高的稳定性，在行业内积累了丰富的技术、管理经验，对下游行业客户的产品需求有较为深刻的理解，掌握行业最新发展趋势和动态，对市场趋势有较强的预判能力，有利于公司长期健康稳定发展。

十二、广东鸿图：市场位势亟待提升

广东鸿图是华南地区规模最大的精密铝合金压铸专业企业，目前已经成为国内一体化压铸技术的引领者。现已形成多方位强有力的竞争优势，具备应对环境变化的动态能力、领先的自主研发能力、生产管理与品质保障优势，拥有结构合理且稳定的客户群。近几年，其经营规模持续扩大、人才体系逐步完善、关键核心技术取得突破、新能源汽车类的客户及产品不断拓展，但也存在研发投入和研发强度不够、国家级研发平台短缺等问题。与行业内的头部企业相比，还需要在新装备、新材料、新工艺和新技术方面持续加大研发投入，吸引整合更多资源，加速创新步伐。

（一）优势与风险

1. 具备多方位的竞争优势

（1）应对环境变化的动态能力出众。面对国内汽车行业“完全对外开放”加速推进，新能源、智能化、轻量化的行业趋势发展强劲，广东鸿图在危机中育先机、于变局中开新局，在保证传统汽车产品生产能力的基础上，积极开拓新能源汽车市场并加快产品转型升级。

（2）结构合理且稳定的客户群。广东鸿图客户全面覆盖日系、美系、欧系、华系等传统优质汽车制造企业、造车新势力以及跨界高科技巨头，客户群结构优良且业务量稳定，同时传统汽车企业均已大量投入转型新能源车型开发与生产，保证公司未来业务量稳定持续增长。

（3）领先的自主研发能力。广东鸿图具备较强的技术研发自主保障能力，专利、标准、技术奖项处于行业领先。

（4）具备生产管理与品质保障优势。广东鸿图通过了 IATF16949、ISO14001以及 OHSAS18001 等体系认证，获得福特 Q1 以及北美通用 BIQS 认可，拥有完整、严格的内部质量控制体系，产品质量居于行业领先水平。

2. 可能面临的风险

（1）市场风险。一方面，一体化压铸市场技术革新速度快，如果公司的技术研发赶不上市场变化，则意味着广东鸿图将面临被后来者抢占市场的风险。另一方面，一体化压铸的车辆保费的大幅提高以及汽车维修的折旧贬值更加严重，所以不断变化的市场需求对广东鸿图的预期生产规模也会带来一定的影响。

（2）原材料价格波动风险。目前，全球经济形势复杂多变，部分地区国际局势紧张，受政府的环保政策、国家经济政策、国际贸易政策等因素的影响，汽车零部件原材料铝的价格可能会随之波动，一定程度上会影响公司的预期成本、产品价格等，使公司的经营结果达不到预期。

（3）自身存在的不足。虽然公司坚持不断加大研发投入，但是 2021 年，公司研发投入总额占营业收入比例仅为 4.74%，相较之下，广东鸿图的研发强度远不及行业内的头部企业。虽然广东鸿图及下属子企业设有 8 家省级研发机构，但是缺少国家工程技术研究中心、国家实验室等国家级研发平台。

（二）“值得信赖”维度评价

1. 企业规模持续扩大

（1）收入规模整体增长。2019—2021 年营业收入整体呈增长趋势，分别为 59.06 亿元、55.96 亿元、60.03 亿元，基本每股收益分别为 0.05 元 / 股、0.29 元 / 股、0.57 元 / 股，归属于上市公司股东的净资产分别为 44.44 亿元、45.61 亿元、47.74 亿元。

（2）净利润持续增加。2019—2021 年归属于上市公司股东净利润分别为 2758.43 万元、1557.28 万元、3000.52 万元，加权平均净资产收益率分别为 0.61%、3.46%、6.42%。其中 2020 年受疫情影响较大，2021 年净利润同比增长率达 96.28%，加权平均净资产收益率增加了 2.96 个百分点。

（3）开拓新能源汽车类客户及产品。2020—2021 年，公司压铸板块新增蔚来汽车、宁德时代、小鹏汽车及广东和胜四个重要客户，实现新能源汽车总成件销售收入 3.88 亿元，占压铸板块产品营收比例为 9.92%。

2. 面向关键核心技术突破的研发能力仍需不断提升

2021 年，广东鸿图在新装备、新材料、新工艺和新技术方面持续加大研发投入，研发费用支出 2.82 亿元，占营收比例提升至 4.69%。然而，尽管广东鸿图在技术研发上持续加大投入，取得了一定的成果，但是，数据显示，其研发强度为 4.69%，与“零部件”赛道领先企业差距依然较明显。除此之外，其研发人员拥有的发明专利数为93件，在赛道中的优势不太明显。由此可见，广东鸿图在研发与创新道路上仍需坚持探索，不断追赶同行业的领先者。

3. 运营能力表现一般

（1）公司治理水平较高。2021年，公司第一大股东与第二大股东持股之比为1.53，股权制衡度较同赛道平均水平低。独立董事比例达40%，略高于同行业平均水平，独立董事较好地履行了职责，并且实现了两职分离。

（2）人才体系逐步完善。研发人员数量稳步增长，且具有硕士研究生学历的人数不断增加。2021年硕士研究生总人数达到39人，虽然数量上远低于华域汽车（2228人）和潍柴集团（3086人），但是基于企业自身规模，广东鸿图的研发人员学历结构在"零部件"赛道中并没有落于下风。除此之外，其研发平台优势也相对明显。

十三、杭州新坐标：要在高水平高能级研发平台上推进战略布局

杭州新坐标公司致力于采用冷锻工艺从事精密冲压、精密成型技术研发与生产，是大众、福特、通用等知名汽车生产厂家配套的一级供应商。杭州新坐标凭借全产业链技术研发优势、完善的质量体系优势、一级配套供应商优势成为目前国内冷精锻细分领域的龙头企业，并不断朝着"成为全球技术领先的冷锻产品供应商"的愿景奋进。但近几年来，公司也暴露出研发平台短缺、市场占有率较低、运营能力欠佳等问题。杭州新坐标需提高市场占有率，改善经营状况，加强研发平台的建设，推进前瞻性的战略布局。

（一）优势与风险

1. 正在形成前瞻性的研发布局

（1）覆盖材料、模具、设备、产品的全产业链技术研发。公司确保材料质量稳定，自主研发长寿命模具，设计制造环保磷化线、异形线材加工、高效磨削等先进设备。产品种类繁多，质量卓越且稳定，彰显公司在材料、模具、设备及产品制造上的综合实力。

（2）工艺优势。公司对一次成型工艺的灵活运用充分发挥了冷精锻技术的优势，一方面使得零件的疲劳强度高，成型时金属纤维流线未被切断，另一方面材料利用率高，有效降低了产品成本。

（3）拥有完善的质量体系。杭州新坐标一直高度重视产品质量，制定了完整的质量控制制度，形成了有效的质量管理体系，通过了IATF 16949：2016质量管理体系认证。其完善的质量体系和优异的质量业绩是客户满意的有力保证。

（4）精密零部件领域的市场地位优势。经过多年的积累，杭州新坐标在气门精密零部件（主要为气门锁夹和气门弹簧盘）领域市场地位快速确立。市场占有率较为稳定，市场地位稳固。

（5）通过认证成为一级配套供应商。汽车厂商对供应商有着严格的供应商资

格认证制度，具备成为一级供应商的基本条件，多年来陆续通过各知名汽车企业的体系评审，成为一级配套供应商，并有资格参与客户新车型的开发。

2. 可能面临的风险

（1）受下游行业发展状况影响的风险。近年来，随着汽车行业的发展和汽车保有量的不断增长，带动了大部分产品应用于汽车行业的冷精锻行业的发展，从公司现有的经营规模、研发生产能力、技术水平、产品结构等方面来看，公司产品市场份额尚有较大提升空间。

（2）海外业务运营风险。海外市场易受政治经济局势、法律及监管变动影响，带来运营风险。贸易保护主义加剧，贸易摩擦、关税壁垒及外汇波动等，加剧了全球政治经济的复杂性，推高了国际贸易、人工及外汇交易成本，增添了不确定性。

（3）市场竞争风险。若公司无法保持超前开发和同步开发能力，优化产品结构及适用范围，满足客户的及时供货需求，则可能面临越来越大的市场竞争风险。

（4）无法保持持续创新能力而导致产品被替代的风险。若公司不能紧跟国内外技术的发展趋势，充分关注客户的需求，或者后续研发投入不足，则将面临因无法保持持续创新能力而导致产品被替代的风险。

（5）自身存在的不足。相比同赛道的其他企业，在省级、国家级研发平台的设立上，公司处于相对落后的状态。在“零部件”赛道中，杭州新坐标的相对市场位势处于队伍后位，在整个行业中所占有的市场份额较低。杭州新坐标的品牌优势值处于队伍中下游，相比同行，其品牌优势亟待提升。目前新坐标拥有境内外专利共 80 多项，其创新成果距离头部企业还存在不小的差距。

（二）“值得信赖”维度评价

1. 企业规模持续增大

（1）总资产规模稳步提升。2019—2021 年，杭州新坐标的总资产分别为 9.05 亿元、10.50 亿元、11.23 亿元。其中 2020 年较上一年增长 16.02%，2021 年较上一年增长 6.95%。

（2）收入规模持续增长。2019—2021 年，杭州新坐标的营业收入分别为 3.36 亿元、3.76 亿元、4.32 亿元。其中 2020 年较上一年增长 11.90%，2021 年较上年增长 14.89%。基本每股收益由 2019 年的 0.98 元 / 股增长到 2021 年的 1.06 元 / 股，可见杭州新坐标的收入规模持续增长。

（3）利润整体实现增长。2019—2021 年，归属于上市公司股东的净利润分别为 1.30 亿元、1.48 亿元、1.41 亿元，归属于上市公司股东的扣除非经常性损益的净利润分别为 1.11 亿元、1.26 亿元、1.29 亿元，整体呈现增长趋势。

2. 面向关键核心技术突破的研发能力仍需不断提升

2021 年杭州新坐标新增发明专利数仅为 10 件，在“零部件”赛道中，位于倒数第三，与同赛道其他企业相比，劣势明显。但是可以看出，杭州新坐标在关键核心技术突破上加大了研发投入，其研发强度达到了 7.43%，位于“零部件”赛道第二名。

3. 运营能力欠佳

（1）财务能力评价中的偿债能力和盈利能力位于赛道前列，但发展能力的优势不明显，特别是运营能力得分在行业中处于劣势，需考虑提高市场占有率，强化资产管理力度。

（2）公司治理体系比较完善。公司明确了股东会、董事会、监事会及管理层之间的权责范围和工作程序，逐步形成了相互独立、权责明确、监督有效的法人治理结构。并严格按照规章制度的要求，股东大会、董事会、监事会、高级管理各尽其责、协调制衡，有效地保证了公司治理的规范运作。

（3）人才体系仍需完善。公司的研发人员中仅有博士研究生 1 名，硕士研究生 8 名，在“零部件”赛道优势相对较弱。公司仍需进一步吸引整合更多资源，重视人才队伍建设，不断完善人才体系。

十四、骏创科技：需要重视业务生态

骏创科技是集产品同步设计、工艺制程开发、模具研发制造、精密注塑成型、金属部件加工、系统部件装配集成于一体的汽车零部件供应商。公司现已形成聚焦新能源的汽车轻量化核心技术体系，契合汽车行业轻量化、电动化、智能化、美观化等发展趋势。近年来，骏创科技企业规模不断扩大，面向关键资源要素的创新能力不断提升，运营能力发展良好。但也存在业务范围局限、体量较小、创新投入产出比较低等问题。同时，与“汽车零部件”赛道其他企业相比，骏创科技品牌优势值相对不突出，公司治理体系有待继续完善，人才队伍建设有待加强。

（一）优势与风险

1. 形成聚焦新能源的汽车轻量化核心技术体系

（1）形成了实用性较强的技术经验库。骏创科技以市场需求为导向，不断强化自身技术研发、创新能力，现已在双色成型技术、高光免喷漆成型技术、金属嵌件埋入成型技术、以塑代钢应用产品开发等方面形成核心技术体系，契合汽车行业轻量化、电动化、智能化、美观化等发展趋势，技术能力和产品竞争力获得了客户的普遍认可，并持续获得更多的客户订单，进一步对技术能力进行迭代、升级，形成了良性的技术发展循环。

（2）不断加强技术创新。公司主要利用精密模具制造工艺、双色注塑工艺，协同原材料供应商，为客户生产悬架轴承部件，包括轴承上盖、下盖、保持架等部件，实现“以塑代钢”。

（3）应用广阔。骏创科技新能源汽车功能部件系列主要应用于新能源汽车三电系统（电机、电池、电控），为其实现定位、支撑、密封、防尘、防震以及为其他功能部件提供安装接口条件等功能的精密塑料结构部件，包括各类 PCBA 保护罩、支架及带金属嵌件的塑料零部件等。

2. 可能面临的风险

（1）市场需求风险。近年来，汽车零部件业面临产销比下滑警示，预示产能过剩风险。若未来产销比持续下降，整车厂或许会减产，削减上游零部件采购。特异性零部件尤其受车型更迭影响，需求骤减。加之大型整车厂议价力强，压缩中小零部件企业利润空间。需求一旦下滑，零部件企业调价难保生存，行业面临严峻挑战。

（2）产业政策风险。如果未来汽车行业政策发生改变，汽车零部件企业需要花费时间和资金调整适应，可能会对企业盈利状况带来不利影响。

（3）技术泄密风险。一旦公司的核心技术人员和优秀管理人才流失，很可能导致研发能力下降、技术外泄等风险，将对公司经营发展造成不利影响。

（4）公司治理风险。公司股权结构相对集中，是典型的家族企业，如果业务运作不够规范，可能会导致实际控制人损害公司和中小股东利益的公司治理风险。

（5）自身存在的不足。整体来看，公司业务相对狭窄，不利于公司规避风险。从研发投入比与发明专利数量方面综合来看，公司投入产出比居于行业中位，可见公司创新投入还有待提高。

（二）“值得信赖”维度评价

1. 企业规模不断扩大

（1）总资产稳步增长。骏创科技 2019—2021 年总资产分别为 1.84 亿元、2.76 亿元、3.82 亿元。2019 年同比增长 15%，2020 年同比增长 50%，2021 年同比增长 38.41%。

（2）总营收持续扩大。骏创科技 2019—2021 年营业收入整体呈上升趋势，2019 年为 1.56 亿元、2020 年为 1.79 亿元、2021 年为 3.45 亿元。其中，2021 年同比增长 93%，表现出极好的成长性和发展潜力。

2. 面向关键资源要素的创新能力不断提升

公司以技术为发展先导，建立了覆盖产品设计及优化、项目开发、技术开发、质量和性能验证等功能的研发部门，形成了涵盖产品同步设计能力、工艺制程开发能力、模具研发制造能力、质量验证能力的研究体系。支撑关键核心技术突破的创新能力十分重要，研发人员拥有的发明专利数居于行业中位，说明公司创新效率较高，正在不断突破面向资源要素的核心技术，不断提高创新能力。

3. 公司运营能力发展良好

（1）财务能力总体表现良好。2021 年，骏创科技运营能力表现良好，总资产周转率 0.89，评分位于行业第四。盈利能力评价中，净资产收益率居于行业首位。发展能力强，总资产增长率达 38%。

（2）公司治理体系有待继续完善。骏创科技第一大股东持股比例与第二大股东持股比例的比值达到 15.48，说明公司股权制衡度低。独立董事比例为 22.22%，低于行业平均水平 35.44%。公司未实现两职分离，不利于企业统筹长期目标和短期目标。

（3）人才队伍建设有待加强。公司员工人数从 2021 年 328 人到 2022 年 506 人，表明企业规模在不断扩大。但是公司硕士及以上学历员工仅有 2 人，远低于行业平均 240 人，说明骏创科技在人才体系完善方面亟待加强。

十五、威孚高科：应重视计划管理和技术创新能力建设

威孚高科是中国内燃机行业排头兵企业、中国汽车工业零部件三十强企业。恰逢国家重点鼓励发展汽车零配行业的战略发展机遇，威孚高科现已形成面向汽车核心零部件产业的纵向互补型战略核心竞争力，具备品牌优势、技术与产品优势、管理优势、人才团队优势和国际化合作优势。近年来，威孚高科运营能力不断提升，企业综合实力雄厚，品牌价值在“汽车零部件”行业比较出众。但也存在计划管理不到位、创新研发投入较低等问题，有待加速推进“优化和提升现有核心业务，突破和卡位战略新兴业务”的“双擎驱动”战略，提升公司汽车核心零部件的头部市场地位。

（一）优势与风险

1. 形成面向汽车核心零部件产业的纵向互补型战略优势

（1）品牌优势。威孚高科已与国内各大主机厂、整车厂建立了长期稳定的合作关系，现有的汽车核心零部件主营产品（柴油燃油喷射系统、汽车尾气后处理系统、进气系统）均具有较强的市场竞争力和较高的市场占有率。

（2）技术与产品优势。近年来，公司在绿色氢能、智能电动等领域进行重点战略布局，设立新能源与网联技术研究院，建成氢能燃料电池测试中心，形成了氢燃料电池核心零部件、智能网联产品的技术研发能力。

（3）管理优势。威孚高科拥有完善的组织架构、管理制度流程，建有财务共享平台；建有采购共享系统，打通了企业与供应商的信息互联，实现采购流程闭环管理；推行具有精益理念的威孚生产系统（WPS），建有全过程的质量管理系统。

（4）人才团队优势。威孚高科关注员工成长，重视核心人才队伍建设，建立了合理的人才梯队。2021 年，公司员工研究生及以上学历为 335 人，占公司总人数 6.27%，高于“汽车零部件”赛道平均值 240 人。

（5）国际化合作优势。威孚高科深耕汽车核心零部件，与国内外伙伴紧密合作。携手欧美名企，锻造了国际化团队，精通国际标准与管理。其研发、质控与生产均达国际先进水平，不仅助力业务稳健前行，更推动了国际化市场拓展，加速全球化布局。

2. 可能面临的风险

（1）宏观经济及市场风险。若行业需求下降，将对公司生产经营和盈利水平产生一定影响。此外，如果不断增加的汽车消费导致环境污染加剧和城市交通状

况的恶化，鼓励汽车消费的政策可能会发生改变，进而影响到汽车工业产业和汽车零部件产业，影响公司的生产经营。

（2）经营管理与控制风险。随着威孚高科业务范围的不断扩展，尤其是新能源领域，管理跨度较大，存在潜在经营管理与投资风险。受外部市场环境的影响，客户的波动程度不一、销量下滑、物流运输区域受限等一系列可能出现的问题，都将会影响公司业务。

（3）成本价格波动风险。威孚高科主要原材料包括各等级的钢材、铝、贵金属等，其价格的持续上涨会给公司带来成本上升的风险。

（4）环境责任风险。随着国家对环境保护重视程度以及节能减排要求的不断增强，环境保护政策及环境保护标准日趋严格，威孚高科未来为执行环境保护的新政策和新标准将承担成本和资本性支出，从而给公司的经营业绩和财务状况带来一定影响。

（5）存在的不足。威孚高科目前没有完善的方法和流程来支持销售预测，导致预测的准确性不高，难以高效地为 S&OP① 计划和生产计划等提供符合要求的输入。虽然威孚尾气后处理系统产品性能已达到国内先进水平，但与世界先进水平相比，威孚高科技术创新能力表现仍有待提升。

（二）“值得信赖”维度评价

1. 企业综合实力雄厚

（1）总资产持续稳定增长。威孚高科 2018—2021 年总资产分别为 208.92 亿元、239.58 亿元、273.51 亿元和 279.71 亿元。尽管疫情对经济的影响较大，但威孚高科总资产始终保持稳定的增速，2020 年较上年增长 14.16%，2021 年较上年增长 2.27%。

（2）总营收持续向好。威孚高科 2018—2021 营业收入整体呈增长趋势，分别为 87.22 亿元、87.84 亿元、128.84 亿元和 136.82 亿元，复合增长率 16.19%。其中，2020 年较 2019 年同比增长 46.68%，2021 年较 2020 年同比增长 6.19%。2021 年基本每股收益为 2.57 元，位居行业第三，这说明威孚高科经营能力良好。

（3）员工规模保持稳定。为维持正常的业务运转，威孚高科 2019—2021 员工人数基本保持稳定，分别为 5441 人、5389 人和 5340 人。受新冠疫情的冲击，员工规模有略微下降的趋势，但仍然处于较高的水平。

（4）市场价值具有相对优势。威孚高科 2021 年市值为 201.44 亿元，居于 31 家同行业样本企业前 36%，表明公司股票比较稳定，在同行业内受到投资者的看好。

2. 创新能力有待提升

（1）创新研发投入居于行业中等水平。2021 年威孚高科的研发投入为 5.95 亿元，占营业收入的比例为 4.35%，较 2020 年增加了 11.8%。研发强度居于行业中位，但低于行业平均值 4.47%。威孚高科在创新研发投入方面还可以继续加强。

---

① S&OP：销售和运营计划。

（2）创新效率较高。虽然威孚高科研发投入比例不突出，但是其研发成果丰硕。研发人员拥有的发明专利数达到了 487 件，是行业平均发明专利数 217 件的两倍多，说明威孚高科研发效率较高。

3. 运营能力逐步提升

（1）公司治理有序进行。威孚高科第一大股东持股比例与第二大股东持股比例的比值达到 1.43，说明公司股权制衡度比较高。独立董事比例为 36.36%，高于行业平均水平 35.44%。公司实现两职分离，有利于企业统筹长期目标和短期目标，以更健全的机制做出企业经营决策。

（2）人才体系比较完善。威孚高科的人才结构整体上合理，公司在职员工共计 5430 人。其中生产人员 3203 人，销售人员 167 人，技术人员 1231 人，财务人员 95 人，行政人员 644 人。生产人员占比 58.99%，基本符合汽车零部件行业对于生产人员需求的把控。技术人员占比 22.67%，表明公司重视技术开发升级。

十六、华域汽车：应着力提升运营效率

华域汽车是一家专注于新能源和智能电动汽车研发、生产和销售的公司，致力于打造智能化、高效率、可持续发展的汽车产品。近年来，公司开始注重将资源布局在国内外市场之间，拓展海外市场；在财务数据方面表现出业绩稳健增长的态势。同时，华域汽车积极应对环境变化政策，适应绿色低碳发展转型要求。但公司存在偿债和发展能力欠缺及应收账款回收能力不足的问题，同时需要注意客户结构单一和受到政策波动影响的风险。

（一）优势与风险

1. 以科技创新为发展的核心竞争力

（1）技术研发能力较强。华域汽车为研发投入大量的资金和人员。人才的不断涌入和持续不断的技术创新，为公司提供了强有力的技术支撑和基础。

（2）生产运作管理精细。华域汽车秉持质量为先的经营理念，视其为生存发展之基。设计阶段，深入市场调研，紧贴消费者需求与行业趋势，确保产品市场契合度。制造过程采用“精益生产”，强化员工培训与质控，保障品质卓越。售后方面，持续优化服务，提升客户体验，确保产品长期可靠，价值彰显。

（3）销售网络覆盖全球。华域汽车在全球范围内建立了完善的运营体系，从研发到销售、生产到服务，全面满足客户的需求，并为客户提供最好的产品和服务。

（4）数字化转型和智能化升级。华域汽车积极响应全球汽车行业的数字化转型浪潮，采用数字化、智能化等先进技术，推动企业内部各项业务的优化升级。

2. 可能面临的风险

（1）客户结构单一。在汽车“新四化”的浪潮下，全球汽车市场开始出现持

续深度调整，华域汽车的业绩便开始失速。过于依靠上汽系的资源，客户集中度过高，是华域汽车面临的问题。

（2）政策波动风险。产业深度变革给零部件企业未来发展带来更多的机会和挑战，华域汽车必须准确把握汽车产业变革趋势，加快产品结构调整和技术创新，加快数字化转型和绿色制造体系建设，找准适合自身的创新转型和绿色低碳发展道路。

（3）自身存在的不足。华域汽车的偿债能力不及同行业的平均水平，在“零部件”赛道中处于中下游。2022 年华域汽车经营活动产生的现金流量净流入 88.48 亿元，比上年同期少流入 5.28 亿元，主要是部分货款结算周期影响所致。

（二）“值得信赖”维度评价

1. 企业规模实质性发展尚有难度

（1）总资产不断增加。从 2019—2021 年，华域汽车总资产分别为 1391.27 亿元、1504.40 亿元、1538.47 亿元，复合增长率为 5.16%，2021 年较上年增长 2.26%。

（2）收入规模曲折上升。从 2019—2021 年，华域汽车的营业收入分别为 1440.24 亿元、1335.78 亿元、1399.44 亿元。

（3）人员规模持续减小。2019 年华域汽车总人数为 83462 人，2020 年总人数为 78813 人，2021 年华域汽车总人数达 75770 人，2021 年同比下降 3.86%。

2. 运营能力表现良好

（1）国内市场经营规模大。华域汽车深耕国内汽车配套市场，保持发展优势，在国内设有多个生产基地，并与全球知名汽车制造商建立了长期战略合作关系，具备较强的产能和供应链优势。

（2）国外市场拓展迅速。近年来，华域汽车积极推进核心业务的国际化发展，逐步建立在相关业务领域的全球市场优势地位。

3. 创新效率较高

华域汽车研发强度为 4.54%，位于行业中游，而专利产出高达 771 件，具有较高的创新效率。除此之外，华域汽车在智能网联车辆领域也实现了多项技术重大突破，如自动驾驶技术、智能语音交互技术等。公司也积极推动企业转型升级，加大对新能源汽车的研发和生产力度，率先实现了电动汽车新品类化和快速产业化，并在市场上取得了较好的反响和口碑。

十七、亚普汽车：业务过于单一，亟须实现产品转型升级

亚普汽车为国家高新技术企业，专注汽车油箱系统研发、制造与销售，是国内领先且唯一出口塑料油箱及技术的企业。然而，汽车零部件行业竞争激烈，技术迭代迅速，市场周期性波动，加之新能源浪潮冲击，亚普面临多重挑战。当前，公司面临产品单一、人才短缺及海外盈利乏力等问题，随着油箱市场缩减，规模缩小，品牌价值在零部件领域不具优势，运营尚存优化空间。展望未来，亚普需

加速产品向新能源转型，构建高素质人才梯队，以技术创新驱动发展，满足新能源技术需求，重塑市场竞争力，确保在变革中稳健前行，持续引领行业进步。

（一）优势与风险

1. 打造研发到制造的核心竞争力

（1）高度重视研发能力的培育。亚普汽车拥有国家企业技术中心、江苏省汽车塑料燃油系统工程技术研究中心和博士后科研工作站三大研发平台以及标准化的设计中心，行业领先的仿真中心和世界一流的实验中心。

（2）持续聚焦制造能力的提升。亚普汽车拥有全球领先的油箱和加油管全智能生产线，通过对生产过程关键工艺参数的监控、存储、可追溯及数据分析，能够进行关键工序的全自动、无人化智能生产，再搭配从客户订单、供应商订单、生产排产到仓储管理、出库交付的全生产供应链的数字化管控体系，能够确保生产过程稳定高效和产品质量的提高。

2. 面临市场带来的多元风险

（1）技术迭代速度较快。如果零部件行业不能与整车制造企业进行整车和配件的同步产品开发，很可能面临市场份额下滑进而被市场淘汰的风险。

（2）行业周期性波动大。汽车产业的发展具有周期性波动，公司无法预见何时会出现发展转折点，这也给公司的生产经营带来了一定的挑战。

（3）人力体系欠缺，长远发展动力不足。亚普汽车缺乏复合型人才及高端技术人才。目前我国汽车零部件供应商仍以美国、日本等传统汽车工业强国的企业为主，本土企业拥有的技术与外资企业仍有一定差距。亚普汽车更需完善人才体系。

（4）海外盈利不佳，国际化管控经验欠缺。若海外公司盈利能力持续走低，亚普汽车将面临较高的经营风险以及退出成本，所以公司亟须优化产品结构，提高海外产品竞争力，加强海外公司的盈利能力。

（二）“值得信赖”维度评价

1. 企业规模明显缩减

（1）总资产规模持续缩小。在2019—2021年，亚普汽车的资产规模呈现出明显的下降趋势，从2019年的68.08亿元下降到2021年的59.27亿元。其中，亚普汽车的固定资产大幅下降，2021年下降了20.75%，说明亚普汽车的经营性投资快速减少。由此可见，亚普汽车的业务规模正在不断缩小。

（2）收入规模不断减小。亚普汽车的营业收入从2019年的91.38亿元下降到2021年的80.57亿元，复合增长率为–6.10%。其主营业务收入主要来源于汽车燃油箱产品销售，可见收入来源单一。2021年，亚普汽车的营业收入同比下降9.05%，公司主要产品产生的收入以及其他业务收入都有所下降。

（3）员工规模不断缩减。2019—2021年，随着亚普汽车业务量的减少，亚普汽车的员工数量正在不断减少。2019年，亚普汽车有4564名员工；到2021年员工数量减少到4098人，下降了10.21%。但亚普汽车的员工质量稍有提高。2021

年，亚普汽车拥有本科及以上学历的员工数量是 929 人，同比增加了 4.03%，说明公司重视打造高质量的人才体系。

2. 创新能力较强

亚普汽车拥有齐全的实验设施和专门的研发团队，具备与整车厂协同创新和全球同步设计的研发能力。同时，亚普汽车积极进行全球化专利布局，努力突破国外同行的专利壁垒。现在亚普汽车已成功研发出混合动力汽车高压燃油系统、轻量化动力电池包壳体、车载氢系统等产品。

3. 运营能力总体良好

（1）公司治理体系健全。亚普汽车建立了严格的公司治理结构，包括股东大会、董事会、监事会和经理层四个方面。这种结构使权责明确、层级分明、相互制衡。2021 年，亚普汽车根据相关规范性文件，不断完善公司治理结构，并结合公司实际情况，健全了内部控制制度，进一步加强信息披露工作的管理，认真履行信息披露义务。

（2）人才体系亟待完善。2021 年亚普汽车的员工总人数是 4098 人，其中具备本科及以上学历的员工有 929 人，占比为 22.67%，这说明亚普汽车的高端人才数量较少。未来公司需致力于持续全面推动员工的学习与成长，打造多形式、分层次、高质量的人才培养体系。

十八、中鼎集团：要在技术创新能力的超越追赶上谋篇布局

中鼎集团是国内最大的橡胶密封件和汽车用橡胶制品生产、出口企业。产品不仅为国内各大汽车主机厂配套，还打入欧美、日本等国际知名汽车公司的全球采购体系。中鼎集团现已形成多方位强有力的竞争优势，具备应对环境变化的动态能力、领先的技术开发和创新能力、完善的质量控制和管理体系，并在国际市场上具有较强的影响力和知名度。近几年，中鼎集团的经营规模持续扩大、品牌价值居于市场前列、运营能力逐步提升，越来越成为国内外高端战略客户的第一选择，但需着重关注发展速度放缓、研发投入和产出较低等问题。

（一）优势与风险

1. 正在形成多方位的竞争优势

（1）正着力打造高能级的开放式创新平台。中鼎集团自 20 世纪 90 年代进入空悬系统业务领域以来，不断提升产品总成技术，拥有细分行业核心技术。底盘轻量化领域拥有球头铰链总成的核心技术。

（2）比较深厚的技术开发和创新能力。中鼎集团瞄准国际同行业前沿技术，致力于新产品、新材料、新技术的研究与开发，先后与多所高等学府、科研院所建立了长期稳定的“产学研”合作关系，同时牵头组建“特种橡胶材料及制品产业技术创新战略联盟”。

（3）积累了丰富的国际化管理经验。中鼎集团于 2003 年在海外建立物流中

心，2008开启海外并购之路，经历了海外并购“全球并购”“中国落地”“海外管控”三个阶段，积累了丰富的国际化管理经验。

（4）通过数字化转型提质增效。中鼎集团很早就通过了ISO/IATF16949、ISO14001、ISO/IEC17025等质量、环境及试验室体系认证。中鼎集团在发展过程中，还不断学习引入先进的管理经验，为己所用，先后启动推进“六西格玛”“阿米巴经营”管理模式，实现管理水平的快速提升。

2. 可能面临的风险

（1）海外经营风险。中鼎集团以人民币编制合并财务报表并以多种外币开展业务，因此面临由于汇率变动而产生的汇率风险，该风险对中鼎集团的交易及境外经营的业绩和净资产的折算均构成影响。

（2）利率风险。中鼎集团的利率风险主要产生于长期银行借款、应付债券等长期带息债务。

（3）自身存在的不足。中鼎集团的持续经营能力可能存在小幅度的不确定性。其2021年企业研发人员比例在“零部件”赛道10家样本企业中排名第四，与排名较前的潍柴集团和华域汽车仍有较大差距。研发强度仍有较大提升空间。

（二）“值得信赖”维度评价

1. 企业整体实力处于行业内领先水平

（1）企业规模不断扩大。2021年，中鼎集团实现营业收入125.77亿元，同比上升8.91%；归属于上市公司股东的净利润9.65亿元，同比上升95.96%；公司继续跻身“全球汽车零部件行业100强”（名列第87位）和“全球非轮胎橡胶制品行业50强”（名列第13位，国内第1）。

（2）企业价值位居前列。从企业价值维度来看，中鼎集团以2021年12月31日市值为衡量的企业价值为1.91分，在“零部件”赛道中处于行业第二的地位，与行业第一的潍柴集团相差9.45分，由于潍柴集团企业价值遥遥领先，影响了整体平均值，使行业企业平均值高达到2.03分，但是除了潍柴集团，其他企业的企业价值都在2分以下，所以赛道中整体的企业价值都有待提升。

（3）产销量持续增长。2021年，中鼎集团汽车产销量分别达到2608.2万辆和2627.5万辆，产销量分别同比增长2.4%和3.8%。2021年，乘用车产销量分别为2140.8万辆和2148.2万辆，同比分别增长7.1%和6.5%。2021年，中国新能源汽车累计产销分别完成354.5万辆和352.1万辆，同比增长均为1.6倍，市场占有率达到13.4%，高于上年8个百分点。

2. 技术创新能力还存在较大差距

中鼎集团研发强度在“零部件”赛道中处于中间位置，2021年这一数值为4.63%，略高于该赛道平均值4.09%。研发人员拥有的专利数为95件，在该赛道排名第六，与潍柴集团、浙江万里扬、一汽富维等企业还存在较大差距。

3. 运营能力不断提升

公司治理能力较强，股权制衡度较高。中鼎集团股权制衡度评分为16.22分，在赛道内排名第二。独立董事比例高达42.86%，处于该行业领先水平，独立董事较好地履行了职责。公司实现了两权分离，有利于企业统筹长期目标和短期目标，以更全面的机制做出企业经营决策。

十九、华翔电子：需以高端人才引育为着力点，提升技术和产品创新能力

华翔电子是一家专业从事中高档乘用车零部件的设计、开发、生产、销售及售后服务的跨国集团公司，是中国民营企业500强、国家高新技术企业、浙江省实施“走出去”战略示范企业，现已发展成为一家技术和资本密集型的创新型集团企业。华翔电子始终坚持技术驱动发展理念，凭借着技术开发优势、品牌形象优势、生产基地布局优势，不断向具有全球竞争力的世界一流企业迈进。在零部件赛道中，华翔电子企业规模持续扩大、品牌价值位居前列。但近几年来，华翔电子也暴露出研发投入和创新效率不足、高端人才体系有待提升等问题。未来，华翔电子仍需不断提高创新能力，把握双碳机遇，加速新能源产业布局，着力打造高质量发展新局面。

（一）优势与风险

1. 逐步提升全方位竞争优势

（1）企业家艰苦卓绝的创业精神。董事长周晓峰艰苦卓绝的创业精神引领着华翔电子从最初的小型工厂发展到现在的两家上市企业，相继在宁波、长春、成都等十几个城市建立生产基地，市场范围及制造部署分布于美国、英国、德国、罗马尼亚等多个国家，完成了华翔电子在全球的战略布局。

（2）具有优质客户资源优势。华翔电子通过合资建厂、收购兼并等方式进行快速扩张，以卓越的品质和优质的服务获得了一汽集团、丰田等主机厂的新订单，为企业注入更强的盈利增长点。

（3）具有较好的品牌优势。华翔电子始终坚持走高端化路线，产品主要为世界主流品牌的中高端车系提供配套服务。通过长期友好的合作，公司与这些品牌客户之间建立良好的合作信任关系，不仅为公司长期共同发展奠定了良好的基础，同时为华翔电子树立了良好的企业品牌形象。

（4）建立了严格的成本管控体系。华翔电子坚持推行精益化生产，发挥成本竞争优势，所以在经营的各个环节一直在推进精益化管理思路，从采购、生产、物流等方面建立了严格的成本管控体系和措施。

2. 可能面临的风险

（1）产品降价与原材料成本上升的双重风险。以特斯拉为代表的新势力倡导的低成本配套体系，对配套零部件厂商的原有经营方式造成了较大的冲击。另一方面，公司主要原材料ABS、聚丙烯、尼龙等石化产品和钢材等大宗商品都正处于价格上涨周期，再加上人力成本始终处于上升通道，公司将长期面临着上游、下游价格的双重挤压。

（2）技术进步的风险。作为以内外饰件为主的企业，华翔电子必须转型升级，目前已经在轻量化材料、新能源电池包等方面有了初步发展，但以汽车电子为主的智能化新技术的研发能力将成为企业一个重要的挑战。

（3）人才缺乏瓶颈风险。近几年，华翔电子企业规模不断跃上新台阶，同时公司正努力进行产业转型升级，公司需要大量、专业的管理和技术人才的加入。

（4）自身存在的不足。在专利方面，华翔电子2021年专利持有量为21件，位于同赛道最后一名，说明华翔电子亟须提升创新效率。相比其他“零部件”赛道行业，华翔电子研发队伍中高学历技术人员数量偏少，还需加强对于高层次研发人员的培养。

（二）“值得信赖”维度评价

1. 企业规模持续扩大

（1）总资产持续增长。华翔电子2019—2021年总资产分别为171.31亿元、191.05亿元、217.96亿元。2019年同比增长5.34%，2020年同比增长11.52%，2021年同比增长14.09%，可见华翔电子总资产增长率逐年递增，发展势头大好。

（2）员工规模不断扩大。2019—2021年华翔电子员工规模持续扩大，分别为14993人、15449人和17193人，平均增长率高达7.16%。其中，2020年研发人员为945人，占总员工比例的6.12%，2021年研发人员为1160人，占总员工比例的6.75%，研发人员比例不断提升。

（3）收入规模整体增长。2021年华翔电子实现主营业务收入175.88亿元，与上年营业收入相比增加4.12%；实现归属于股东的净利润12.65亿元，比上年同期增加48.87%；每股收益由2020年的1.36元/股增长为2021年的2.02元/股，净资产收益率11.94%，说明华翔电子经营能力持续提升。

2. 创新投入和效率有待提升

华翔电子的研发强度位列同赛道企业的倒数第三，可见其研发强度不高。在研发投入上，2021年华翔电子的研发费用为6.40亿元，华域汽车为77.53亿元，无锡威孚为57.35亿元，相较于其他企业有较大差距。同时，华翔电子拥有的专利数也排在最后一名，2021年专利持有量为21件，远少于潍柴集团的2604件及华域汽车的771件。企业的创新强度和研发效率亟须提高。

3. 具备较好的运营管理能力

公司治理体系较为完善。从治理结构上看，华翔电子股东大会、董事会、监事会及经理层之间权责明确、各司其职、运营合规，实现了股东、员工、社会等各方面利益的协调平衡，共同推动公司持续、健康发展。

二十、宁波继峰：应实施全面创新管理，实现提质增效

宁波继峰是全球领先的座舱内饰件供应商，产品涵盖乘用车和商用车两大领域。宁波继峰凭借先进的创新设计、生产制造、品质管理及优秀服务，发展成为

少数能同时为欧系、美系、日系、自主品牌等整车生产厂家提供配套的汽车零部件供应商。为更好地服务客户，宁波继峰在全球20个国家拥有近70家控股子公司，形成了全球生产、物流和营销网络。宁波继峰坚持自主创新，拥有专业的研发团队、先进的测试设备、有效的质量控制体系及强大的生产能力，收购格拉默车辆内饰公司后，通过整合格拉默优秀的研发资源，进一步提升了研发实力。截至2022，宁波继峰拥有核心技术专利近2000项，是浙江省专利示范企业及国家知识产权优势企业。但宁波继峰在品牌优势与财务能力方面存在不足，偿债能力、运营能力、发展能力、盈利能力四个指标均处于赛道末尾。

（一）优势与风险

1. 围绕汽车零部件打造核心竞争力

（1）逐步形成新产能布局。为满足业务快速扩张的需求，进一步提升经营效益，宁波继峰在2021年进行了新产能布局，已逐步成形，为未来发展提供不竭的动力。

（2）新业务取得突破。随着汽车行业电动化、智能化不断演进以及新造车势力的突飞猛进，预计国内汽车零部件产业链的格局也将在未来的几年随之发生重大的变化。为了抓住行业变革的大趋势，结合并购格拉默之后获取的技术及人才资源禀赋，宁波继峰进入乘用车座椅领域。

（3）贴近客户的销售网点。宁波继峰建立了覆盖全球的营销网络，能够帮助新的产品和解决方案快速实现从研发到销售的转化。同时，贴近客户的销售网点能够提高对客户的响应速度，降低物流成本。

（4）具有较好的成本管控能力。宁波继峰拥有较为完整的产品生产链，产品自制率高，生产成本在行业内处于相对较低水平。

（5）比较稳定的客户关系。经过多年的客户积累，宁波继峰拥有稳定、优质的国内外客户群体，与全球范围内知名客户建立了良好的长期合作伙伴关系，推动了宁波继峰新项目的拓展和产品品质的提升，并具备与这些整车厂同步开发创新性产品的能力。

2. 可能面临的风险

（1）产品价格下降的风险。由于整车厂商处于汽车产业链顶端，对汽车零部件供应商具有较强的议价能力，因此会将降价部分传导至上游零部件供应商，导致与其配套的汽车零部件价格也需逐年下降。

（2）主要原材料价格波动的风险。若未来宁波继峰主要原材料价格发生大幅波动，将不利于生产成本控制，进而影响宁波继峰盈利的稳定性。

（3）技术风险。如果由于技术、法律、资金或其他方面原因不能适应市场条件或客户需求的变更，那么宁波继峰财务状况及盈利能力将受到相应的影响。

（4）汽车芯片供应短缺的风险。汽车芯片短缺将间接影响宁波继峰的产能，可能对宁波继峰造成不利影响。

（5）自身存在的不足。宁波继峰在“汽车零部件”赛道的品牌优势值为43.71，处于赛道较后位置，与排名第一的潍柴集团存在差异。宁波继峰对研发投入的重视在不断提高，但无论投入规模还是投入强度距离一流企业还有距离。宁波继峰职工权益重视度较低，为职工提供的工会经费和职工教育经费较少，应该重视职工权益；安全生产制度建设重视度较低。

（二）“值得信赖”维度评价

1. 企业规模持续缩小

（1）总资产持续缩小。2021 年宁波继峰总资产为 162 亿元，2020、2019 年总资产分别为 173 亿元、175 亿元。2021 年总资产增长率为 -6.36%，而 2020 年总资产增长率为 -1.14%。说明宁波继峰总资产规模在不断减少。

（2）员工规模总体呈减少趋势。2019—2021 年，宁波继峰员工人数分别为 18493 人、17709 人、17368 人，呈下降趋势。

（3）收入规模整体下降。2021 年，宁波继峰积极拓展市场，完善内部管理，提高了经营效率，实现了营业收入的上涨，由 2020 年的 14.31 亿元增长至 2021 年的 14.40 亿元。虽然宁波继峰 2020—2021 年营业收入呈增长趋势，但就总体而言，营业收入规模呈下降趋势。

2. 创新投入和产出有待增强

宁波继峰的研发强度为 2.24%，排名第 30，位于赛道内企业的倒数位置，说明宁波继峰研发投入占营业收入额较少。

3. 运营能力处于赛道中下游

（1）财务能力表现欠佳。2021 年，公司的偿债能力、盈利能力、发展能力、运营能力四项指标均位于赛道末尾，宁波继峰应注意自身财务状况，提高企业的抗风险能力。

（2）公司治理水平表现较好。宁波继峰 2021 年第一大股东和第二大股东的持股比例的比值为 1.08，数值位于赛道第 8 位，股权制衡度较同赛道多数企业较高。独立董事比例为 37.5%，排名第 13，位于赛道中游。宁波继峰股权制衡度表现较好，实现了两职分离。

（3）人才团队能力较弱。2021 年数据显示宁波继峰的硕士研究生人数为 84 人，虽处在中间水平，但与华域汽车（2228 人）和福耀集团（166 人）两家企业相比差距较大，说明宁波继峰的高学历人才过于稀少。因此企业需要吸引更多高学历、强能力人才加入。

二十一、潍柴集团：应重视经营现金流量控制

潍柴集团是一家以整车、整机为龙头，以动力系统为核心技术支撑的跨国汽车及装备制造产业集团。经过 70 余年的发展，潍柴集团的产品与技术已走到了世界前列。不仅在重卡领域成为龙头企业，传统内燃机热效率全球领先。在智能农机、智能物流、纯电动动力总成、氢燃料电池等领域均表现出色。近年来，企业规模持续扩大，品牌优势值和市场相对位势均位居行业第一，创新研发能力表现

优异，运营能力逐步提升，在国际上具有一定影响。但在发展过程中，潍柴集团也出现了经营现金流瓶颈、规模效应下降、盈利能力承压、发展能力有待提升等问题，面临宏观环境和政策变化风险、市场竞争风险和环境保护成本上升风险，需要企业引起重视，不断优化改革，早日成长为世界一流企业。

（一）优势与风险

1. 形成以整车整机为龙头的品牌集群效应优势

（1）加快突破关键核心技术。潍柴集团着力加快科技引领、完善科技创新体系建设、加快关键核心技术突破。

（2）重卡变速箱市场份额绝对领先。潍柴集团实现了整个动力链的全面开花。销售变速箱 115.3 万台，其中重卡变速箱占到 101 万台，市场份额达到 72.4%，而车桥也突破了 93.8 万根。整个重卡动力链都是市场主流，这在商用车动力市场绝无仅有。

（3）研发团队规模优势明显。截至 2022 年 12 月 31 日，公司研发人员总数为 13950 人，占比为 15.93%，同比增长 25.3%，硕士学历人数达到 3716 人，占比 26.64%。从行业整体来看，2021 年“汽车零部件”赛道内 31 家公司的平均研发人员比例为 1.34%。可见，潍柴集团研发团队具有较大的优势。

（4）总线延伸、多元布局的业务生态。通过全球化战略布局，潍柴集团形成了更强的抗周期能力，受周期性影响较小。潍柴集团的经营理念是紧紧围绕主业进行相关多元化布局。在以重卡发动机起家之后，潍柴集团通过产品线延伸以及战略投资，形成了全领域发动机布局。

2. 发展过程中的潜在风险

（1）宏观环境和政策变化风险。随着汽车装备制造行业的不断进步与发展，政府可能逐步降低甚至取消对产业的补贴和支持力度，这将导致潍柴集团发展机遇减少。

（2）市场竞争风险。据企查查数据显示，中国现存 52.6 万家汽车零部件相关企业，市场竞争十分激烈。同时，在竞争方面，国外品牌在产品研发、技术水平和品牌知名度等方面仍处于领先地位，而国内企业则主要依靠成本优势和市场跟进能力来获取市场份额。

（3）环境保护成本上升风险。随着汽车产业的快速发展，汽车零部件的需求量也越来越大。但同时，汽车产业对环境的影响也越来越明显，汽车零部件行业面临着不断加剧的环境保护成本，主要包括对人类健康的潜在危害、能源消耗、温室气体排放等。

（4）自身存在的不足。潍柴集团存在显著的经营现金流压力。公司有待提升经营效率，提升盈利能力。潍柴集团总资产增长率只有 2.21%，说明公司目前发展比较平稳，发展能力成长空间有待提升。

（二）“值得信赖”维度评价

1. 企业规模持续扩大

（1）总资产小幅增长。潍柴集团 2019—2022 年总资产分别为 2368.32 亿元、

2707.15 亿元、2770.44 亿元和 2936.66 亿元，同比增长率分别为 15.37%、14.31%、2.34% 和 6.00%，总体呈现小幅增长的趋势。由于潍柴集团本身资产规模庞大，虽然增长比例不高，但增长数额依然比较可观。

（2）总营收整体增长。潍柴集团 2019—2022 营业收入分别为 1743.61 亿元、1974.91 亿元、2035.48 亿元和 1751.58 亿元，同比增长率分别为 9.48%、13.27%、3.07% 和 –13.36%。可以看出，营业收入 2019—2021 年呈上升趋势，由于 2022 年重卡行业需求较弱，叠加 2021 年行业销量基数达历史高点，导致 2022 年行业产销量同比大幅下滑，营业收入也相应减少。

（3）员工规模持续增长。潍柴集团员工规模庞大，2019—2022 年员工总人数分别为 80182 人、82417 人、82555 人和 87591 人，平均增长率为 3.02%。

（4）企业价值增长迅速。潍柴集团以市值衡量的企业价值 2019 年初只有 598.99 亿元，2020—2022 年初分别为 1281.11 亿元、1252.76 亿元、1561.18 亿元。2022 年市值比 2019 年扩大约 2.6 倍。

2. 创新能力相对突出

（1）创新研发投入居于行业中等水平。潍柴集团的研发投入为 85.69 亿元，占营业收入的比例为 4.21%，较 2020 年增加了 3.31%。研发强度居于行业中位，但低于行业平均值 4.47%。可见，潍柴集团在创新研发投入方面还可以继续加强力度。

（2）创新效率较高。潍柴集团研发成果显著，研发效率较高。一方面是因为潍柴集团拥有强大的研发团队，公司硕士学历以上人数高达 3716 人。另一方面，潍柴集团重视对科技研发人员的激励，定期对企业重大科技创新成果进行表彰。

3. 运营能力逐步提升

（1）公司治理体系完善。潍柴集团第一大股东所持股份与第二大股东间比率为 1.36。此外，潍柴集团独立董事比例为 36%，高于行业平均水平 35.44%。公司实现两职分离，有利于企业统筹长期目标和短期目标，以更健全的机制做出企业经营决策。

（2）人才体系健全。2022 年潍柴集团在职员工共计 87591 人，其中德国子公司凯傲集团拥有员工总数为 41149 人。不含凯傲的员工结构为：生产人员 25565 人，占比 55.05%，基本符合汽车零部件行业对于生产人员需求的把控。技术人员占比 25.73%，表明公司重视技术开发升级。2021 年潍柴集团硕士研究生人数为 3086 人，是行业平均硕士研究生人数的 12 倍，居于行业第一。

二十二、邦德股份：需持续创新投入，积极开拓国内市场

邦德股份是一家专注于热交换器相关产品研发、生产及销售的高新技术企业。主营产品为冷凝器、油冷器、中冷器、散热器、蒸发器等，涵盖两千余类产品型

号。在汽车零部件与外贸政策双双加持以及零部件业务拓展驱动下，邦德股份形成了深耕散热系统的企业核心竞争力，包括产品开发速度优势、成本优势和冷凝器全球市场份额优势。但同时也面临着汇率波动、税收优惠政策变化的不确定性风险、人工成本上升风险。此外，公司目前仍存在高端人才体系有待优化、研发可持续性有待加强、营收以出口为主导致缺少品牌壁垒等不足，需要引起企业重视。

（一）优势与风险

1. 形成深耕散热系统的企业核心竞争力

（1）顺应市场需求，形成产品开发速度优势。邦德股份培养了一批经验丰富的研发人员，并建立了贯穿销售、研发、制造生产全流程的一体化研发体系。公司研发部门能够及时、准确地获悉市场需求和客户偏好，快速开发出精准匹配于公司生产工艺的产品设计图纸，且产品设计具有较高的工艺实现性。

（2）优化产品结构与生产工序，加强成本优势。邦德股份长年大规模生产冷凝器，在工艺水平、技术标准、生产设计经验等方面较 OEM 厂商拥有一定的比较优势。

（3）布局全球冷凝器业务，巩固市场份额优势。邦德股份主要客户为大型汽车零部件分销商，合作年限较长。

（4）打通产业链条，提高企业竞争优势。邦德股份不断进行现有产品改进和新产品开发，持续对生产线工序进行技术改良。公司产业链条完整度较高，在保证产品质量的同时，控制了产品成本，维持利润率。

2. 发展过程中可能存在的风险

（1）汇率波动对公司出口业务带来的不确定性风险。公司产品销售以出口外销为主，2022 年出口业务营业收入占全部营业收入的 87.07%。汇率波动均对公司出口业务带来较大的不确定性。

（2）人工成本上升风险。基于热交换器制造行业特征，人工成本是主营业务成本的重要构成部分。若人工成本大幅上涨，将影响总体盈利水平。

（3）税收优惠政策变化风险。公司享受增值税出口退税优惠政策，主营业务产品的退税率为 13%。国家出口退税优惠政策的变动，对公司的经营活动现金流及经营业绩将产生较大影响。

（4）自身存在的不足。相较于同行业其他“专精特新”企业以及汽车核心零部件供应商来说，该人才队伍体系不足以支撑企业提升面向关键核心技术的创新能力。虽然邦德股份的实用新型专利数量多于发展规模类似的其他可比公司，但难以掩盖发明专利为 0 的“偏科”事实，后续创新持久力需要相应发明专利支撑，研发可持续性有待进一步加强。2019 年起公司逐步加大境内市场开拓力度，与部分国内客户尝试开展合作，但未取得明显成效。

（二）“值得信赖”维度评价

1. 企业规模持续扩大

（1）总资产规模不断扩大。2019—2022 年，邦德股份总资产持续扩大。其中

2022年较2021年增长最为明显，由3.07亿元增长至5.09亿元，同比增长65.80%。其中，货币资金增长469.92%，应收账款增长72.43%，固定资产增长115.54%。2022年公司加大“系列散热器系统数字化生产项目”建设投入，在建工程较2021年增加3822.02万元，增幅达238.53%。

（2）营业收入整体增长。邦德股份2019—2022年总营业收入分别为2.05亿元、1.55亿元、2.31亿元和3.38亿元，整体呈上升趋势。除了2020年疫情影响下出口收入下降，其他年份均保持稳定增长。2022年客户订单不断增加，营业收入较2021年增加7606.99万元，同比增长49.05%。但由于本期销量上升、原材料价格上涨，2022年营业成本较2021增加6490.12万元，同比增长68.68%，营业成本增幅高于营业收入增幅，导致2022年毛利率较上期有所降低。

（3）员工规模稳步扩大。2019—2022年，邦德股份员工总人数分别为416人、414人、435人和563人。其中2021年至2022年增长率达29.43%，生产人员增加124人，技术人员增加6人，可见公司经营规模不断扩大。

2. 创新能力不断提高

（1）注重创新能力提升。在“汽车零部件”赛道，2021年邦德股份研发强度（研发投入占营业收入的比例）居于行业偏高水平，为4.73%，高于行业平均值4.49%，研发投入为1093.3万元，同比增长14.93%。公司在研发投入方面还有提升空间。

（2）积极拓展产业布局。为适应公司发展战略，满足客户配套需求，邦德股份结合公司现有业务情况，积极拓展产业布局，助力公司创新能力再上新阶梯。

3. 总体运营能力比较普通

（1）公司治理体系有较大提升空间。邦德股份第一大股东持股比例与第二大股东持股比例的比值达到了4.14，股权制衡度低。未实现两职分离，董事长兼总经理吴国良持股比例高达72.13%，对公司拥有绝对控制权和话语权，这样的股权结构不利于其他中小股东的权益，有待改善。

（2）人才创新体系尚需完善加强。邦德股份全体员工中硕士及以上学历人数为0，在赛道中处于最低位。研发人员占公司总人数的比例在2022年末为11.9%，低于行业平均比例14.8%。公司的人才创新体系尚需进一步完善加强。

二十三、一汽富维：应加强开放式创新，提高经营效益

一汽富维是一家以座舱系统、外饰系统、智能视觉、低碳化业务、衍生业务为核心业务的汽车零部件开发和制造集团，是国内少有的汽车内饰领域综合性内饰供应商。近年来，公司企业规模稳步扩大，品牌价值位居行业前列，运营能力比较出色，形成了深耕汽车零部件领域的高水平竞争优势。但目前存在研发投入规模和强度亟待加强、开放式创新深度不够、资产收益率与净资产收益率持续下降，经营效益欠佳等问题。在宏观环境变化风险、汽车行业阻力风险和汽车零部件行业转型改革风险共存的情况下，企业亟须提升管理水平，抵御风险。

（一）优势与风险

1. 深耕汽车零部件领域的高水平竞争优势

（1）比较深厚的创新研发积累。研发投入逐年增加支撑公司“十四五”战略，以“建立统筹的集成和创新研发能力”为目标，致力于前瞻技术研究及孵化，围绕智能座舱，统合集团内部资源，并借助外部资源支持，实现座舱一体化集成和整合。

（2）持续稳定、优质的客户资源。一汽富维作为大型国企一汽集团的零部件核心供应平台，持续为一汽集团提供产品和服务多方面保障，对一汽集团营收贡献比重超过九成。

（3）覆盖全国的网络布局优势。汽车零部件制造属于资金、技术和劳动密集型产业。近年来，为了迅速壮大公司规模，加快公司在国内的发展进程，一汽富维积极践行“中性化”“集约化”发展战略。

2. 可能面临的风险

（1）宏观环境变化风险。随着汽车产业受国家政策红利效应减弱，未来政策的不确定性较大，因此一汽富维作为汽车产业的上游公司也相应地受政策影响大。

（2）汽车行业阻力风险。伴随着重大突发公共卫生事件、芯片短缺问题席卷全球，整车及汽车零部件行业面临着汽车芯片生产线停产或转向消费电子产品，造成车规级芯片供应紧张，产能利用率下降限制了产量释放，汽车销量受到影响等问题，受到了巨大的冲击。

（3）汽车零部件行业转型改革风险。传统汽车零部件企业面临着转型升级的危机，需加快产品结构调整和技术创新，找准适合自身的创新发展之路。零部件企业还需要在数字化管理和机制创新方面有所突破，以适应行业发展。

（4）自身存在的不足。一汽富维对于创新研发的重视依然不够，亟待进一步加强，以保证公司技术上的创新成果。一汽富维如何依靠开放式创新模式打造自主创新能力，实现国产技术替代，解决一汽集团整车核心卡脖子技术课题，从而形成基于知识互换、知识互达的双向型模式，还需要持续探索。公司管理水平不佳，经营效率亟待提升。

（二）“值得信赖”维度评价

1. 企业规模稳步扩大

（1）总资产持续扩大。2018—2021 年，一汽富维总资产明显增长，分别为 93.56 亿元、161.25 亿元、179.13 亿元和 194.96 亿元，年均增长率为 30.76%，其中 2018 至 2019 年总资产几乎实现翻一番。

（2）收入规模小幅增长。2018—2021 年，虽然汽车零部件行业受新冠疫情和国际竞争形势影响较大，但一汽富维营业收入依然保持稳定增长。2018—2021 年总营收分别为 136.08 亿元、177.71 亿元、195.2 亿元和 205.37 亿元，平均增长率为 15.21%。

（3）员工规模快速扩大。一汽富维 2018—2021 年员工总人数分别为 5912 人、13687 人、14173 人和 14507 人。2019 年较 2018 年公司员工人数扩大了 1.32 倍，2019—2021 年平均每年增长三四百人，可以看出公司规模比较庞大，为适应生产经营需要扩大了员工规模。

2. 面向关键核心技术的研发能力有待突破

面对汽车行业技术迅速迭代的发展趋势，一汽富维以“建立统筹的集成和创新研发能力”为目标开展了多项研发项目，研发投入逐年增加。一汽富维在面向关键核心技术的研发能力上还有待进一步提升。

3. 运营能力逐步提升

（1）有序的公司治理为公司发展保驾护航。一汽富维第一大股东持股比例与第二大股东持股比例的比值达到 1.09，公司股权制衡度比较高，外部股东相对于控股股东的势力较强。实现两职分离，有利于企业统筹长期目标和短期目标，以更健全的机制做出企业经营决策。

（2）人才队伍比较完善。一汽富维拥有博士学历的研发人员 5 人，拥有硕士学历的研发人员 78 人。在“汽车零部件”行业中属于中等偏上水平，但与发展规模类似的企业，如威孚高科和福耀集团还存在差距，有待进一步完善高层次人才队伍。

（3）职业经理人释放经营活力。在“双百行动”的背景下，一汽富维引入职业经理人制度，对业务条线重新分类，由总经理（副总经理）对分（子）公司经营负责，同时新增绩效委员会对管理层进行考核，让下属分 / 子公司获得更多经营的自主权，激活集团整体经营活力。

二十四、浙江万里扬：需警惕行业技术进步风险，实现新业务领域发展

浙江万里扬是国内首家实现产品覆盖商用车、乘用车两大市场的汽车制造商。凭借在中轻型商用车变速器领域的优异表现，公司被评为全国制造业单项冠军示范企业。浙江万里扬拥有优异的产品开发能力、快速的用户响应能力、成熟的供应链管控体系。近年来，万里扬加速转型，收购新能源企业，开发储能电站等新业务，应对新能源电动汽车市场扩大和消费需求提升带来的机遇与挑战。但同时，高水平科技领军人才较少及有待提高的运营能力等问题显现，时刻警惕行业技术进步的风险、新业务领域的经营风险及市场位势竞争的压力才能使浙江万里扬行稳致远。

（一）优势与风险

1. 形成技术领先核心竞争力

（1）企业家的引领作用。公司创始人黄河清董事长，敏锐洞察到开发关键核心技术的重要性。他始终坚持自主创新，不但亲自设计开发新产品，还高薪引进高技术人才、引进优秀大学毕业生定向严格培养、将在职工程技术人员派往国内

外大学、研究所“充电”培训；组建了一支拥有160多名高素质人才的研发队伍，推动公司产品研发实力不断增强。

（2）拥有单项冠军的产品开发能力。浙江万里扬根据行业发展趋势和消费升级需求，大力发展自动变速器业务，不断丰富自动变速器产品体系（主要包括CVT、AMT），扩大产品应用领域和市场份额。

（3）比较成熟的供应链管控体系。浙江万里扬的所在地浙江省是五金汽配件的集中生产区域，省内零配件企业众多，配套能力强，供应便捷，零配件运输成本和储备性存货成本相对较低。

（4）快速的用户响应能力。浙江万里扬与国内众多主流汽车厂建立了长期战略合作关系，同时建立了覆盖全国（除港澳台外）的销售和服务网络。在全国范围内建有300多个服务站（点），在30多个省设有中心库，是目前国内汽车变速器生产企业中营销服务网络最发达、最完善的企业之一，可以快速满足各地供货需求和售后服务需求。

2. 可能面临的风险

（1）行业技术进步的风险。新能源汽车强势市场扩张下，传统汽车零部件公司市场份额势必受到冲击。行业技术进步也会影响浙江万里扬这类传统汽车零部件供应商未来的发展。

（2）新业务领域的经营风险。新增业务给公司未来发展带来不确定性，具有一定的经营风险。

（3）市场位势竞争的风险。新能源纯电动汽车和混合动力汽车的市场占有率不断提高，给浙江万里扬这样的传统零部件制造企业带来较大冲击。如何适应新能源汽车等替代品的迅猛发展，对当下的浙江万里扬来说尤为重要。

（4）自身存在的不足。由于浙江万里扬面临着向新业务及行业拓展的需求，公司对高水平科技领军人才的需求迫在眉睫。

（二）“值得信赖”维度评价

1. 企业规模略有变化

（1）总资产略有下降。浙江万里扬总资产从2020年115.81亿元下降到2022年的100.91亿元。2020—2022年浙江万里扬基本每股收益分别为0.47元/股、–0.59元/股、0.23元/股；归属于上市公司股东净资产分别为66.51亿元、53.95亿元、55.93亿元。2022年受国内商用车市场销量大幅下滑的影响，公司商用车变速器销量和收入下降较多。

（2）营业收入有下降趋势。近些年受社会大环境及供应链不稳定的影响，公司乘用车市场汽车芯片供应不足、商用车市场销量下滑，导致乘用车变速器业务和商用车变速器业务收入均有所减少，公司在2021年首次出现业绩亏损。2022年主营收入较上年下降6.81%。传统业务营收、利润双下滑，而储能业务才刚刚起步，万里扬正处于转型阵痛期，未来转型之路任重道远。

（3）团队人才结构持续优化。浙江万里扬重视自有技术的开发，研发人员数量及结构也在逐年优化。2022 年博士学历的人才实现了从无到有的转变。2020 年至 2022 年研发人员总人数分别为 419 人、465 人、490 人，硕士及以上学历的研发人员的占比分别为 7.64%、8.60%、9.80%。

2. 研发绩效较好

（1）较为重视研发。浙江万里扬通过布局乘用车 DHT 双电机混动系统项目、商用车混合动力系统项目、纯电动汽车 ECVT 电驱动系统项目等研发项目，2022 年已在研发方面支出 3.33 亿元，研发投入占营业收入比例为 7.21%。浙江万里扬研发强度在“零部件”赛道中属投入较高的公司，排名较为靠前。

（2）创新效率为企业发展赋能。浙江万里扬自主研发成功的轻卡 AMT 自动变速器为中国首创。公司未来继续以“未来工厂”为引擎，按照行业先进标准，通过应用 5G 技术、数字孪生等新兴数字科技，以数字化设计、智能化生产、绿色化制造、精益化管理、智慧供应链、高端化产品为基础，以个性化定制、网络化协同、服务化延伸、模型化发展为新模式，有望全面有效提升生产效率和产品质量。

3. 运营能力有待提升

（1）公司治理有序进行。浙江万里云第一大股东持股比例与第二大股东持股比例的比值达到 2.32，股权制衡度较同赛道平均水平低。独立董事比例达到 33.33%，处于同行业平均水平，独立董事的设置可以较好地保障公司的正常运行。公司实现了两权分离，企业经营决策机制进展良好。

（2）对标战略进行针对性培训。浙江万里扬根据战略发展规划及年度重点工作，分析培训需求形成年度培训计划。以万里扬学院为载体，整合了一批讲师资源，开展针对性培训，使公司内优秀经验和知识得以沉淀积累。2022 年共开展相关培训 621 项，培训计划完成率 97.5%。

二十五、亚太股份：需加强成本管控，提升品牌价值

亚太股份是国内汽车零部件制动器行业龙头企业，是国内率先自主研发生产汽车 ABS 的大型专业化一级汽车零部件供应商，汽车电子制动业务布局国内领先，产品线丰富。在汽车市场由机械向电动化、智能化转型的大趋势下，亚太股份形成了以整套汽车制动系统为基础的多方面核心竞争力，其研发技术、规模化专业化生产、工艺装备及质量品牌皆成了亚太立足于零部件市场的核心优势。但是，亚太股份仍然面临品牌价值及相对市场位势不佳、运营能力表现有待提高等问题。亚太股份亟须寻求提高品牌价值及市场位势的方法，提高企业的受信赖度。

（一）优势与风险

1. 形成了基于整套汽车制动系统的核心竞争力

（1）企业家的引领作用。亚太股份作为成立二十余年的汽车零部件制造企业，得益于领导者对人才培养的重视和不断创新升级、勇攀高峰的精神，在挑战与机

遇并存的发展之路上克服了重重艰难险阻，成功让企业站上了汽车电子领域的高峰。

（2）拥有国家级研发平台。公司拥有制动器行业国家级企业技术中心、国家实验室、院士工作站和博士后科研工作站等技术研发平台，其自主研发的“汽车智能主被动安全一体化设计关键技术及产业化”项目等荣获中国汽车工业科技进步奖一等奖。

（3）具有规模化、专业化生产优势。公司是我国汽车制动系统行业的龙头企业，拥有完整的汽车制动系统主导产品链，形成了以乘用车制动系统为主，商用车制动系统和其他汽车制动系统并重的产品格局。

（4）具有工艺与装备优势。公司拥有国内行业领先水平的设备和工艺。

（5）具有较好的品牌质量优势。公司具有完备的质量保证体系和可靠的质量保证能力，拥有国内行业领先水平的生产装备及工艺，试验检测设备齐全。

2. 可能面临的风险

（1）经济周期波动的风险。汽车产业与宏观经济发展密切相关。

（2）国家政策调整的风险。随着国内汽车保有量的增加，交通、能源、环保等问题日益突出。

（3）产品价格下降的风险。由于国内汽车市场竞争激烈，整车销售价格呈下降趋势，整车企业将产品降价压力部分转嫁给零部件制造企业直接导致了汽车零部件价格下降，因此公司存在产品销售价格下降的风险。

（4）毛利率下降的风险。公司产品的主要原材料为钢板、生铁、铝材，产品的毛利率受原材料价格的影响较大。

（5）自身存在的不足。期间费用占营业收入与营业成本之差的比例较高，说明企业费用管控能力较弱。亚太股份相对市场位势不高，高层次人才不够稳定。

（二）“值得信赖”维度评价

1. 企业规模总体呈扩大趋势

（1）总资产规模回升。2020 年，新冠疫情席卷全球，严重冲击了各国汽车市场，导致整个汽车行业景气状况不佳，因此，亚太股份 2020 年总资产额较 2019 年下降了 6.17%。但是 2021 年亚太股份经营状态恢复，总资产规模回升至 58.69 亿元，较 2020 年上涨了 5.96%。

（2）员工规模不断精简。2019—2021 年，亚太股份的员工总人数分别为 3009 人、2630 人、2527 人，呈递减态势。其中 2019—2021 年生产人员人数分别为 2150 人、1856 人、1772 人，可见由于近年来企业数字化生产线的投运，企业对生产人员的需求逐步减少。

（3）收入规模回升。2019—2021 年，基本每股收益分别为 –0.13 元 / 股、0.02 元 / 股及 0.06 元 / 股。说明 2020 年亚太股份由亏转盈，且 2021 年净利润增加。

（4）企业价值持续增长。以市值衡量的企业价值 2019—2021 年的价值分别为 37.99 亿元、50.16 亿元、76.79 亿元，平均增长率为 42.56%。

2. 创新投入和产出表现较好

2021年亚太股份研发投入占营业收入的4.69%，研发人员拥有的专利件数为99件。与员工人数相近的旭升股份、天汽模和瑞鹄模具相比，亚太股份的研发强度较强，在上述企业中排第二，持有的专利数最多。从整个赛道来看，亚太股份的研发强度排名第9，研发人员拥有的发明专利数排名第11，皆处于赛道中上游水平。从研发投入来看，2021年亚太股份研发投入金额为1.70亿元，同规模企业旭升股份、天汽模的研发投入分别为1.29亿元及0.68亿元，亚太股份研发投入均显著高于上述企业，可见在研发投入上有优势。

3. 运营能力有待提高

（1）公司治理水平有待提高。2021年，公司第一大股东和第二大股东持股比例的比值为7.33，股权制衡度在同赛道企业中属于较高的水平。

（2）人才队伍有待加强。2021年，亚太股份研发人员中硕士研究生及以上人数为29人，相近人数规模的旭升股份和瑞鹄模具的研发人员中硕士研究生及以上人数分别为10人、5人，说明亚太股份的高学历研发人才在相近规模的企业中相比较多。但与龙头企业差距很大，说明人才体系仍有待完善。

二十六、北方凌云：需平衡好突破性创新和渐进性创新的关系

北方凌云是国内汽车零部件制造业及塑料建材行业的大型企业集团，主要从事汽车零部件生产及销售业务、塑料管道系统生产及销售业务。北方凌云凭借产品组合优势和技术领先优势，紧抓汽车轻量化、电动化发展机遇，以“建设具有全球竞争力的先进制造业企业”为目标，聚焦汽车零部件、市政工程管道产业，全面加强科技创新能力、产业链提升能力、国际化经营能力、专业管理能力和依法治企能力，打造“有技术、有品牌”的全球化企业集团和兵器集团先进制造业发展平台。但同时也面临着一些市场及财务风险，需加强企业的研发创新活力，稳固固有品牌，打造国有企业品牌优势，改善公司产品市场位势。

（一）优势与风险

1. 稳定持续的核心竞争力

（1）企业家的引领作用。在凌云集团多个岗位上的任职经历使得董事长罗开全先生对北方凌云的内部有着充分而全面的了解，这份经历支撑着他对公司的宏观把握与整体决策。

（2）创建企业研究院体系，开展引领性前瞻性创新研究。北方凌云在上海创建了凌云中央研究院，实施高端领军人才引进培养计划，全面整合科技创新资源，聚焦新能源电池壳、高强度轻量化安全防撞系统、长纤维新技术、低渗透低排放汽车管路系统、市政工程管道系统等领域，开展战略性、引领性、前瞻性重大技术项目协同创新与研究。

（3）拥有全球优质客户资源。公司拥有高强度、轻量化汽车零部件的核心技

术和全球高端客户资源。

（4）资源整合与供应链管控优势。凌云股份为适应客户和市场需求，不断优化要素配置，全面开展资源区域化整合，推动形成汽车管路、新能源产品、热成型产品三大专业公司加华北、东北、华东、华中、西南五大区域运营架构，加强专业化经营，深化区域一体化管控。

（5）积极开展资本运作。北方凌云启动非公开发行股票工作，并于2021年12月27日通过证监会发审会审核，募集资金13.8亿元，用于汽车零部件轻量化和电动化项目，加强核心产品的技术和市场地位。

2. 可能面临的风险

（1）行业变革风险。汽车行业面临变革与转型，整车厂竞争格局发生变化，各车企为应对行业危机以及造车新势力的挑战，逐步加大研发投入进行转型投资。

（2）自身存在的不足。凌云股份所属境外企业2022年存在项目资金缺口及内保外贷续贷风险。因各子公司基础运营管理发展不均衡和运营管理标准化建设较薄弱，会影响公司整体经营发展质量。其高端科技领军人才数量偏少。

（二）“值得信赖”维度评价

1. 企业规模稳步增长

（1）总资产不断攀升。从2017年的118.51亿元增长到2021年166.56亿元，五年内总资产一直呈增长态势。

（2）营业收入稳中有增。2017—2021年的营业收入总体平稳，且呈现上升趋势。

（3）注重员工福利保障。公司注重人才的全方位培训工作，利用多方资源提升员工专业技能及综合素质，不断改善员工的工作环境，丰富员工的业余生活，不断加强企业文化建设和团队建设，保持公司管理团队、核心技术人员和业务骨干的稳定。

2. 研发表现持续提升

（1）创新研发投入良好。公司初步完成了由引进创新、模仿创新向自主创新的转变，促进了产品技术、工艺装备、质量效益的全面提升。

（2）创新效率有待提高。2021年度公司持续强化科技创新，研发投入资本化率在逐年降低，公司具有较强的创新能力，但创新成果的转化力度及创新的效率有待提高。

3. 公司运营能力较好

（1）公司治理有序进行。北方凌云第一大股东持股比例与第二大股东持股比例比值达到2.62，处于健康局面，内部治理井然有序。独立董事比例为14.29%，处于赛道企业末流水平。

（2）研发团队人才结构尚有改善余地。作为一家汽车行业创新制造型公司来说，研发人员占比相对较小，在研发人员队伍的建设上仍有待进一步提升。

二十七、宁波双林：应加强经营秩序管理，重视人才队伍建设

宁波双林是在业内备受信赖，具备核心竞争力的汽车零部件系统供应商，是多品牌汽车零部件的供应者。乘着新能源汽车零部件行业稳中向好发展的东风，宁波双林在优秀企业家的引领下具备了较为突出的产品研发制造能力及稳定的优质客户资源。但是在2019—2021年，宁波双林企业规模收缩，品牌价值位居赛道中下游，创新投入及产出能力不强，运营能力也处于赛道中下游。宁波双林亟须改善经营状况，扩大企业规模，提高企业在外界心中的信任度，同时寻求应对各种风险的策略。

（一）优势与风险

1. 正在形成比较突出的以零部件研发及产销能力为主的核心竞争力

（1）企业家的引领作用。为了使公司有更多汽车零部件产品线，宁波双林董事长邬建斌自2011年开始相继收购了“湖北新火炬有限公司”“山东德洋电子科技有限公司”等科技公司，帮助企业真正迈入了新能源汽车行业。

（2）着力打造比较高位的研发平台。在汽车行业智能化、电动化、网联化和轻量化的发展趋势之下，公司研发团队借助省级企业研究院和博士后科研工作站研发平台，持续投入大量物力和人力。

（3）拥有稳定的优质客户资源。近年来，公司与上述客户合作较为紧密，在项目类型、产品结构等方面均取得了进一步发展。

2. 可能面临的风险

（1）宏观经济形势及政策风险。汽车工业提升了我国经济的整体实力，起着重要的支柱作用，是保持国民经济持续、快速、健康发展的先导型产业，也是我国产业结构转型升级的关键因素。但汽车行业受宏观经济影响较大，若未来全球经济和国内宏观经济形势恶化，汽车产业发生重大不利变化，将对公司生产经营和盈利能力造成不利影响。

（2）原材料价格风险。公司汽车零部件主要原材料是塑料粒子、钢材，汽车零部件行业受原材料价格波动影响较大，给公司的制造成本控制带来了一定影响。公司应加强采购管理和供应链管理工作，深入分析行业政策影响，持续跟踪价格走势，建立战略合作伙伴，采取有效的金融手段，规避原材料价格波动过大对公司带来的经营风险。

（3）汽车零部件产品价格风险。汽车零部件产品价格与下游整车价格关联性较大，汽车整车制造厂商处于汽车产业链的顶端，对零部件厂商具有较强的议价地位，因此可以将降价因素传导给其下游的汽车零部件厂商。在当前整车行业整合加剧及产业转型升级的阶段，势必会对零部件厂商带来新的不确定影响。

（4）自身存在的不足。公司及子公司作为起诉方涉及的诉讼、仲裁事项合计涉案金额27.728亿元，这些诉讼、仲裁事项无疑会消耗公司大量的人力、物力和

财力，加大公司内耗。宁波双林的经营模式为赊销，公司或面临应收账款和预付款的“双向挤压”。宁波双林的品牌优势值在汽车零部件赛道31家企业中位于第20位，由于零部件赛道企业整体品牌优势值都不高，公司之间差距小，宁波双林的品牌优势也不够突出。2021年宁波双林的硕士研究生人数为10人，在零部件赛道中排名倒数第9。与规模相近的企业相比，差距明显。

（二）“值得信赖”维度评价

1. 企业规模收缩

（1）总资产规模上下波动。2021年，宁波双林总资产为588.67亿元，2019、2020年总资产为598.44亿元、550.42亿元。2021年总资产增长率为6.95%，而2020年总资产较2019年降低了8.02%，平均总资产减少率为0.54%。

（2）员工规模总体呈减少趋势。2019—2021年，宁波双林总员工人数分别为4513人、4372人、4484人。2020年员工人数较上年同比减少3.12%，而直至2021年，企业员工总人数仍比2019年少29人。

（3）收入规模呈降低态势。2019—2021年，宁波双林主营业务收入分别为19.14亿元、12.19亿元、16.46亿元，虽然2021年较2020年有35.03%的增长，但2021年年主营业务收入仍比2019年主营业务收入低2.68亿元。

（4）企业价值减少。2021年末，宁波双林市值为41.42亿元，2020年为47.57亿元，下降了12.93%。

2. 创新投入和产出有待增强

宁波双林的研发强度为4.47%，排名第12，位于赛道内企业的中上游。在研发投入上，宁波双林2021年研发费用为1.65亿元，而行业龙头潍柴集团及华域汽车的研发费用分别为85.69亿元及63.52亿元，与上述两家企业的研发投入差距较大。在专利方面，研发人员拥有的专利数仅有4件，居于赛道末尾，说明企业高技术人才相对匮乏，研究动能不足，产品转化率低。企业应加强保护知识产权意识，坚持做好自主创新。

3. 运营能力处于赛道中下游

（1）公司治理水平一般。宁波双林2021年第一大股东和第二大股东的持股比例的比值为10.07，位于赛道第5位，股权制衡度较同赛道多数企业高。独立董事比例为33.33%，排名第25，位于赛道下游。公司尚未实现两职分离，企业经营决策机制有待改进。

（2）人才团队能力较弱。2021年数据显示宁波双林的硕士研究生人数为10人，排名倒数第9，同在零部件赛道，华域汽车硕士生人数为2228人，福耀集团硕士生人数为166人。说明宁波双林的高学历人才人数过于稀少，企业需要吸引更多高学历、强能力人才加入。

二十八、富临精工：急需扩充高质量人才队伍，重塑市场优势地位

富临精工自创立以来一直深耕汽车零部件和新能源锂电正极材料的研发、生产和销售。近年来紧跟新能源产业的创新步伐，公司业务不断扩展，目前已经成为新能源汽车零部件重要供应商。同时，富临精工的公司规模不断扩大，盈利能力优秀，发展势头良好，公司治理成效显著。但公司整体人才体系仍需完善，缺乏高学历人才支撑，致使高研发投入下并未获得高研发产出。此外，公司还需加强品牌建设与品牌营销，增强品牌市场竞争力，提升品牌市场份额。富临精工需对上述不足加以重视，提升企业综合实力，力争迈入行业上游行列。

（一）优势与风险

1. 自身发展优势

（1）国内汽车发动机零部件细分领域隐形冠军。公司长期深耕汽车发动机零部件领域，通过持续的自主创新与市场开拓，已成为国内汽车发动机零部件细分领域的龙头企业和隐形冠军，其主要产品精密液压零部件和电磁驱动零部件首先实现国产替代。

（2）重塑锂电正极材料领域市场优势地位。公司磷酸铁锂正极材料有效产能正在陆续投产放量，产品和技术工艺升级进展顺利，与核心客户及国际一流终端主机厂的合作持续稳定，凭借多年的技术积累、生产经验、产能规模和客户黏性优势，公司磷酸铁锂业务将进一步扩大市场份额和品牌影响力，重塑公司在锂电正极材料领域的市场优势地位。

（3）子公司占据市场首发地位。子公司江西升华是一家在磷酸铁锂正极材料研发、加工、制造具有丰富经验的国家高新技术企业，是国内磷酸铁锂正极材料草酸亚铁技术路线的开创者公司。磷酸铁锂正极材料业务目前已在产能布局、技术升级及市场占位等方面取得阶段性进展和成果。

2. 可能面临的风险

（1）缺乏高学历人才队伍。富临精工研发人员学历结构中缺乏高学历高价值人群。公司需加强对于高层次研发人才的吸纳与储备，提升公司自主创新实力。

（2）发明专利稀少。截至 2021 年 12 月 31 日，富临精工共有专利 300 余项，其中研发人员拥有专利共 33 项。可见，公司技术创新少，而产品创新多，自主技术创新能力偏弱。公司需要加强对于技术型创新高学历高经验值人才的引进，完善技术创新平台与机制，激发自主创新活力和动能。

（3）市场占有率低。与行业翘楚相比，市场份额较小，市场占有率较低，品牌知名度较低。

（二）“值得信赖”维度评价

1. 企业资产规模逐年提升

2021 年富临精工总体规模呈现扩大趋势。一方面，总资产逐年提升。富临精

工2019年、2020年、2021年总资产为27亿元、31.57亿元、52.22亿元，三年间年增长率分别为16.9%、65.41%。另一方面，主营业务收入有所增长。2021年内，富临精工实现营业收入26.56亿元，较上年同期增长44.01%；实现利润总额4.59亿元，较上年同期增长18.90%；实现净利润3.99亿元，较上年同期增长20.85%，企业利润空间持续扩大。

2. 创新研发仍有进步空间

（1）高研发投入。富临精工在创新研发方面有一定成效，公司研发强度占据行业内领先地位，这与其常年对创新技术的高研发投入密切相关。

（2）低研发产出。富临精工虽有较大的研发投入，但专利成果方面却未有较大突破。与赛道内其他企业相比，富临精工创新效率低，创新投入与产出之比较高，单件专利研发所需的创新成本较高。

3. 运营能力逐步提升

（1）公司股权制衡构建合理。富临精工的股权制衡较为合理，能够有效做到权力制衡、管理科学。此外，富临精工的独立董事比例达33.33%，处于行业普遍水平。

（2）高层次人才短缺。2021年，富临精工研发队伍中，博士学历0人，硕士学历14人，硕士及以上学历人员数量远低于华域汽车（2228人）和潍柴集团（3086人），相较于这些企业，富临精工研发队伍内部高层次人才明显不足，企业的优秀研发平台需扩充并储备更多高学历人才。

二十九、万向钱潮：应继续深化实施数智工程，提升制造效率

万向钱潮自成立以来致力于汽车零部件的研发和制造，目前已发展成为拥有自主开发能力、核心制造技术、完备检测手段的汽车零部件专业生产集团化企业和生产基地。但目前公司仍存在营业收入下滑、研发强度较低等问题，研发团队人才结构也有待优化。未来公司一方面应继续深化实施数智工程，助力提升生产制造效率，增强公司运营能力与盈利能力；另一方面应持续推进技术创新，提升产品自主研发、自主创新和同步开发能力。

（一）优势与风险

1. 深耕汽车零部件业务

（1）规模优势。万向钱潮是国内最大的独立的汽车零部件系统供应商之一，客户基本覆盖国内外主要整车企业。已成为汽车零部件制造行业中具有相当规模的企业，在多款产品细分市场占据前列地位，其中万向节及轮毂单元产品居全球领先、国内行业第一，传动轴、等速驱动轴、轴承等产品居国内领先。

（2）品牌优势。早在1987年，公司制造的汽车零部件产品就曾荣获国家银质奖；2007年万向节产品荣获中国世界名牌、中国工业大奖表彰奖；2013年公司荣获首届中国质量奖提名奖；2017年被评为制造业单项冠军示范企业；2021年再次

荣获中国质量奖提名奖；2022 年荣获“国家知识产权示范企业”，并被认定为省级智能工厂、绿色工厂。

（3）技术优势。万向钱潮拥有国家级企业技术中心、国家级博士后科研工作站、省级高新技术企业研发中心、省级工业设计中心、符合数字工厂的产品生命周期管理平台、CNAS/CQC/CCAP 认证实验室。

2. 可能面临的风险

（1）产品技术升级不及时的风险。汽车消费市场呈现多元化、个性化、时尚化的演变趋势，每一车型在市场的生命周期呈现缩短趋势，车型更新换代频繁，这使得汽车零部件生产企业要有较强的应变能力，以适应消费者对新型车的配件需求。部分零部件生产企业往往会与整车制造企业进行整车和配件的同步产品开发，而缺乏应对技术变化能力的企业就会面临市场份额下滑。

（2）原材料市场价格波动的风险。若钢材的市场价格出现大幅波动，则影响公司产品的生产成本。在原材料价格大幅上涨的情形下，若公司未能有效地将原材料价格波动传导至下游客户的产品销售价格中，未能有效抵消生产成本上升的影响，则公司的毛利率、经营业绩和财务状况等可能会受到不利影响。

（3）自身存在的不足。2022 年万向钱潮研发人员同比减少 8.58%，研发人员数量占比降为 7.02%，其中硕士学历研发人员由 84 人缩减至 58 人。未来公司在研发人员的人才结构布局方面需要进行调整，吸纳高层次人才，提升研发队伍素质，为公司的长远发展提供坚实的人才保障。

（二）“值得信赖”维度评价

1. 企业规模

（1）营业收入有所下滑。2022 年万向钱潮的营业收入为 140.15 亿元，相比 2021 年的 143.22 亿元有小幅下降。由于该年国内商用车产销大幅下降，公司与之配套的燃油箱销量随之下降，同比减少 46.87%；排气系统销量同比减少 34.55%。而受益于该年乘用车产销两旺，公司配套于乘用车的制动系统总成销量同比上涨 52.93%。

（2）总资产规模不断扩大。2022 年万向钱潮总资产达到 191.88 亿元，同比增长 14.07%。2022 年 3 月，公司出资 40 亿元投资万向一二三股份公司，公司投资电池企业有助于加快战略转型，积极推进公司投资清洁能源汽车科技公司的战略，抢抓清洁能源产业广阔发展空间，实现协同发展。

2. 持续推进产品技术升级

（1）研发强度位于赛道中下游。万向钱潮拥有国家级企业技术中心、国家级博士后科研工作站，具有核心的设计技术、制造技术与试验技术。2019—2021 年间，公司实施若干自主创新项目，试验汽车底盘智能化产品创新。2021 年公司研发强度为 3.48%，在赛道中位列第 25 名。

（2）积极参与行业标准制定。万向钱潮目前已主导、参与制定了等速驱动轴、万向节、轴承、制动器等产品国际标准、国家标准、行业标准、浙江制造标准和团体标准 63 项。

（3）专利成果丰硕。万向钱潮累计获得国内授权专利2983项，其中发明专利264项。2022年获得授权专利340项，其中发明专利59项，并首次获得“国家知识产权示范企业”荣誉称号。

3. 运营能力较强

（1）偿债能力、运营能力较强。2021年公司流动比率为1.96，总资产周转率为0.80，位列赛道中上游水平。

（2）积极开展各类培训活动。目前万向钱潮高级工以上技术工人占技术工人队伍一半以上，人力资源结构不断优化。公司积极加强内部培训师资队伍建设，做好质量培训、高技能技工队伍培训、二级培训管理和规范工作，全年共完成培训七百余期，员工培训覆盖率达到100%，人均培训课时达34.4课时。

（3）推进数智工程提效创利。万向钱潮推进工业物联网平台部署，逐步推行供应链管理平台SRM系统、企业资源管理平台ERP系统、数字化绩效控制塔，通过打通上下游数据，实现围绕运营指标的持续改善。公司聚焦人效提升、缩短交期、设备综合效率提升、能耗和耗材节降等方向，利用数据价值制定绩效目标，通过“七步七定”将绩效目标进行分解，责任落实到人，落实关键行动项，全员参与实现提效创利。

三十、富奥股份：亟须扩充高层次人才队伍，提升企业发展能力

2022年是富奥股份公司落实“十四五”战略规划的关键之年，客户产量回升仍有不确定性，大宗材料涨价风险仍然存在，公司在逆势中坚定信念，奋发前进，在市场方面持续发力，力保收入目标并优化市场结构；锚定研发痛点，力争自主可控；在低成本战略、数字化战略实施等方面多措并举，持续推动转型升级；深入推动智能制造，聚焦人员效率提升；继续落实事业部制，深入完善集团管控架构。未来，公司需要不断加强自身的核心竞争力，提高资产利用效率，优化业务结构，进一步完善管理机制，以更好地适应市场变化和实现可持续发展。

（一）优势与风险

1. 发展优势

（1）形成比较完整的汽车产业链。富奥股份的业务覆盖了汽车零部件、电动车及动力系统、新能源汽车及汽车服务等多个领域。通过市场结构调整、产品结构调整和企业结构调整，形成了以底盘业务、空调业务、汽车电子及新能源为主导核心产品的产业格局，形成了较为完整的汽车产业链。

（2）重视研发平台建设。富奥股份一直注重技术研发，已经形成了一支强大的技术研发团队与完备的创新研发制度体系，并建立了10家省级研发中心、1家市级研发中心、6个国家认可试验室。

（3）较高的品牌知名度。富奥股份的“富奥”品牌在国内汽车行业中具有较高的知名度和影响力。按指数计算，2021年富奥品牌优势值为44.59分，位于

“零部件”赛道内上游水准。

2. 可能面临的风险

（1）发展能力有待提高。富奥股份 2021 年总资产为 148.6 亿元，相比上年总资产增长 2.76%。但 2020 年总资产增长率达 11.9%，可见，2021 年富奥股份的总资产增长率放缓，发展能力有所下降，发展性能受到一定影响。

（2）盈利能力较弱。2021 年富奥股份的资金周转率为 83.77%，资金周转速率较高，位于行业上游水准。然而，富奥股份 2020 年度归属股东的净利润仅有 8.41 亿，盈利能力较差。

（3）缺乏高层次人才队伍。富奥股份研发人员学历结构尚可，908 名研发人员中，硕士及以上学历的研发人员占研发团队总人数的 16.5%。然而，在年龄结构方面，30 岁以下 260 人，占比 28.63%，30 岁以上占比 71.37%，青年骨干研发人员较少，人员结构不合理，急需补充新鲜血液。

（二）“值得信赖”维度评价

1. 企业资产规模逐年提升

2021 年富奥股份总体规模呈现扩大趋势。一方面，总资产逐年提升。2019—2021 年总资产分别为 129.2 亿元、144.6 亿元、148.6 亿元，三年间年增长率分别为 11.92%、2.77%。2021 年实现合并口径营业收入 128.28 亿元，较上年同期增长 15.43%；归属于上市公司股东的净利润 8.41 亿元，企业利润空间持续扩大。

2. 研发能力较好

（1）研发经费投入产出匹配较高。2021 年富奥全年研发投入仅占营业收入 2.96%，在“零部件”赛道中处于中等偏下水平，但这并未影响其研发产出。这是因为富奥具备较为完善的研发体系。

（2）研发机制灵活，研发效率高。富奥在全国范围内建有 14 家技术中心，其中 10 家省级技术中心，另有 8 个 CNAS 认可试验室，具有一定的资源规模优势，现公司拥有实用新型专利 170 项、外观设计专利 41 项、发明专利 24 项，同时在工艺开发领域拥有多项专有技术。

（3）研发领域广阔，研发成果突出。富奥股份在各重点业务领域的自主研发工作均取得突破性进展，在强大的研发能力加持下，富奥股份公司获得了国内外客户的高度认可，有力支撑了新市场开拓。

3. 盈利发展能力较弱

（1）公司股权制衡合理。2021 年，公司第一大股东与第二大股东持股的比值为 1.33，而在“零部件”赛道中，该要素高者可达 17.56，低者至 1，这说明富奥股份的股权制衡较为合理，能够有效做到权力制衡、管理科学。此外，富奥股份的独立董事比例达 27.27%，处于行业普遍水平。

（2）高层次青年人才较少。2021 年，富奥股份研发队伍中，博士学历 6 人，硕士学历 144 人，本科学历 758 人，本科及以上学历数量远高于相似规模公司北方凌云（97 人）和宁波继峰（84 人）。年龄结构不合理，青年研发人员占比较少，公司急需补充新鲜血液。

4. 国际化水平较高

落实国际化战略，构建全球资源布局。富奥股份展现高度国际化，集全球研发、产销、服务于一体。研发上，携手国际顶尖机构深化合作；海外布局上，依托美国公司、欧洲办事处及墨西哥工厂，扩大市场版图，实现墨西哥大众供货并斩获北美新订单。同时，俄罗斯传动轴合资项目稳步进行，持续强化全球竞争力。

三十一、天汽模：亟须重视行业细分下品牌优势的提升

天汽模是一家专注于汽车模具设计制造的零部件企业，成立以来致力于打造行业领先的模具研发专业部门。目前，天汽模生产车间内所有核心技术都由公司自主研发，实现了高度独立的自主生产。近年来，天汽模的企业规模不断扩大、研发能力有目共睹、公司治理和人才体系的建设成效显著；员工治理处处体现人文关怀，始终坚持安全、环保、可持续的生产方针。但公司也存在品牌搭建欠缺、发明专利较少、财务管理不佳的问题，天汽模今后需加强对于上述问题的重视。

（一）优势与风险

1. 具备多方位的综合胜势

（1）企业家的引领作用。常世平曾任天汽模董事长，现为公司总工程师。在常世平看来，汽车模具行业有重资产、重技术、重人才的特点，进入壁垒高，客户黏性强。优点是企业不容易死，缺点是难赚钱。他带领天汽模研发团队致力于科技创新，专注工业技术智能化，打破汽车模具行业的技术壁垒，带领公司向更高更远发展。

（2）客户信赖的品牌优势。天汽模自成立以来，在汽车模具领域深耕细作，以优质的产品和良好的服务取得了国内外客户的广泛信赖，积累了大量稳定而广泛的优质客户资源，公司客户覆盖了绝大多数知名的合资和自主品牌汽车企业。

（3）行业领先的高规模度优势。目前，国内汽车覆盖件模具行业处于成长阶段，行业集中度较低。据中国模具工业协会统计，目前我国汽车模具制造企业约300家，绝大部分规模较小、技术和装备水平有限。而天汽模是国内生产规模最大的汽车覆盖件模具供应商，行业领先的规模使其在成本控制、大额订单的承接及快速响应能力方面具有明显优势。

（4）设计、软件、装备三管齐下的技术优势。天汽模技术领先，凭借深厚积淀，构建了车身冲压件工艺与模具设计全面数据库，为模具创新奠定坚实基础。其计算机软件应用达国际一流水平，实现制件CAE全分析、模具三维设计、防干涉检查及数控精加工全覆盖。研发装备方面，天汽模配备尖端测量技术，融合数

码照相、光学投影、机械触指等先进手段，各项设备与技术均与国际前沿接轨，彰显卓越研发实力。

（5）数据互联共享的装备优势。通过近几年大力度的投资改造，天汽模现已装备了具有国际先进水平的 CAE/CAD/CAM 系统，建立了完善的计算机信息网络，实现了管理信息网、CAE/CAD/CAM 产品数据网互连，达到了电子信息交换和信息共享。

（6）人才团队具有一定优势。截至 2021 年 12 月末，公司在职员工 2904 人，其中具有本科及以上学历的有 1809 人。技术研发人员 843 人，研发人员中特殊津贴专家、授衔专家、硕士、高级工程师和高级技师以上高级人才近 80 名，其中 23 名入选天津市“131”人才工程。优秀人才的储备和合理的人才结构铸就了天汽模一流的技术研发水平。

（7）一体化配套服务的协同优势。天汽模按照“统一市场、统一设计、统一采购、专业制造”的原则，通过控股、参股的方式，集合了多家具有一定制造能力的模具企业，形成了对外营销高度集中，对内专业分工的集团化运作模式。

2. 可能面临的风险

（1）经济周期调整波及汽车模具行业的风险。汽车作为高档耐用消费品，其消费受宏观经济的影响，国家宏观政策周期性调整、宏观经济运行呈现的周期性波动，都会对汽车市场和汽车消费产生重大影响。总体而言，汽车行业的周期与经济周期保持正相关。天汽模必然受到经济周期性波动的影响。

（2）市场风险。近年来，我国汽车模具行业快速成长，虽然行业进入壁垒较高，但新进入企业仍不断增加，行业竞争日趋激烈。如果天汽模在激烈的市场竞争中不能及时开发新产品、提高产品质量，以增强产品市场竞争力，公司将面临市场份额下降及经营业绩下滑的风险。

（3）应收账款发生坏账的风险。如果未来汽车行业景气度下降或公司主要客户生产经营发生不利变化，则应收账款发生坏账的可能性增大，从而对公司经营成果造成一定的不利影响。

（4）长期股权投资减值的风险。若未来天汽模的参股企业因外部环境发生变化、内部经营管理不善等因素影响，发生盈利能力下降、亏损甚至破产的情形，则可能会导致公司长期股权投资发生减值风险，降低资产质量和盈利能力。

（5）高层次技术人才相对短缺的风险。天汽模的快速发展，需要更多的高层次人才，而行业内优秀人才尤其是模具开发人员和调试工人匮乏，可能面临高端人才相对短缺的风险。

（6）自身存在的不足。天汽模的发明专利占总体比重仅为 12.32%，实用新型专利占比 88.15%，技术创新少，而产品创新多。市场面也相对较窄，导致品牌优势不占上风、市场位势偏低，公司该年度的偿债能力、营运能力、盈利能力以及发展能力均表现不佳。天汽模研发团队的高层次人才较为稀缺，未来还需加强对于高层次学历人才的吸纳和培育，拓展创新研发的上限。

（二）“值得信赖”维度评价

1. 企业规模整体提升

（1）总资产逐年递减。2019 年天汽模总资产为 58.70 亿元，2020 年减少至 55.10 亿元，较上期下降了 6.13%。2021 年总资产更是跌至 49.62 亿元，下降 9.95%。可见，天汽模上述三年的总资产为逐年递减的趋势，存货、负债、应收账款和固定资产的减少以及成本的增加均会引起公司总资产的缩减。

（2）员工规模基本稳定。2020 年，天汽模员工总人数为 2863 人，2021 年该数值增长至 2904 人，增加了 41 人。总体来看，天汽模员工规模稳中有增，说明公司员工队伍庞大且稳定，保持基本队伍体系的同时不断吸纳新人才。

（3）主营收入大幅增加。2020 年天汽模主营业务收入为 13.10 亿元，2021 年为 17.55 亿元，增长率达到了 33.97%。

2. 具备一定的研发能力

在研发强度方面，2021 年天汽模的研发投入占营业收入比重为 3.63%，处于赛道的平均水平。天汽模是一家专注于汽车模型的汽车部件生产企业，可研发的空间远不及大型零部件企业，所以发明专利数目较少，但天汽模非常重视生产技术的提高和器件模具的创新，未来仍有很大的发展空间。

3. 运营能力总体表现良好

（1）公司治理有序进行。目前，天汽模已建立起了适合公司发展需要的组织结构，独立行使经营管理权，依法建立了股东大会、董事会、监事会和经理层等组织机构，其中董事会独立性为 0.4，所设立的机构独立于公司股东及股东控制的其他企业，能够有效进行内部控制。

（2）人才体系结构良好。在员工学历方面，2021 年天汽模的员工本科学历以上员工占比 62.30%，说明天汽模员工队伍的总体受教育水平较高。在专业构成方面，天汽模内部生产人员和技术人员数量较多，分别占比 58.44%、29.03%，员工专业构成科学合理。

三十二、青岛泰德：需提升自主创新能力、加强品牌建设

青岛泰德是一家国家级专精特新小巨人企业，专注于汽车专用精密轴承的设计、制造和销售。公司致力于提供单元化、自动化和智能化的研发、生产、销售和服务。作为通用设备制造业的一员，公司主要商业模式是根据客户需求进行产品设计和开发，实现全流程服务。在汽车轴承细分领域，公司已经取得领先地位，其核心竞争力在于市场占有率和产品质量的优势。近年来，青岛泰德坚持开拓市场，实现了营收和净利润的双增长。然而，随着新能源汽车市场的崛起，公司面临着创新能力不足和品牌影响力有限的问题。因此，公司需要进一步提升自主创新能力，加强品牌建设，提高市场竞争力。

（一）优势与风险

1. 已形成质量和研发优势，占据市场领先位势

（1）可靠的质量保障体系。青岛泰德已先后通过 ISO9001 质量管理体系认证、QS9000 质量管理体系认证、ISO14001 环境管理体系认证和 ISO/TS 16949：2002 质量管理体系认证。此外，公司还建立了一套完整的现代化控制系统，从原料采购、存储、生产，到成品的检验、包装、出售等全过程，均有质量管理体系作为保障。

（2）拥有一批轴承制造核心技术。围绕汽车发动机轴承领域，现已形成以技术带头人领导下的老、中、青相结合的多层次创新团队，在滚动轴承密封、润滑、轴承寿命等方面的研究居于国内先进水平，并在轴承关键工艺、关键配件和技术研发方面取得了大量的应用成果，掌握和拥有了一批轴承制造核心技术。

（3）全球化的市场优势。公司较早进入了国内和国际知名汽车零部件商全球采购体系，并与国内外知名汽车零部件一级供应商建立了长期稳定的战略合作关系。公司还与客户进行新产品、新项目同步合作开发，在各大客户中享有较高知名度和美誉度。

2. 可能面临的风险

（1）产品结构单一的风险。燃油乘用汽车轴承是青岛泰德的主导产品，而汽车行业的增量来源逐渐趋向于新能源。如果公司无法提升在新能源汽车市场中的竞争力，将会对公司的业务规模和经营业绩产生不利影响。

（2）存货减值风险。2019—2021 年，青岛泰德的存货账面价值占流动资产的比例分别为 16.88%、15.54%、24.29%。如果存货长期积压，将对公司当期经营业绩产生不利影响。

（3）税收优惠风险。青岛泰德获得编高新技术企业证书。但是，若失去高新企业资格，或者在优惠期内减税条件发生变化不再符合减税条件，公司将失去按 15% 征收所得税的优惠政策。

（4）原材料采购成本风险。如果未来包括钢材在内的原材料价格出现大幅上涨，且公司不能及时有效地将原材料价格上涨压力向下游传导或通过技术工艺提升抵消成本波动，则将会对公司毛利率水平产生不利影响，从而影响公司整体盈利水平。

（5）自身存在的不足。创新氛围不够浓厚，缺乏创新文化和激励机制，导致员工创新意识不强；公司在技术创新方面缺乏长期的战略规划。品牌知名度相对较低，缺乏国际市场的竞争力。

（二）“值得信赖”维度评价

1. 实现营收、净利双增长

（1）总资产规模稳步提升。2019—2021 年，青岛泰德的总资产分别为 3.38 亿元、3.54 亿元、4.09 亿元。2020 年总资产规模同比增长 4.78%，2021 年同比增长 15.58%。可以看出青岛泰德为进一步扩大企业规模的决心。

（2）收入规模实现增长。2019—2021 年，青岛泰德的营业收入分别为 2.20 亿元、2.19 亿元、2.83 亿元。2021 年营业收入同比增长 29.22%，2020 年由于疫情等原因，营业收入增长受挫。2019—2021 年，公司的基本每股收益分别为 0.21 元 / 股、0.25 元 / 股，0.27 元 / 股，呈现持续增长状态。

（3）利润持续增长。2019—2021 年，公司的净利润分别为 2469.13 万元、2978.75 万元、3137.91 万元，其中 2020 年净利润同比增长 20.64%，2021 年同比增长 5.34%。相比之下，2021 年青岛泰德的净利润增幅有所降低，主要是公司积极开拓市场、本期销售收入增长、使毛利增加、同时期间费用增加以及政府补助减少共同影响所致。

2. 研发强度呈下降趋势

2021 年青岛泰德的研发费用为 1473.57 万元，2020 年研发费用为 1191.90 万元，同比增长 23.63%，主要是 2021 年加大新产品研发投入力度，导致研发人工费增加所致。然而 2019—2021 年的研发费用占营业收入比例呈逐年下降趋势。

3. 财务能力居于同赛道中上水平

（1）公司治理体系较完善。青岛泰德已建立了股东大会、董事会、监事会三会治理结构，2021 年公司新增制定了《股东大会网络投票实施细则》《累计投票实施细则》等制度，进一步完善公司治理机制。且现有的治理机制能够维护包括中小股东的所有股东的参与权、知情权及表决权、质询权。

（2）注重人才队伍规模的建设。2021 年在职员工人数为 452 人，同比增长 6.1%，且主要聚焦于生产队伍的建设。公司注重人才的引进，为提升公司研发能力和增强公司可持续发展，2021 年新录用 9 名轴承专业本科毕业生；根据汽车行业发展现状，为保证满足市场交付能力，新增生产岗位人员 29 名。

第十章　充电桩设备制造行业

新型基础设施建设主要包括5G基站建设，特高压，城际高速铁路和城市轨道交通，新能源汽车充电桩，大数据中心，人工智能，工业互联网七大领域，涉及诸多产业链。作为“新基建”体系中的重要环节，特高压输电、新能源充电桩、工业互联网等领域将成为“稳民生”事业的重要基石。在更为具体的新能源汽车充电桩领域，作为新能源汽车产业链上的“最后一公里”，充电基建在未来几年将迎来上升周期。

一、充电桩设备制造行业发展环境分析

作为新能源汽车的下游产业，充电桩是新能源汽车发展之基石，新能源汽车市场的加速发展无疑将带动充电桩行业的前进，2022年我国充电总电量达到400亿kW·h，同比增长达85%以上，电动汽车充电需求正在持续快速增长。因此，大批新能源汽车充电平台如雨后春笋般涌现。

（一）正逢国家密切部署“新基建”的战略发展机遇

2022年1月10日，《国家发展改革委等部门关于进一步提升电动汽车充电基础设施服务保障能力的实施意见》提到：到“十四五”末，充电基础设施体系要能够满足超过2000万辆电动汽车充电需求，新建居住社区要确保固定车位100%建设充电设施或预留安装条件。可见充电桩未来的巨大需求。

（二）正逢“一带一路”及全球低碳战略和新一轮能源变革的发展机遇

紧抓“一带一路”和全球能源互联网建设机遇，充分发挥产品和技术优势，积极拓展海外市场，产品远销近50个国家和地区。在生态文明建设的过程中，新能源汽车产业加快发展，在节约能源、降低排放、缓解雾霾、建设清洁绿色城市等方面起到了显著作用，而尽快攻克新能源汽车电池续航及充电桩建设的难题将助推节能减排。

（三）迎来“补车”到“补桩”的黄金发展期

随着电动汽车保有量的快速增加，充电桩作为电动汽车发展的必要基础设施，即将迎来快速增长，国家相关政策已明确将财政补贴从“补车”转向“补桩”，并引导地方财政补贴从“补购置”转向“补运营”，同时加大峰谷电价实施力度，积极引导充电基础设施参与电力削峰填谷。在市场、政策双重利好推动下，充电桩设备制造企业将迎来黄金发展期。

本研究共选取10家公司作为“值得信赖”汽车充电桩设备制造行业的分析对

象。按指数计算出2021年各公司在偿债能力、营运能力、盈利能力以及发展能力方面的数值，并绘制成图11。

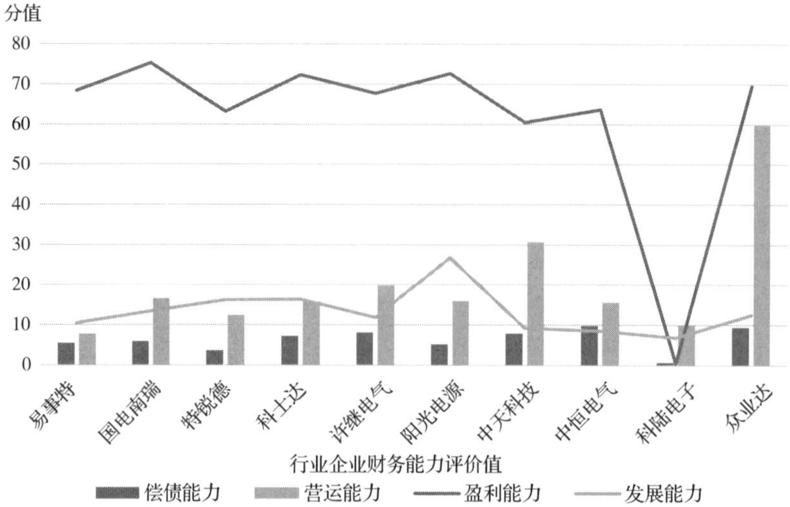

图11　充电桩设备制造行业企业偿债能力、营运能力、盈利能力以及发展能力评价对比图（100分制）

二、易事特：深耕智慧能源的创新模范

易事特集团持续紧跟全球数字化、碳减排大趋势和国家战略步伐，充分发挥行业龙头上市企业担当，围绕产业数字化和风电、光伏、储能、充换电等新能源领域，坚持研发创新。目前易事特深耕智慧能源体系的建构，全面提升企业核心竞争力，致力于打造一流高新科技上市企业，助力数字能源产业结构升级。近年来，易事特企业规模不断扩张，已经拥有高水平的自主研发能力，公司运营能力持续向好发展。但目前，易事特还是存在研发人员结构体系不足、应收账款回收风险等问题，公司在今后的发展过程中应当着重关注。

（一）优势与风险

1. 具备多方位强有力的领先优势

（1）企业家的标杆引领作用。何思模，现任广东易事特电源股份有限公司董事长兼总经理。在他的领导下，易事特取得了丰硕的发展成果。公司依靠“自主创新，自主品牌”的发展理念，取得了逆势而上的发展成绩，广受社会各界及媒体的关注和好评。

（2）技术研发优势。易事特秉承“技术创新，自主研发”的经营理念，持续搭建研发平台及构建产学研创新科研团队，不断强化科技创新工作，在关键技术攻关、新产品研制、标准体系建设等方面取得了较大成效，奠定了公司在行业内的领先地位。

（3）市场脉搏优势。作为中国通信标准化协会（CCSA）和通信电源与通信局站工作环境技术工作委员会（TC4）成员单位，易事特凭借强大的技术实力，参与起草了多项行业、地方、军工标准，使得易事特能够把握市场先机及技术方向，以行业领跑者的身份推动公司及行业的快速发展。

（4）生产制造优势。易事特各系列产品的核心模块均为自主研发制造，提前进行研发布局应对产品技术的升级换代，确保产品质量的高标准和稳定性。同时，易事特拥有先进的自动化生产线和现代化生产设备，现代化的工艺制程带来了产品的高可靠性和性能优势。

（5）营销服务优势。易事特拥有完善的营销服务体系和一支高素质的销售服务队伍，针对各大事业部（智慧电源、IDC 数据中心、光伏发电系统、新能源汽车充电桩、轨道交通）灵活配置对应的售后服务团队，以东莞松山湖总部为中心，在全球设立 260 多个客户中心和营销服务网点，保证及时响应客户的需求。

（6）产出规模优势。易事特在河南三门峡等地设立生产基地，在江苏南京、陕西西安设立研发中心，具备高效的生产能力和快速反应能力，满足公司研发、生产、组装、试验、测试、物流的需要，有利于进一步拓展公司在各区域的市场。

2. 发展过程中存在的潜在风险

（1）宏观环境变化及突发事件风险。国内外不确定因素骤然增多，经济形势复杂多变，未来国际国内宏观经济走势、市场需求如出现变化，会对公司及上下游行业的景气程度、生产经营情况产生影响。

（2）市场竞争风险。易事特正持续加大高端电源装备、数据中心、充电桩、5G 供电、轨道交通及储能系统业务的开拓力度，努力拓展市场份额，未来可能面临日益激烈的市场竞争，对于进一步扩大市场份额、提高市场竞争地位造成一定的压力。

（3）产业政策变动风险。易事特所执行的围绕高端电源装备、数据中心、充电桩、5G 供电、轨道交通及储能系统业务与国家宏观经济政策、能源政策、节能环保政策等密切相关，公司未来可能面临着国家出于宏观调控需要，调整相关产业政策的风险，从而给公司的业务发展造成影响。

（4）光伏项目运维管理风险。易事特的前期投资、建设的光伏电站项目已全部并网发电，进入项目运维阶段，存在运维管理、电网消纳能力等风险，从而导致收益可能不达预期。

（5）技术研发创新风险。随着新技术的创新速度加快、产品技术优势周期日益缩短以及客户对产品性能指标及个性化要求趋高，对于公司持续创新能力提出了更高要求。加大研发投入进行技术革新，可能导致经营成本上升，或新产品的高定价导致市场接受度下降。

（6）自身存在的不足。易事特存在较为显著的流动性压力，具有一定的偿债压力，影响公司资金运转和经营管理。另外，易事特的控股股东东方集团存在较高比例的股权质押，且存在质押风险，这在一定程度上会对易事特的融资活动带来压力。上市至今，易事特应收账款屡创新高，致使坏账风险增强，降低公司的经营效率。易事特研发人员结构仍有不足。

（二）"值得信赖"维度评价

1. 企业规模稳定扩大

2021 年受发展环境和自身经营影响，易事特进入缓慢扩张期，公司各类规模基本呈稳定状态，整体规模趋势向好发展。

（1）总资产小幅增长。受新冠疫情大环境影响，易事特 2021 年度总资产规模未有大幅提升，但好在，易事特总资产也未明显受疫情影响而大幅下跌。数据显示，易事特 2019 年总资产 12.68 亿元，2020 年总资产 132.07 亿元，而 2021 年总资产 134.24 亿元，虽较上年增长规模有所缩减，但仍保持稳中增长，增长率为 1.64%。

（2）收入规模显著提升。值得一提的是，易事特 2021 年收入规模有明显提高，2020 年营业收入为 41.70 亿元，2021 年营业收入为 42.97 亿元，同比上涨 3.05%，已属较好成果。

（3）人才队伍持续扩充。除资金收入方面以外，2021 年，包括子公司在内，易事特员工队伍共计 1730 人，本科及以上学历员工占大头，研发部门等核心部门员工有小幅增长，整体人才规模有所扩大。

2. 具备一定独立自主创新能力

（1）围绕主营业务，坚持以市场为导向。易事特把握市场变化趋势及客户需求，持续推进技术创新，增强企业核心竞争力，继续实施集团化研发管理体系，根据业务发展方向加强对口技术创新团队的建设和人才培养，优化研发流程并加强落地执行的推进，深入推进技术标准化工作，持续做好产品迭代和质量提升。

（2）技术创新体系持续完善，打造基于核心技术的开放式研发平台。易事特积极推进研发 IPD 变革，激发持续创新意识；打造集团研发中心，实现人才与资源共享，发挥团队最大合力；强化研发流程落地，注重市场调研与信息互动，提升新产品的市场转化；加速标准化进程，实现质量、效率、档次全面提升；加强研发设计信息化建设，统一软硬件与平台，推进新型软件上线，持续研发围绕客户需求的解决方案。

（3）研发投入不断加强，专利数量较多。2021 年，易事特研发投入占比营业收入 3.40%，在同行业中处于中等偏下水平，但易事特不断加大研发投入共计 1.46 亿元，较上年同期增加 7.66%，已有明显改进。拥有专利数 87 个，可以看出易事特具备一定的自主研发创新实力。

3. 运营能力持续向好

（1）公司治理能力有目共睹。在公司股权制衡度方面，第一股东持股与第二股东持股比率为 1.77，在做出重大决策时，高层之间能够得到有效制衡，避免专断独裁，决策更加科学合理。独立董事比例达 42.85%，处于行业内中上等水平，决策者能够有效做出独立判断，且能够有效进行内部控制。

（2）人才结构合理，具有高质量研发平台。易事特员工结构中生产、技术人员占较大比例，符合创新开发企业的发展模式。此外，易事特具备完善的研发平台，行业内平台赋分为 86 分，仅次于 95 分的国电南瑞，为创新创造打造专属平台，研发氛围活跃，有益于产品打造。

三、国电南瑞：新能源汽车充电桩领域的领跑者

国电南瑞是我国电力核心技术追赶国际企业的第一先锋，拥有国内最全的产品线，是国内体量最大的电力设备龙头，也是新能源充电桩领域的“三强”之一。已形成了以电力供给为基础的产业生态，拥有企业家的有力支持、齐全的产品线、领先的技术创新优势、锐意创新的人才优势及超大规模的市场规模优势。近几年，国电南瑞的企业规模持续扩大、品牌价值居于行业首位、面向关键核心技术突破的研发能力不断提升、人才体系强大。但也存在治理能力有待提高、资产运用效率不高、现金流常常“入不敷出”的问题。虽然国电南瑞技术水平领先于行业多数企业，但其与国际强企的距离仍然较大，亟须加大研发强度、提高研发效率，稳步发展，在技术和经营上都向国际一流企业靠近。

（一）优势与风险

1. 形成了以电力供给为基础的产业生态

（1）企业家的有力支持。冷俊于 2019 年 4 月至今，担任国电南瑞科技股份有限公司董事长。冷俊在任期间，领导公司加大研发投入，加快了在新型电力系统的布局和产业支撑。以冷俊先生为首的公司管理层提出，未来国电南瑞的发展战略将围绕“两大产业”“三大市场”规划。

（2）齐全的产品线。在产品线上，国电南瑞涉及大部分电网行业设备和系统，是国内产品线最全的企业，涵盖发、输、变、配、用、调度、信息通信等各领域，具备了全面支撑电网建设、参与国际市场竞争和引领电力自动化技术发展方向的能力。

（3）领先的技术创新优势。作为国网电力科学研究院的控股公司，国电南瑞坚持科技创新战略，研发费用超过同行数倍，是我国一些电力核心技术追赶国际企业的第一先锋。

（4）锐意创新的人才优势。公司坚持科技兴企和人才强企，着力优化人才成长环境，逐步形成了一支术业专攻、锐意创新、梯次配备的高素质专业人才队伍，为公司发展提供了持续有力的人才保障和智力支持。

（5）超大规模的市场需求优势。电力接入网是以国电电网、南方电网为代表的充电运营商的先天优势，国家电网因为在高速公路的电力网络，非常切合公共桩的布局需求，这也意味着与国电同派系的企业将在招标时获得更大份额。

2. 可能面临的风险

（1）行业政策风险。电力行业是关系国计民生的重要基础能源产业和公用事业，受到国家宏观行业政策的影响较大。未来宏观经济的周期性波动，可能致使

相关行业的经营环境发生变化，并使固定资产投资或技术改造项目投资出现调整，进而间接影响到电力行业发展。

（2）战略型人才引育困难的风险。如何培养和引进人才，尤其是能够引领领域内技术发展的领军人才，以及保持人才队伍的稳定是公司的重点工作。

（3）产品技术创新的风险。新技术新产品的开发和推广应用是确保公司核心竞争力的关键之一，如果公司不能保持持续创新的能力，不能及时准确把握技术、产品和市场发展趋势，将削弱已有的竞争优势，从而对发展前景造成不利影响。

（4）自身存在的不足。国电南瑞的资产规模庞大，但是公司的净资产收益率表现并不靠前，且近些年出现了下降之势。现金流常出现季度性“入不敷出”，现金流短缺对于体量如此之大的国企来讲无疑是一颗“定时炸弹”。

（二）“值得信赖”维度评价

1. 企业规模持续扩大

（1）总资产持续增长。国电南瑞 2019—2021 年总资产分别为 574.25 亿元、659.62 亿元、727.33 亿元。尽管新冠疫情对经济的影响较大，但电力基础设施作为保障民生的重中之重，其建设进程并未遭受重创。总资产持续增加，2020 年较上年增长 14.87%，2021 年较上年增长 10.27%。

（2）收入规模持续增长。三年间营业收入整体呈增长趋势，2019—2021 年营业收入分别为 324.24 亿元、385.02 亿元、424.11 亿元，2021 年的增长率为 10.15%。基本每股收益由 0.94 元 / 股增长为 1.02 元 / 股，这说明国电南瑞经营能力持续提升。

（3）员工规模稳定增长。为适应业务扩大需要，公司员工人数持续增长，2021 年员工总人数达 9551 人，其中技术人员为 6663 人，占比 69.76%，反映出公司强劲的研发及创新潜力。

2. 面向关键核心技术突破的研发能力不断提升

近年来，国电南瑞持续保持高强度的研发投入。研发投入超过了大部分同行业的企业，仅低于中恒电气一家企业，研发人员拥有的专利数也居于行业第二，但是离行业第一的中天科技尚有较大距离，需要继续加大研发效率。

3. 运营能力有待提高

（1）公司治理能力有待提高。国电南瑞股权制衡度评分为 4.14 分，处于赛道中等水平。独立董事比例为 36%，处于同行业平均水平，独立董事较好地履行了职责。公司实现了两职分离，有利于企业统筹长期目标和短期目标，以更健全的机制做出企业经营决策。

（2）人才体系强大。国电南瑞有强大的研发人才储备。其企业研发平台的赋分为 95 分，位居样本企业第一，未来发展潜力可观。

四、特锐德：高市场份额下的品牌价值和运营能力亟待提升

特锐德是目前中国最大的户外箱式电力产品系统集成商和中国最大的箱变研

发生产企业。基于在户外箱变领域的技术积累，公司成功开拓了新能源汽车充电网业务，并在新能源充电领域实现了快速发展。旗下特来电是新能源充电领域的研发先锋及充电网完整技术体系的首个搭建者。特锐德在优秀企业家的引领下，拥有了行业领先的技术创新研发能力、卓越的产品优势、充电网规模优势、合作资源优势及团队文化优势，是充电设备研发、充电网技术体系建设运营的先锋代表。近几年，特锐德企业规模持续扩大，但还需进一步加强研发投入及研发效率，提升品牌价值及运营能力，同时还要警惕产业政策、市场竞争、原材料价格波动、应收账款发生坏账等风险。

（一）优势与风险

1. 核心竞争力

（1）企业家的引领作用。特锐德及其旗下充电桩公司特来电的成功，与董事长于德翔不断创业的开拓精神和超前的投资眼光密不可分。正是他勇于更换赛道，重新创业的开拓精神和早早就瞄准新能源市场并敢于投资的远见让特锐德两次乘上了国家战略的东风，站上了新能源汽车的风口，实现了企业的持续高速发展。

（2）比较领先的充电网技术。公司在业内率先提出并坚持践行充电网技术路线，其设计理念充分契合未来新能源汽车规模化发展的充电需求。目前，公司在充电网技术领域已经取得了多项研发成果。

（3）率先实现智能运维。公司具有领先的充电网核心产品研发制造能力。在公司标准化的“模块结构”下，所有因升级而替换下来的充电模块可以立即进行区域降级使用，充分发挥每一个模块的最大利用价值。公司快速布局充电网形成的规模优势是公司业务发展的重要竞争壁垒。

（4）合作资源优势。公司秉承合作共赢的商业逻辑，积极寻求外部资源合作机会。目前已经与超过100家政府平台、公交集团等企事业单位成立合资公司，打造了覆盖全国的新能源汽车充电网。

2. 可能面临的风险

（1）产业政策、市场竞争风险。公司所处行业较容易受到国家总体经济政策和宏观经济环境的影响。此外，在经济不景气时存在因客户相关建设项目减缓或取消而使公司已获得订单执行周期加长甚至订单被取消的风险。公司所处的电气设备行业属于市场化程度较高、竞争较为激烈的行业，部分产品市场领域的资金门槛和资质壁垒逐渐降低，导致市场竞争加剧。

（2）原材料价格波动风险。报告期内原材料电子元器件、钢材等大宗商品市场价格变动明显，公司未来存在因原材料价格上升导致毛利率下滑而引起盈利下降的风险。

（3）应收账款发生坏账的风险。随着公司销售规模的扩大，应收账款余额有可能将继续增加。虽然公司客户质量较好，但仍然不能避免在宏观经济形势、行业发展前景等因素发生不利变化，或客户经营状况发生重大困难的情况下，应收账款存在发生坏账损失的可能性。

（4）管理风险。随着充电网业务的布局和拓展，公司子公司数量剧增，公司的管理跨度越来越大。随着公司内外部环境的变化，公司的组织结构、管理模式和人才发展等也应及时进行调整、完善。

（5）自身存在的不足。特锐德研发投入不高。在专利方面，特锐德相较其他企业还有很大差距，说明须提升创新效率。在品牌优势值及相对市场位势两方面都没有优势，需要采取措施提升品牌价值。从财务指标来看，特锐德的偿债能力、盈利能力和营运能力都位于赛道倒数第二或第三的位置，财务能力总体表现不佳。

（二）“值得信赖”维度评价

1. 企业规模持续扩大

（1）总资产规模持续增长。2019—2021 年公司总资产分别为 148.61 亿元、169.34 亿元、202.00 亿元。2021 年，随着新能源汽车普及度和充电桩新基建建设的加速推进，特锐德也实现了由盈转亏，总资产实现了增长。

（2）员工规模稳步增长。2019—2021 年公司员工规模不断扩大，分别为 5976 人、6562 人、7643 人，平均增长率为 13.14%，可见特锐德的员工人数正在稳步提升。

（3）销售规模增长，但盈利能力下降。2019—2021 年企业的营业收入呈增长趋势，分别为 67.41 亿元、74.64 亿元、94.41 亿元，平均增长率为 18.61%。但是在基本每股收益上，2019—2021 年的每股收益为 0.24 元 / 股、0.2 元 / 股、0.18 元 / 股，每股收益率在降低，说明虽然收入稳步增长，但成本费用消耗太多，盈利能力在下降。

（4）企业价值持续增加。以市值衡量的企业价值 2019—2021 年分别为 171.68 亿元、238.82 亿元、258.82 亿元，平均增长率达 23.74%，可见企业市值正在持续增加。

2. 创新投入和产出有待提升

特锐德的研发强度位列同赛道企业的倒数第四，可见其研发强度不高。在研发投入上，特锐德相较同行业的其他企业有较大差距。同时，特锐德拥有的专利数也不多。企业的创新强度和研发效率亟须提高。

3. 运营能力表现不佳

（1）公司治理水平有待提升。2021 年，公司第一大股东和第二大股东持股比例的比值为 6.66，第一大股东持股比例较高，与同赛道企业相比股权制衡度较低。独立董事占比 25%，低于行业平均水平。公司尚未实现两职分离，企业经营决策机制有待改进。

（2）人才体系需要完善。2021 年，特锐德员工中硕博研究生占比为 2.70%，在相似规模的企业中，许继电气及易事特的硕博研究生占比为 27.57% 及 3.70%。特锐德的高学历人才比例均小于上述企业，说明在人才体系构成上特锐德的竞争力不够，未来可能导致企业创新研发速度低于同赛道其他企业。

五、科士达：需深耕品牌建设，扩大产品市场位势

科士达是一家专注于数据中心（IDC）及新能源领域的智能网络能源供应服务商。新能源汽车充电产品技术处于行业领先水平。公司坚持“市场导向＋技术驱动”的发展思路，以“客户为本，匠心为质”的市场品牌定位，始终坚持行业深耕，建立了行业领先的以市场需求为导向的营销网络平台、产品研发平台及智能化供应链生产管理平台。公司将环境保护、节能减排纳入日常工作管理，在实现自身发展的同时，积极回馈社会，投身慈善事业。但公司也面临着一些财务风险，需深耕品牌建设，扩大产品市场位势，建设公司高学历人才队伍，形成较强的产品竞争力和技术创新能力。

（一）优势与风险

1. 形成营销、物流支撑，技术创新保障的核心竞争力

（1）产品研发及技术创新优势。科士达始终坚持“市场导向＋技术驱动”的研发方向，把技术创新视为企业发展的第一推动力，通过持续不断的自主创新，逐步提升产品核心竞争力。经过多年的技术积累与沉淀，在行业内形成了较强的产品竞争力、技术创新能力等核心优势。

（2）完善的国内外营销网络的优势。科士达采用“大渠道＋大行业＋大客户＋大项目”的销售模式，依托遍布全球的客户网，持续强化核心渠道建设，支持有实力的客户做大做强，与科士达共同成长壮大。同时，针对行业客户属性，加强售前技术支持和售后服务团队的人员配比；针对不同行业领域的差异化需求，为客户提供专业化的解决方案和技术服务。

（3）供应链优势。供应链平台基于ISO质量和环境管理体系，依托CRM客户管理系统、ERP系统、MES系统，全面导入卓越绩效管理，使整个供应链平台实现资源共享；发挥原材料集中采购优势，快速响应，确保产品质量。

2. 可能面临的风险

（1）宏观环境。国内外不确定因素增多，经济形势复杂多变，未来国际国内宏观经济走势、市场需求变化、原材料价格上涨等，会对本公司及上下游行业的景气程度、生产经营情况产生影响，从而影响公司经营业绩。

（2）法律、政策风险。随着海外基地与分支的扩张，公司全球业务稳步增长，但复杂法律环境或带来未知风险。在“东数西算”与“碳中和”趋势下，数据中心、光伏储能产品受市场热捧。然政策变动及扶持效果不确定性，或对公司运营构成潜在影响，需持续关注并灵活应对。

（3）战略风险。公司所处的数据中心产业和新能源产业发展迅速且复杂多变，现有市场竞争日益激烈，新技术、新产品、新商业模式不断涌现，产业发展方向的不确定性大大增加，给科士达的战略选择带来极大挑战。

（4）自身存在的不足。公司的财务风险主要体现在应收账款回款方面。公司

因产品销售合同纠纷新增的涉诉事项不确定性也将影响公司整体业绩情况。科士达研发队伍中高学历技术人员数量偏少，还需加强对于高层次研发人才的培育。

（二）“值得信赖”维度评价

1. 企业规模持续扩大

（1）总资产不断攀升。2018—2022年的总资产总体平稳，且呈现上升趋势。从2018年的35.42亿元增长到2022年62.20亿元，其中2022年的增速达到25.65%，在受突发性公共卫生情况影响过后，科士达积极恢复正常运转，公司总资产规模持续扩大。

（2）收入规模整体增长。2020—2022年营业收入整体呈增长趋势，分别为24.23亿元、28.06亿元、44.01亿元；基本每股收益分别为0.52元/股、0.64元/股、1.13元/股；归属于上市公司股东净资产分别为3.03亿元、3.73亿元、6.56亿元。

（3）员工规模稳中有增。为维持正常的业务运转，科士达2020—2022年员工人数基本保持稳定，且每年呈现上升趋势。分别为2897人、2917人和3818人。

2. 创新研发能力表现良好

科士达在创新研发方面已有一定成效。科士达的创新投入在“充电桩设备制造”赛道处于中等靠前位置，2021年公司研发投入总额占营业收入比例为6.01%，较上年同期减少1.19个百分点。

3. 运营能力逐步提升

（1）公司治理有序进行。科士达第一大股东持股比例与第二大股东持股比例的比值达到16.55，说明公司股权制衡度比较低，外部股东相对于控股股东的势力较弱，第一大股东的决策能力强。独立董事比例为42.86%，远远高于行业平均水平33.3%。公司实现了两职分离，以更健全的机制做出企业经营决策。

（2）人才体系比较完善。科士达的人才结构整体上合理，公司在职员工共计2917人。其中生产人员1592人，销售人员542人，技术人员651人，财务人员41人，行政人员91人。生产人员占比54.58%，基本符合汽车零部件行业对于生产人员需求的把控。技术人员占比22.32%，表明公司重视技术开发升级。

六、许继电气：需大力引育领军人才和国际化高端人才

许继电气是中国电力装备行业的领先企业。公司紧抓“一带一路”和全球能源互联网建设机遇，充分发挥产品和技术优势，积极拓展海外市场，产品远销近50个国家和地区，成了目前国内规模大、技术水平较高的电动汽车智能充换电系统制造商。许继电气主动把握能源与科技革命发展方向，坚定创新驱动发展战略，形成了服务牵引、技术支持的核心竞争力，具有强大的科研创新能力、智能化制造能力、全面的系统解决方案能力。在未来的发展过程中，许继电气需要加大研发创新资本的转换力度，不断用科技为公司赋能，提高品牌竞争优势与研发效率。

（一）优势与风险

1. 形成服务牵引、技术支持的核心竞争力

（1）企业家的有力支持。董事长孙继强与许继电气携手共进，不断成长，在许继电气的各个岗位中持续历练，充分了解许继电气的发展历程，并引领着许继电气的前行方向。

（2）打造敏捷响应服务。公司以服务领先战略作为牵引，以信息化为支撑，打造了以线上化、数字化、互动化为特征的敏捷响应服务平台。在服务领先战略的牵引带动下，公司运营效率、产品质量、服务能力等方面大幅提升。

（3）以科技创新提升国产替代能力。公司为国内首个100%可再生能源示范工程提供源网荷储整体解决方案。

（4）全面的系统解决方案能力。公司核心业务产品覆盖电力系统各个环节，具备超高压/特高压直流输电、柔性直流输电、智能配电网、智能变电站等整体解决方案能力、核心设备制造能力和工程服务能力。

（5）领先的智能化制造能力。公司依托首批国家智能制造专项和省级示范工厂，建成了国际先进的智能电表数字化车间、预制舱自动化智能生产线，实现了标准、技术、产品和方案的国内和海外输出。

（6）参与国家重点工程建设。许继电气先后为特高压智能电网建设、长江三峡工程及核电建设、高速铁路建设、电动汽车推广应用、智慧城市建设等大型工程项目提供了重要的技术支撑和装备支撑。

2. 可能面临的风险

（1）政策变化、市场竞争风险。国民经济发展的周期波动、国家行业发展方向等方面政策变化可能对公司的生产经营造成影响，国家电力投资的力度直接影响输配电行业的发展规模。公司所处行业部分细分市场领域的资金门槛和资质壁垒逐渐降低，导致电气机械和器材制造业市场竞争加剧，将会不利于经营业绩。

（2）人才引进风险。目前公司积极制定激励机制及人才培养制度，但新兴领域领军人才和复合型高端国际化人才储备不足。

（3）自身存在的不足。新兴领域领军人才和复合型高端国际化人才储备不足，仍需加强尖端人才培养，建立有吸引力的薪酬制度，吸引人才，留住人才。

（二）“值得信赖”维度评价

1. 企业规模持续扩大

（1）总资产规模稳步提升。2017—2021年的总资产总体平稳，且呈现上升趋势。从2017年的10329.49万元增长到2021年11990.69万元，其中2021年的增速达到7.14%，公司总资产规模持续扩大。

（2）员工教育程度结构不断优化。2019—2021年员工总人数保持在5500上下浮动，但本科及以上学历的员工数量在不断攀升：员工整体受教育水平不断提高，

教育结构不断优化。

（3）收入规模不断增长。2019—2021 年营业收入整体呈增长趋势，分别为 108.52 亿元、111.91 亿元、119.91 亿元，基本每股收益分别为 0.4228 元 / 股、0.7101 元 / 股、0.7184 元 / 股。

2. 重视科技创新能力

（1）着力强化科技创新，争创一流核心技术。公司以创新驱动求发展，紧密围绕国家重大装备和核心技术自主化的要求，坚持技术创新驱动产业升级。

（2）研发投入快速增长。许继电气 2021 年研发投入 6.17 亿元，同比增长 15.78%。研发投入占营业收入比例为 5.14%，较上年同期增长 0.38 个百分点。

（3）创新能力较强，专利数较多。拥有专利数 705 件，在同行业中处于中等靠前的水平。

3. 运营能力逐步提升

（1）公司治理体系比较完善。许继电气的第一大股东与第二大股东所持股份间的比率在 2021 年达到 10.69。除科士达外，此比值远高于同一赛道的其他企业，大股东的股份占比较大，相比之下，该公司股权制衡度较弱，但决策效率较高。独立董事比例达 33.33%，处于同行业平均水平，独立董事较好地履行了职责。

（2）研发团队高水平人才结构良好。许继电气研发人员占总员工人数的 45.58%，接近总员工人数的一半，符合该公司贯彻执行的“以创新驱动求发展”的战略理念。

七、阳光电源：新能源发电领域的积极行动者

阳光电源是一家专注于新能源电源设备的国家重点高新技术企业。在充电桩领域中，公司打造了阳光乐充管理平台，凭借出众的“研发、营销”能力和软实力，成为新能源发电领域的积极行动者。近几年，阳光电源的规模持续扩大，品牌价值在“充电桩设备制造”领域中位居前列，聚焦新能源主赛道的技术创新能力不断增强，公司运营能力表现良好。但在发展的过程中，阳光电源存在精细化管理不足、决策不当等问题，未来公司需要大力提升项目精细化管理水平，加强对项目经济性预判，实现对项目从前期开发、建设到交付的全周期精细化管理。

（一）优势与风险

1. 集聚出众的“研发、营销”能力和软实力

（1）较强的技术创新能力。阳光电源拥有一支研发经验丰富、自主创新能力较强的专业研发队伍，研发人员占比 40% 以上。坚持以技术创新为驱动，不断贴近市场需求，为市场提供更多变革思考和发展动力，助力新能源汽车产业发展。

（2）出色的营销能力。一方面，阳光电源布局了畅通的销售渠道。另一方面，阳光电源的产品具有强大的竞争力。

（3）独特的软实力。一方面，阳光电源敢于承担风险，敢于挑战；另一方面，阳光电源具备独特的企业文化。

2. 伴随“多层次多维度”的外部威胁

（1）政策变化不确定性，行业竞争激烈。随着新能源汽车行业的发展，政府可能逐步降低甚至取消对新能源汽车行业的各项补贴和政策，这将影响到新能源汽车的销量，进而间接影响充电桩行业的发展。

（2）供应链稳定性不足。随着新能源汽车、可再生能源发电、5G场景、充电桩等产业的快速增长，叠加全球疫情对上述生产商产能的影响，半导体器件存在一定的供应不足和价格波动风险，在这种情况下，供应商的议价能力会增加，原材料价格上涨，对充电桩企业的毛利率产生影响，甚至会加剧充电桩行业的竞争。

（3）显现精细化管理不足的缺陷。阳光电源在公司管理和决策方面存在一定的问题。正如阳光电源在经营计划中强调的，未来要“大力提升项目精细化管理水平，规避项目经营风险”。

（二）“值得信赖”维度评价

1. 企业规模持续扩大

（1）总资产规模不断扩大。阳光电源2017—2021年的总资产呈现上升趋势。从2017年的162.48亿元增长到2021年的428.40亿元，其中2021年的增速达到52.98%，公司总资产规模持续扩大。

（2）收入规模不断增加。在2017—2021年，阳光电源销售收入的变动呈现上升趋势，销售收入从88.9亿元上升到241.4亿元，复合增长率是28.37%，可以直观看出阳光电源近年来公司规模在不断扩大。

（3）员工规模大幅增加。阳光电源在2020年共有员工4492人，到了2021年激增到6726人，从中也可以看到公司规模的扩张。

2. 创新能力较强

阳光电源深耕光伏、风电、储能等新能源领域，强化技术创新，加速全球化布局，品牌影响力显著增强，核心业务稳居全球市场前沿。公司设立研究中心，引领“新能源+”价值链构建，创新“光储充一体化”及“充电+”综合方案，展现强劲创新能力与持续升级态势，不断巩固行业领先地位。

3. 运营能力较好

（1）公司治理水平较高。阳光电源秉持独立制衡、权责明晰原则，构建完善的法人治理结构。科学界定组织权责，促进内部制衡。在人力资源领域，实施全面内控与激励机制，覆盖招聘、培训及管理等各环节。同时，建立严密的控制活动体系，涵盖职务分离、授权审批、会计系统等关键环节，确保运营高效稳健，进一步巩固了企业的治理与管理优势。

（2）人才体系健全。2021年，阳光电源有硕士994人，博士31人，均居行业前列，彰显了对高端人才培养的高度重视。

八、中天科技：亟待加强经营管理能力，谨防经营风险

中天科技是中国光电线缆领域的龙头企业之一，集团旗下的中天昱品拥有完善的充电桩产品线，产品结构独特，性能稳定，拥有多项专利技术。中天科技紧抓国家新基建战略布局的机遇，依靠“精细制造、智能制造”的经营理念以及多位一体的综合竞争优势，构建了信息通信、智能电网、新能源、海洋系统、精工装备、新材料等多元产业格局。在持续变革中，中天科技积极布局人才发展链，高度重视自主创新能力，其产品技术水平实现与国际“并行”甚至“领跑”。然而，中天科技也出现了品牌影响力削弱、盈利能力和发展能力不足等问题。未来中天科技需要加强经营管理，强化自身优势，巩固市场地位。

（一）优势与风险

1. 依托“多位一体”的综合竞争优势

（1）企业家精神为公司注入前进动力。作为中天科技的董事长，薛济萍先生传承了家乡先贤张謇实业报国的情怀和“强毅力行，务实精进”的创业精神，积极带领公司转型升级、做大做强，使中天科技从一家亏损数十万元的乡镇建材企业成为中国光电线缆行业的龙头企业。

（2）在持续变革中打造奋斗团队。中天科技结合产业发展方向和技术研发需求，坚持引进高层次人才。通过共同使命、核心价值观和文化基因牵引，将中天精神融入企业的经营管理理念中，形成自我奋斗驱动力。

（3）着力打造高水平创新平台。公司充分利用国家级企业技术中心以及广泛的产学研合作平台，积极布局前沿关键技术研究，促进科技成果转化和重大工程应用工作。始终把自主创新能力放在战略高度，不断落实“研发费用逐年递增”举措，为技术人员提供丰富的创新平台。

（4）以数字技术提质增效。中天科技持续进行智能改造和数字赋能，促进生产制造提档升级。同时，公司积极探索多机协同系统应用，实现了机械手、物流系统、生产设备高效协同，提高运营效率35%。

2. 国内国际市场风险并存

（1）国内市场竞争激烈。中天科技业务广泛，面临多方市场竞争。中低压电缆领域因技术门槛低、投资要求少而竞争激烈，政府扶持更吸引潜在进入者，未来资本与企业涌入将加剧行业竞争态势。

（2）国际市场不确定性加剧。中天科技可能面临设备、原材料等资产短缺和客户流失等风险，进而导致公司生产受限、订单减少、成本增加，对公司的业务和经营产生不利影响。

（3）显露经营管理弊端。2021年，中天科技的净利润只有2.82亿元，同比下降88.11%，经营业绩爆雷。公司的重大风险提示公告指出，中天科技及其下属经营高端通信业务的控股子公司存在部分高端通信业务相关合同执行异常。该事项

导致公司产生巨大损失，也反映出中天科技的经营管理存在不足。

（二）“值得信赖”维度评价

1. 企业规模持续扩大

（1）总资产规模总体扩大。2017—2021 年，中天科技的总资产规模总体呈现上升的趋势，从 2017 年的 268.08 亿元上升到 2021 年的 456.32 亿元。2021 年，中天科技的总资产有一定幅度的下降，相比 2020 年减少了 3.21%。但总的来看，近年来中天科技的规模不断扩大。

（2）收入规模持续扩大。2017—2021 年，中天科技销售收入的变动呈现上升趋势，销售收入从 271 亿元上升到 462 亿元，复合增长率是 14.27%，可以看出中天科技的公司规模有所扩张。

（3）员工规模稳步增大。从 2019—2021 年，中天科技在职员工的数量由 12008 人增长到 12836 人，增长率是 6.9%。2021 年，具备硕士及以上学历的员工人数是 353 人，同比增长 8.28%，由此可见公司在逐步提高员工规模，不断引进高层次人才，优化人才体系结构。

2. 创新能力持续提高

中天科技的研发强度居于同赛道末端，仅高于众业达。相比于同赛道的其他公司，中天科技的研发投入不足。但公司始终将科技创新作为驱动企业高质量、可持续发展的动力，不断提升自主创新能力。伴随着研发投入的增加，中天科技的创新能力在持续提高。

3. 运营能力欠缺

（1）财务能力有待强化。在偿债能力方面，在 2017 年到 2021 年间，公司流动比率虽然有一定幅度的下降但还是远超行业均值，说明公司短期偿债能力较强。同时，速动比率始终高于行业速动比率，说明它具备较强的短期偿债能力，公司偿债风险较低。

在盈利能力方面，权益净利率从 2017 年的 12.04% 减少到 2021 年的 1.08%，出现断崖式下降且始终低于行业均值。在发展能力方面，中天科技的资产增长率在 2017 年到 2021 年间呈现下降的趋势，造成该现象的原因是公司减少了大量的金融性资产，投资战略发生了变化。在运营能力方面，在 2017 年到 2021 年间，公司销售收入的增长快于资产规模的增长，且存货周转率呈现上升趋势且高于行业均值，项目管理水平有所提高。

（2）公司治理体系完善。中天科技建立了全面覆盖和多层次的内控建设体系，围绕“公司发展战略，识别公司主要风险，采取应对这些风险的关键控制活动”，以控制和防范重大风险，并建立制定适应本公司的内部控制手册和内部控制评价，保障内部控制持续完善和有效运行。

（3）人才体系健全。中天科技从创立至今，始终贯彻“崇善厚德、人尽其才”的人才理念，积极打造人才供应链，把人力资源作为企业的核心资源。

九、中恒电气：需关注行业颠覆性产品

中恒电气是一家专注于零碳智能社会建设的数字能源公司。恰逢能源变革的机遇期，公司积极布局从“车—桩”到“能源互联”的关键技术，做低碳交通领域的践行者。凭借核心技术、战略合作伙伴等不可替代的资源以及突出的产业协同能力、快速响应能力，中恒电气打造了“资源－能力”一体化的竞争优势，未来可在充电桩行业深耕。近几年，中恒电气的规模不断扩大，公司始终坚持创新驱动发展理念，注重创新能力和创新人才的建设，治理体系、人才体系逐渐完善。但在“充电桩设备制造”领域中，中恒电气的品牌价值、运营能力和国际化水平有待提高。在未来发展的过程中，中恒电气可以把握双碳机遇，提升充电桩市场占有率，提高产品竞争优势和研发效率。

（一）优势与风险

1. 打造“资源－能力”一体化的竞争优势

（1）不可替代的独特资源。首先，中恒电气有多项核心技术。中恒电气始终坚守自有技术开发与自主知识产权。在电力电子技术领域，公司拥有25年的核心技术积累，成功孵化一批拥有一定行业领先地位的新技术、新产品，并牵头或参与制定了一系列国家和行业标准。其次，中恒电气有密切的战略合作伙伴，在电动汽车充电桩领域，中恒电气致力于成为一流的充电桩设备供应商。公司在保持与国网恒大、小桔充电、BP（英国石油）等交/直流充电桩核心用户良好合作关系的基础上，成功开拓壳牌石油、小鹏汽车等重要客户，与平安租赁、联联充电达成战略合作协议，储备了直流超级快充和交流有序充电产品，为后续充电桩市场需求爆发蓄势。

（2）持续稳定的出众能力。一方面，中恒电气有突出的产业协同能力。另一方面，中恒电气有出众的快速响应能力。中恒电气积极推动与下游客户、上游供应商建设产业共同体，实行开放式产品研发，使用户深度参与产品研发生产、公司深度参与用户需求实现，基于产业共同体协同效应和底层标准化体系建设，提升以客户为中心的规模化定制解决方案快速响应能力，不断增强客户黏性。

2. 面临“竞争－产品－上下游”多维度的挑战

（1）企业竞争激烈。我国推出一系列相关政策推动充电桩行业发展，加上进入充电桩行业的门槛较低，导致大量企业涌入，与充电桩相关的公司数量呈现出了飞速增长的趋势，潜在进入者持续增加，竞争愈发激烈。

（2）产品迭代快速。产品更新快，向企业提出了更高的要求，企业只有不断进行技术创新，顺应客户需求，注重品牌优势，才可以获取更高的市场份额。大量资源投入的同时也意味着经营和财务风险的提高。

（3）上下游纵向一体化布局。由于上下游企业了解市场和原材料投入的成本等，他们对于原先制造充电桩设备的企业的议价能力强，制造设备的企业将会面

临原材料价格上涨、毛利率下降的风险。

（4）生产研发的效果和效率有待提高。将中恒电气的市场份额与赛道中其他企业的市场份额进行对比，发现中恒电气的市场份额处于末端，在一定程度上说明，中恒电气的产品竞争力较弱，品牌优势低。中恒电气的研发强度达到 8.63%，位列第一，但是研发人员拥有的发明专利数仅有 52 件，说明中恒电气的研发效率不高。

（二）“值得信赖”维度评价

1. 企业规模不断扩大

（1）总资产规模总体扩大。分析中恒电气 2017—2021 年总资产的变化可知，公司总资产规模总体呈现出上升的趋势，并且在 2020 年有大幅度的增长。总的来说，此五年间中恒电气的规模不断扩大。

（2）收入规模持续扩大。中恒电气营业收入的变动情况同样在一定程度上说明了公司规模的不断扩大。此五年间，除了 2017 年营业收入出现小幅度的下降以外，每年都呈现增长态势。

（3）员工规模有序扩大。中恒电气在 2020 年共有员工 1911 人，到了 2021 年增长到 2062 人，从中也可以看到公司规模的扩张。

2. 创新能力较强

中恒电气坚持创新驱动发展理念，保持高强度研发投入，并始终把“掌握数字能源的前沿技术和研发具有国际竞争力的产品”作为发展的战略支撑，面向“电力电子技术”“电力数字化技术”“能源云平台技术”等关键技术饱和投入。在“充电桩设备制造”赛道，中恒电气的研发强度位列第一，说明中恒电气十分看重技术创新，在一定程度上说明公司创新能力较强。

3. 运营能力中等

（1）公司治理体系完善。中恒电气构建了规范的治理架构与议事规则，制定了长远发展战略，贴合公司实际。人力资源上，依托企业文化与长效激励机制；控制活动则覆盖资金、成本、资产、销售及研发等多维度，实施精细管理。这些举措共同彰显了中恒电气完善的治理体系与卓越的治理能力。

（2）人才体系逐步完善。2021 年，中恒电气具有研究生及以上学历的员工人数为 124 人，仅高于“充电桩设备制造”赛道中的科士达。这说明中恒电气在人才体系方面亟待加强。近几年，通过多层次人才培养体系有效推进各层次人员培训，提升员工素质，同时推进实施员工持股计划等人才长期激励政策，吸引优秀人才加盟，留住核心人才。

十、科陆电子：亟待完善内控体系

科陆电子作为国际化的综合能源服务商，其子公司车电网引领充电设备市场，屡创国内先河。依托深厚积淀与综合优势，科陆电子在新能源汽车充电领域树立标杆，为全球多国提供创新能源方案，旨在成为世界级服务商。然近年来，公司面临规模缩减、品牌影响力减弱及运营挑战。未来科陆电子需聚焦资产优化，加速资金回笼，强化内控体系，以有效策略缓解经营压力，重塑辉煌，持续推动全球能源服务领域的创新发展。

（一）优势与风险

1. 逐步提升综合竞争优势

（1）重视自主创新能力的培育。科陆电子是国家高新技术企业、国家技术创新示范企业，曾多次参与国家和行业标准的制定，在行业中具备出众的自主创新优势。在发展的过程中科陆电子始终高度重视技术创新和研发投入，并积极探索新的技术应用。

（2）以信息化提升精细化管理水平。科陆电子进一步提升了精细化管理的水平，对组织架构进行了优化，通过组织合并、业务整合等方式，提升各业务单元的盈利能力和经营效率。科陆电子不断完善风控与内控体系建设，加强商机评审、开标评审、合同审查等环节的风险管控，推动经营风险“早发现、早预防”。此外，还大力推进信息化建设，提高公司整体运营效率，降低运营成本和运营风险。

（3）形成基于全产业链的竞争优势。科陆电子在电力行业深耕多年，打造了完整的产业链布局。公司依托在智能电网和新能源产业链方面的优势，整合能效诊断、节能改造、用能监测、分布式新能源发电、冷热电三联供、储能、云平台、变配电自动化等产品和技术，积极开展综合能源服务业务，从供能、配电、储能、用能到运维，从前端咨询到方案整合，提供全生命周期产品及服务一揽子解决方案。

2. 面临经营和财务双重风险

（1）行业内部竞争激烈。充电桩行业巨大的发展潜力吸引了众多民营和国营资本进入，行业竞争较为激烈。一旦盈利模式明显，大量资本和企业将涌入充电桩行业，从而加剧充电桩行业的竞争格局。充电桩设备制造企业需要将自己的产品销售给运营商，面对众多的充电桩制造企业，运营商的选择多，议价能力强。如果充电桩产品的质量不过关或成本过高，这些制造企业将会面临产品滞销的风险。

（2）成本控制失效风险。成本控制设计不合理或者运行无效将会导致公司利润下降、市场竞争力削弱。从长远来看，这不利于公司创造生产经营效益。

（3）资金缺乏风险。充电桩业作为资本密集型高科技领域，研发投入巨大，失败则资金链易断，影响运营。同时，该行业目前才新兴，产品迭代快，销售挑战大，容易导致库存积压。低周转率不仅阻碍资金回笼，还增加管理负担与减值风险，共同构成资金短缺的潜在威胁。

（4）存在经营状况不佳和内控体系失效双重问题。科陆电子 2018 年度、2019 年度连续两个会计年度经审计的净利润均为负值。因 2020 年的经营业绩较好，公司股票交易被撤销警示。但 2021 年净利润再次出现负值。同年，审计报告显示公司持续经营能力存在不确定性，即未来的事项或情况可能导致科陆电子不能持续经营。

（二）“值得信赖”维度评价

1. 企业规模持续缩减

（1）总资产不断减少。2017—2021 年，科陆电子的总资产规模呈现明显下降的趋势，从 2017 年的 153.35 亿元下降到 2021 年的 82.81 亿元。近几年科陆电子大量处置固定资产等经营性资产，固定资产不断减少。2021 年固定资产是 12.23 亿元，对比 2017 年的 40.99 亿元，下降了 70.16%。值得关注的是，2021 年，公司存在所有权或使用权受到限制的资产，规模达到 16.67 亿元，占比达到 20.13%。科陆电子总资产规模持续减少，现有规模中还存在大量受限制的资产。

（2）收入规模总体下降。从 2017—2021 年，科陆电子的营业收入大幅度下降，从 43.76 亿元下降到 31.98 亿元，复合增长率为 –7.54%。2020 年，公司销售收入有小幅度的上升，但总体来看，科陆电子的收入规模缩小，从中可以推测公司规模在不断缩减。

（3）员工规模持续下降。从 2017—2021 年，科陆电子的员工人数呈现下降趋势，从 4977 人下降到 3217 人，下降了 35.36%。从中也可以看到公司规模的缩小。

2. 创新能力达到行业先进水平

科陆电子的研发实力雄厚，研发产品覆盖国家电网、南方电网大部分需求，同时海外电能表产品通过了多项国际主流认证。公司参与了多项国家标准的制订，进行了大量前瞻性研发及技术储备，达到了行业先进水平。在“充电桩设备制造”赛道，科陆电子的研发强度居于前列，仅次于中恒电气和国电南瑞。

3. 运营能力表现一般

（1）公司治理持续完善。科陆电子以“层级扁平化、职能共享化、运营一体化”的矩阵式管理组织架构为目标，对各事业部及经营主体进行赋能、联动、服务和管控，持续健全风险管理及内部控制机制。近几年，科陆电子不断完善内控机制，积极健全公司治理体系。

（2）人才体系有待加强。2021 年，科陆电子具有 60 名硕士及以上学历的研发人员，仅高于“充电桩设备制造”赛道中的科士达和中恒电气。这说明科陆电子在人才体系方面亟待加强。同年，公司具有硕士学历的研发人员数量同比减少 15.49%，存在核心技术人员流失的风险。

十一、众业达：亟须提升汽车电控系统等产品的创新能力

众业达是一家专业的工业电气产品分销商，致力于为电力、石化、工业、交通、能源和各类基础设施等终端用户提供工业电气产品。公司围绕“3+1”的经营战略，以“行业覆盖、产品覆盖、区域覆盖，加人力资源”为战略核心，持续提升“分销网、物流网、技术服务网，加互联网”的“3+1”网络和“配电团队、工控团队、中小客户团队，加技术服务”的“3+1”团队两个核心竞争力，推动业务

的可持续发展。近几年，在传统产业复苏及新基建、碳中和、新能源等新兴领域投资的拉动下，众业达通过制定差异化发展战略，实现了企业规模的增长和运营能力的提高。然而，面对创新能力较弱、市场占有率相对较低等问题，众业达需结合自身发展，加大研发投入，提升技术优势，以市场需求为导向，研究市场发展趋势，提高市场覆盖率。

（一）优势与风险

1. 形成“一站式”销售服务优势

（1）一站式电气产品供应服务。众业达始终坚持多品牌、多品类经营，从国产品牌到合资品牌，从中低压配电到工控自动化产品线，并通过多品类产品组合为客户提供以解决方案为核心的增值服务。

（2）仓储物流保障优势。众业达拥有 8 个中心物流中心和 50 多个物流中转仓，37 家分销子公司都有独立的仓储中心，实现 200 公里范围内自有车辆配送，确保时效性。

（3）O2O 服务体系，技术服务协同优势。以工业速派为在线服务平台，完善 KA 平台、自由平台、备品备件、培训认证等功能，以众业达技术中心 ZYDCARE 为服务统筹与协同系统，对接服务站、供应商等服务端口，提供配电产品、工控产品、项目方案技术服务，涵盖售前、售中、售后、备件、技改等业务进程，并发展设备检测、预防性维护等增值服务业务。

（4）三级服务网络优势。建设 30 多个众业达自营服务站、300 多名工程师为核心服务资源，覆盖一线和部分二线城市；严选 30 多个城市合伙人服务站、300 多名工程师，覆盖二、三线城市，承接所在城市约定合同范围的服务；发展 1000 多个签约服务站、10000 多名工程师，通过考核认证，挑选在过往承接服务中评分高于 4.5 分的服务商，覆盖三、四线城市或更偏僻区域。

（5）专业化的团队优势。众业达致力于打造“配电团队、工控团队、中小客户团队加技术服务”的“3+1”团队。另外，公司通过成立“赋能中心”，对“3+1”团队进行协同和赋能，包括技术研发、市场营销、人才培养等方面，从而实现业务的全面覆盖和持续发展。

2. 可能面临的风险

（1）宏观经济波动引致的市场风险。工业电气产品的最终客户主要分布于电力及能源、交通、工业、城乡基础设施建设、商业及民用等领域，宏观经济的波动对公司最终客户的需求会造成一定影响。

（2）应收账款发生坏账的财务风险。随着销售收入的增长以及根据市场情况适度延长信用期限，公司的应收账款及发生坏账的风险会相应增加。

（3）销售折扣不稳定的成本控制风险。如果市场环境或公司经营情况发生重大变化，使公司部分或全部无法达到经销协议关于销售折扣的条件要求，公司将存在无法获得销售折扣，进而影响成本控制的风险。

（4）自身存在的不足。由于在研发上的投入较低及核心技术人员的流失，导致公司取得的研发成果并不大。同时，在研发平台的设立上，众业达也处于相对落后状态。在“充电桩设备制造”赛道中，众业达的市场占有率依然处于中游，相对市场位势为7.99，与占据绝大部分市场的中天科技和国电南瑞相比，其市场优势较低。

（二）“值得信赖”维度评价

1. 企业规模持续扩大

（1）总资产不断增加。2019—2021年，众业达的总资产分别为53.65亿元、62.58亿元、67.09亿元。其中2020年较上一年增长16.64%，2021年较上一年增长7.21%。

（2）收入增幅逐年提高。2019—2021年，众业达的营业收入分别为99.25亿元、107.41亿元、125.48亿元。其中2020年较上一年增长8.22%，2021年较上年增长16.92%。基本每股收益由2019年的0.41元/股增长到2021年的0.76元/股，可见众业达的收入规模持续增长。

（3）利润高速增长。2019—2021年，归属于上市公司股东的净利润分别为2.25亿元、2.61亿元、4.16亿元。其中2020年较上年增长15.97%，2021年较上年增长59.19%。归属于上市公司股东的扣除非经常性损益的净利润分别为2.22亿元、2.56亿元、3.13亿元。众业达全资子公司上海泰高开关有限公司的房屋搬迁补偿款在2021年度进行确认并计入当期非经常性损益，该款项影响公司2021年净利润10,472.32万元。

2. 研发创新能力偏弱

（1）研发投入较低。众业达通过打造属于自己的销售网络分销工业电气元器件产品，而在系统集成产品和成套制造产品的生产与研发上，公司的投入相对较低，因此造成了与同赛道其他企业差距较大的局面。

（2）研发人员数量逐年下降。2018—2021年，众业达研发人员数量从179名下降至123名，研发人员占比从5.73%下降至3.47%，且呈现逐年递减趋势。众业达需要不断完善人才激励机制和薪酬体系，提高员工待遇；创建积极向上的企业文化，吸引并留住高技术人才。

（3）研发成果较少。中天科技凭借4109件发明专利处于绝对优势，国电南瑞、阳光电源和许继电子所拥有发明专利数处于相对领先地位，而位于赛道下游的众业达以6件发明专利陷入明显劣势。由上述可知，公司对于相关产品的生产投入程度较低，以及研发人员数量的逐年递减，都是造成研发成果不理想的原因。

3. 运营能力稳步提升

公司治理体系比较完善。众业达自设立以来，建立健全公司法人治理结构，公司与控股股东在业务、人员、资产、机构、财务等方面完全分开，具有独立完整的业务及自主经营能力，不存在受控于控股股东、实际控制人的情形。

第十一章　充电桩运营商行业

2018 年以来，中国汽车行业经历了产销“三连降”，2021 年又遇到了芯片短缺等一系列严峻挑战，但在新能源汽车以及整车出口的带动下，中国汽车行业实现整车销售 2627.5 万辆，同比增长 3.8%，实现恢复性增长，在全球汽车行业经历百年未有之大变局的背景下，展现出强大的发展韧性和发展动力。

一、充电桩运营商行业发展环境分析

全球新能源汽车渗透率的提升带动了充电桩需求的增加，在《推动能源电子产业发展的指导意见》《“十四五”扩大内需战略实施方案》等一系列产业政策文件中，提出进一步优化中心城区公共充电网络布局，加大外围城区公共充电设施建设力度，充分考虑公交、出租、物流等专用车充电需求，结合停车场站等建设专用充电站，鼓励充电运营企业通过新建、改建、扩容、迁移等方式，逐步提高快充桩占比。

（一）把握“市场演变、技术发展、行业变革”的趋势变化

从市场演变看，用户“个性化、多元化、圈层化”的特点更加明显，市场更加细分，营销模式和触达机制也在深刻变化；“数字化工具”的应运而生为市场分析提供新路径。

从技术发展看，以电动智能网联为主要特征的“新赛道”正在加快构筑，“数据决定体验、软件定义汽车”的趋势愈加明显；掌握大数据、软件、芯片、人工智能等核心技术，打造新的技术底座。

从行业变革看，市场与技术的力量正在推动产业重构，汽车行业呈现出“消费电子化”的发展特征；公司需要加快变革体制机制、加速跨界融合，拓展产业的“新疆域”，全面焕新业务体系。

（二）新能源汽车需求增长助推充电桩行业发展

预计到“十四五”末，我国电动汽车充电保障能力可满足超过 2000 万辆电动汽车充电需求，新增公共充电桩（标准桩）与公共领域新能源汽车推广数量（标准车）比例力争达到 1∶1，这将推动我国充电桩行业进一步加速建设。

本行业主要选取了上汽集团和万马股份作为“值得信赖”汽车充电桩运营商行业的分析对象。

二、上汽集团：应当尽快解决资金回流的迟滞性问题

上汽集团作为国内规模领先的汽车上市公司，努力把握产业发展趋势，加快创新转型，正在从传统的制造型企业，向为消费者提供移动出行服务与产品的综合供应商发展。旗下的上汽安悦是国内充电桩运营商中的一流企业，为大中小城市供应汽车充电服务设备，是上汽集团对于出行服务业务的拓展示范。近年来，上汽集团发展成果瞩目：企业规模稳中有增、品牌价值有明显优势、具备高水平的自主创新能力和人才体系、内部治理稳健运行。但上汽集团也存在总资产规模缩减、研发强度稍弱、资金回流缓慢的问题，在今后的发展中有待改进。

（一）优势与风险

1. 具备长期积累的综合优势

（1）强大的背景支持和先进的技术优势。上汽集团旗下设有新能源汽车配套充电设施一站式综合服务商“安悦充电”。上汽集团作为国内领先的汽车制造商，为进军充电桩运营行业提供了强大的品牌支持和资源保障，在技术研发、市场推广以及充电设施建设等方面拥有得天独厚的优势。公司的充电设备兼容性强，适用于各种类型的电池，能够满足各种设备的需求。

同时，安悦充电采用先进的充电技术，具有过充、过流、过热等保护功能，确保电池和设备的安全。充电速度快，显著缩短电池的充电时间，提高充电效率。

（2）广泛的市场覆盖和良好的市场表现。自 2015 年创立以来，上汽集团旗下的安悦充电已在全国范围内建立了大规模的充电桩网络。根据最新信息，其充电桩数量已达到 66 万根，覆盖了众多城市和地区。广泛的市场覆盖不仅为新能源汽车车主提供了极大的便利，也为安悦充电带来了稳定的客户群体和市场份额。其高品质的服务和标准化的管理赢得了良好的口碑。

另外，安悦充电不仅为新能源汽车制造商和车主提供服务，还为充电设施运营商提供完整的解决方案，满足不同客户的需求。

2. 可能面临的风险

（1）宏观环境变化及突发事件风险。全球经济增长放缓，国际贸易摩擦、贸易保护主义抬头、突发的公共卫生事件、国内外原材料短缺或上涨等因素均可能影响企业的发展。国内外不确定因素骤然增多，经济形势复杂多变，未来国际国内宏观经济走势、市场需求如出现变化，会对本公司及上下游行业的景气程度、生产经营情况产生影响。

（2）芯片等供应链不稳定的风险。由于芯片等关键零部件的供应链恢复不稳定，可能影响生产供应，并推升原材料价格、加大经营压力。汽车行业的生产和供应链是高度复杂和紧密相关的，因此，如果一个或多个关键零部件的供应出

现问题，可能导致整个生产线的停滞或延误，从而影响整个汽车行业的产销和经营。此外，供应链问题还可能导致原材料价格的波动，这将直接增加汽车企业的成本。

（二）“值得信赖”维度评价

1. 整体企业规模稳中有增

首先，总资产规模小幅缩减。上汽集团2019—2021年的总资产分别为8493.33亿元、9194.15亿元、9169.23亿元，可以看出上汽集团的总资产在2019—2020年有所增长，增长率为8.25%，而2020—2021年增长率降为–0.27%，总资产较上年减少24.94亿元。其次，员工队伍保持稳定。2019年上汽集团在职员工总人数为216360人，2020年为204815人，2021年为207246人。说明上汽集团的员工规模庞大且比较稳定，公司在保持基本队伍体系的同时进行小规模化增减调整。最后，主营收入有所增长。2020年上汽集团的主营业务收入为7101.96亿元，2021年增长至7459.77亿元，增长率为5.04%。可见公司的收益规模持续扩大，利润空间发展前景良好。

2. 拥有高水平的自主创新能力

2021年，上汽集团的研发投入为205.95亿元，占营业收入的比重为2.71%，研发投入规模庞大，且2021年专利数达到了2230件。可见，上汽集团拥有雄厚的资本资金力量，且重视对于创新研发的产出，创新能力行业瞩目。

3. 具备良好稳健的运营能力

（1）公司治理稳健运行。上汽集团针对外部环境变化有效防范和控制风险，保障稳健经营，始终坚持规范运作，严格履行信息披露义务，积极开展投资者关系管理，努力提高公司治理水平。公司独立董事比例达到了43%，高于一般水平（33%）。同时，实现了两职分离并能够进行有效的内部控制。

（2）拥有高层次人才团队。上汽集团对于高层次人才的引进较为重视。上汽集团通过精心的人才选拔、入职后的体系化培育，将沿着“新四化”战略发展路径，加快建成富有创新精神的领军企业。

三、万马股份：要以高层次人才引育为抓手，提升关键核心技术创新能力

万马股份是一家深耕电线电缆、高分子材料及充电桩新能源的民营高新技术企业，凭借充电一体化产业链优势、国际领先装备及高水平研发平台，引领行业发展。其子公司万马爱充作为国内充电桩领域佼佼者，其充电桩广布全国，提供全方位充电站解决方案。近年来，公司规模扩张显著，研发实力日增，财务稳健，治理高效。然而，面对品牌价值提升瓶颈、发明专利稀缺、高端人才短缺及盈利潜力待挖掘等挑战，万马股份亟须采取行动，优化品牌策略，强化创新能力，吸引并培育顶尖人才，同时探索增强盈利能力的路径，以巩固市场地位，推动公司可持续发展。

（一）优势与风险

1. 打造全方位领先的优势架构

（1）在线缆领域具备较好的竞争优势。万马股份在线缆中高端产品市场竞争中已具备稳定的竞争优势。其核心子公司万马高分子集团是国内电线电缆领域领先的新材料企业。

（2）具备充电领域一体化产业链优势。通过三十余年行业积淀，万马股份已经具备完善的从线缆材料到各品类电线电缆、通信线缆、新能源线缆的完整产业链；在新能源汽车充电服务领域，具备从充电设备制造到投资建设，再到充电网络服务运营一体化的产业链优势，能为客户提供电力传输、新能源汽车充电服务等领域的综合解决方案。

（3）具有高水平的研发平台和产学研合作体系。万马股份重视科技创新，以技术推动企业高质量发展。公司还和国内多所知名高校和国内权威科研机构强强联手，开展产学研合作，多次代表行业制定产品、技术标准，在产品、技术领域引领行业发展。

（4）拥有国际先进的装备优势。万马股份拥有 110kV—500kV 立缆生产线，其在设计、选型等多方面进行了技术优化，使产品质量保持国内领先。还建立了完善的线缆生产在线实时监控的生产管理系统，搭建了完善生产管理体系。

2. 可能面临的风险

（1）行业政策性风险。公司在抓住政策机遇的同时，也需承担一定的政策变动带来的风险。政策波动一方面可能会使得企业的经营模式和发展规划发生变动，进而影响市场竞争力，最终导致市场份额下降和利润下降；另一方面，还将会引起市场波动，导致商品价格的剧烈波动，影响客户市场的稳定性。

（2）市场竞争的风险。未来产品市场的竞争将可能更加激烈。同时，拟建、在建和刚投产项目建成实施后，万马股份在电线电缆、高分子电缆料和特种线缆等产品上产能的提高，会使公司在消化产能、开发销售渠道方面存在一定的风险。

（3）应收账款占比较高带来的财务风险。万马股份应收账款余额占总资产的比重较高。虽然主要客户的信用状况良好，公司产生的历史坏账较少，但一旦客户的财务状况恶化或信用状况发生重大变化，将对公司的生产经营及未来偿债能力产生不利影响。

（4）自身存在的不足。与上汽集团相比，万马股份的品牌优势值和相对市场位势值均处于明显落后水平，均相差 90 分以上，必然导致万马股份开展经营工作受到阻力。盈利能力较为薄弱。万马股份对于自主技术创新能力的培育力度较小，内部高层次人才较为稀缺。

（二）“值得信赖”维度评价

1. 企业规模不断扩大

（1）总资产持续增长。2019 年万马股份总资产为 75.98 亿元，2020 年增长至 83.42 亿元，上涨了 9.79%，2021 年总资产数目更是突破百亿，达到了 114.21 亿元，增长率为 36.91%。可以见得，近年来万马股份的总资产规模不断扩大，资产经营规模扩张速度加快。

（2）员工队伍不断壮大。万马股份 2019—2021 年在职员工总人数分别为 4929 人、5143 人、5339 人。可见，万马股份的员工规模庞大且队伍力量不断壮大，公司不断引进新人才扩充人力体系，不断为公司的发展添砖加瓦。

（3）主营收入整体提升。万马股份 2019 年的主营业务收入达 96.30 亿元，2020 年有所下降，为 92.47 亿元，降低了 3.98%。到 2021 年行业大环境好转，营业收入大幅提高至 126.71 亿元，增长率为 37.03%。说明万马股份的总体主营收入态势良好，呈增长趋势，公司经营效益良好。

2. 创新研发潜力巨大

目前，万马股份已经掌握了一系列对电缆料行业具有重要影响的核心技术，并形成了一批具有自主知识产权的关键技术。万马股份研发强度较高，重视程度更好。不过，不足的是万马股份的发明专利较少。可见，万马股份自主研发的突破性创新较少，但随着公司越来越重视对于科技创新的投入，未来必将会有更大的飞跃。

3. 运营管理稳健开展

（1）公司治理成果显著。万马股份不断完善股东大会、董事会、监事会以及独立董事制度。股权制衡效果好；独立董事比例为 34%，有效减少利害关系对于决策的影响；实行两职分离制度，不断强化公司的分权制衡和相互监督，形成了有效的法人治理结构。

（2）人才体系有待完善。万马股份需要重视高层次人才的引进，为公司进行突破性创新打造人才优势。

第十二章　氢能源行业

氢能源作为可再生能源，一直以来都备受各个国家能源发展的青睐。随着燃料电池技术的不断完善，以燃料电池为核心的新兴产业将使氢能清洁得到最大利用。目前我国已初步掌握氢能制备、储运、加氢、燃料电池和系统集成等主要生产工艺，发展氢能源优势显著。

一、氢能源行业发展环境分析

早在2022年3月23日，国家发展改革委、国家能源局联合发布的《氢能产业发展中长期规划（2021—2035年）》中明确提出要支持氢能产业发展。到2025年，形成较为完善的氢能产业发展制度政策环境，产业创新能力显著提高，基本掌握核心技术和制造工艺，初步建立较为完整的供应链和产业体系。

（一）正逢“积极稳妥推进碳达峰碳中和”的战略发展机遇

从国家政策层面看，为了应对气候变化，国家提出“碳达峰、碳中和”的战略目标。而氢能具备的清洁污染、可再生、安全性可控等特点，逐渐成为国家关注的焦点。氢能示范应用取得明显成效，清洁能源制氢及氢能储运技术取得较大进展，市场竞争力大幅提升，初步建立以工业副产氢和可再生能源制氢就近利用为主的氢能供应体系。

（二）LNG供气系统市场有望回暖，氢能市场蓄势待发

LNG（液化天然气）作为清洁能源能有效降低汽车尾气污染物和温室气体排放，属于国家鼓励发展的低碳清洁能源产业，其发展带动了清洁能源汽车需求的增长。由于其储存密度大、续航里程较长的特点，LNG作为车辆能源被商用车广泛使用。从长期来看LNG燃料供气系统依然有可观的增长空间。

（三）烯烃行业新气象带来生长机遇

就目前趋势来看，国内烯烃行业将进一步向原料多元化、产品高端化、布局园区化、产能集中化方向发展，油制烯烃、煤制烯烃、气制烯烃将长期竞争并存，这一趋势为技术、能耗、碳排、环保较好的企业带来了更多的发展机遇，产能规模大、综合实力强的企业在行业中的主导作用将进一步增强。

本行业共选取10家企业作为“值得信赖”汽车氢能源行业的分析对象。按指数计算出2021年各公司在偿债能力、营运能力、盈利能力以及发展能力方面的数值，并绘制成图12。

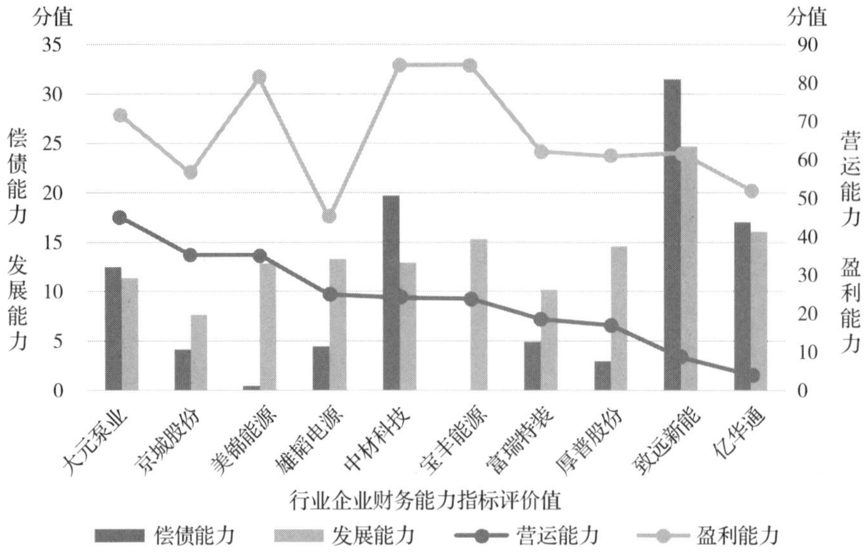

图 12　氢能源行业企业偿债能力、营运能力、盈利能力以及发展能力评价对比图（100 分制）

二、美锦能源：燃料电池汽车的先行者

美锦能源是目前国内少数具备实际量产能力以及运营调试经验的氢燃料电池整车制造公司，旗下飞驰科技是燃料电池汽车的先行者，在氢能汽车领域创下多个行业第一。美锦能源现已形成沿纵向战略布局氢能产业的动态核心竞争力，具备制氢资源优势、循环经济优势、技术比较优势和党建引领的文化优势。近几年，美锦能源经营规模持续扩大、品牌价值居于市场前列、面向关键核心技术突破的研发能力不断提升、在国产替代方面作出了积极贡献、运营能力逐步提升。但也存在研发投入、创新人才的规模和强度较低，开放式创新的深度不够等问题，与世界领先企业的技术相比，还有一定的距离，亟待加强科技创新体系建设、助推创新能力提升，不断突破新能源领域汽车生产制造的关键核心技术。

（一）优势与风险

1. 形成沿纵向战略布局氢能产业的动态核心竞争力

（1）制氢资源优势。美锦作为全国最大的独立焦炭生产商之一，有行业突出的生产制造能力，同时煤焦化过程中的副产品焦炉煤气中富含 55% 左右的氢气，是目前低成本大规模制氢的重要途径之一。依托丰富的煤炭、煤层气资源，尤其是优质炼焦煤，美锦将氢能产业视为煤焦化产业链的纵深拓展，旨在促进两者协同并进，实现资源高效利用与产业升级。

（2）循环经济优势。美锦拥有了“煤 – 焦 – 气 – 化 – 氢”一体化的完整的产业链，形成循环经济优势，可以有效应对行业波动，提高企业经营效率，有利于公司的长远发展，有助于补充公司运营资金，优化资金结构，降低综合成本。公司在炼焦行业循环经济发展中趋于前列。

（3）技术比较优势。在开放式创新体系下，美锦能源与国内外多家氢燃料电池技术企业、研究机构保持紧密的合作关系，共同围绕系统集成、整车控制系统、燃料电池、车身轻量化等核心技术，研发生产氢燃料电池客车系列产品。同时，先后与多家知名企业达成全面战略合作伙伴关系。

（4）党建引领的文化优势。按照“围绕生产抓党建，抓好党建促发展”的理念，充分发挥党组织的战斗堡垒作用，使党组织成为增强企业凝聚力、竞争力的源泉。

2. 可能面临的风险

（1）政策风险。氢能产业是国家正在布局和发展的产业，政策的不确定性较大，因此美锦能源布局的氢能产业受政策影响大。此外，美锦能源部分业务所在的煤焦行业受各级政府主管部门等机构监管，监管政策的变化可能对公司的生产经营产生一定的影响。

（2）市场风险。经济形势、政治形势复杂多变，在经济全球化过程中的不确定性因素依然存在。煤焦市场价格受原材料价格、供求关系、国际市场等多种因素影响较大，因而可能会对企业运营效率产生一定的影响。

（3）资源供应风险。一方面，来自供应商的炼焦煤是美锦能源生产焦炭的主要原料，虽然公司已经加强与供应商的长期合作，优化原材料采购模式，但如果国内外煤炭市场发生较大的波动，可能影响原料供应价格及供应量，从而对公司经营业绩造成直接影响。另一方面，公司旗下四个煤矿属于地下开采，煤矿建设、煤炭和焦化生产过程均对安全生产的技术、管理要求较高，在未来生产经营过程中仍存在一定的安全生产风险。

（4）环境责任风险。随着国家对环境保护重视程度以及节能减排要求的不断增强，环境保护政策及环境保护标准日趋严格，公司未来为执行环境保护的新政策和新标准将承担成本和资本性支出，从而给公司的经营业绩和财务状况带来一定影响。

（5）自身存在的不足。公司对研发投入更加重视，但无论投入规模还是投入强度距离一流企业还有距离。立足自主掌握氢燃料电池整车的一系列关键核心技术，但技术研发力量还不够强。如何依靠开放式创新模式打造自主创新能力，从而形成基于知识互换、知识互达的双向型模式，还需要持续深化探索。

（二）“值得信赖”维度评价

1. 企业规模持续扩大

（1）总资产持续增长。美锦能源2019—2021年总资产分别为213.05亿元、271.08亿元和294.05亿元。尽管新冠疫情对经济的影响较大，但美锦能源总资产持续增加，2020年较上年增长27.24%，2021年较上年增长8.47%。

（2）收入规模整体增长。近年来营业收入整体呈增长趋势，2019年营业收入为140.90亿元，2022年为212.88亿元，复合增长率达14.75%，同比增加65.71%。

基本每股收益由 2019 年的 0.23 元 / 股增长到 2021 年的 0.60 元 / 股，这说明美锦能源经营能力持续提升。

（3）员工规模稳中有增。为了保障业务增长，员工规模继续扩大，2021 年员工总人数达 4411 人。分布在包括研发岗位在内的重要岗位人数都保持了小幅增长，反映了公司业务增长的内在需求。

2. 面向关键核心技术突破的研发能力不断提升

近年来，美锦能源围绕系统集成、整车控制系统、燃料电池、车身轻量化等核心技术，研发生产氢燃料电池客车系列产品，开发出具有我国自主知识产权的电容炭的生产技术，整体达到国际先进水平，正在逐步突破氢能燃料电车整车制造的关键核心技术，在国产替代方面作出了积极贡献。但与世界领先技术相比，还有一定的距离。

3. 运营能力逐步提升

（1）公司治理体系比较完善。股权制衡度较低。美锦能源股权制衡度 2021 年达 8.98 分，高于另外 9 家样本企业的股权制衡度评分。独立董事比例达 33.33%，处于同行业平均水平，独立董事较好地履行了职责。实现了两职分离，有利于企业统筹长期目标和短期目标，以更健全的决策机制做出企业经营决策。

（2）人才体系逐步完善。研发人员数量稳步增长，且具有硕士研究生学历的人数不断增加，2021 年达到 11 人。但远低于中材科技（382 人）和亿华通（100 人），美锦能源在人才体系方面亟待加强。此外，氢能源汽车技术研发省部级平台、国家级平台也需要更加重视。

三、致远新能：应加快布局新能源及燃料电池新产业领域，丰富产品结构

致远新能是国内生产规模较大的车载 LNG 供气系统制造企业之一，目前已启动对氢能源相关项目的研发，针对液氢供气系统及液氢储罐提前进行技术储备。但目前公司也存在着盈利能力下降、存货余额较大的问题。未来公司应重点进行 LNG 燃料供气系统、氢燃料电池汽车供氢系统等关键技术研究，不断丰富公司产品结构，开发附加值高、技术含量高、有竞争力的产品，增强公司抗风险能力和可持续发展能力。

（一）优势与风险

1. LNG 供气系统巩固行业地位

（1）产品品质优势。致远新能严格执行特种设备制造许可要求，在产品设计开发过程中严格按照 APQP① 流程进行，产品制造从材料采购、焊接装配、表面处

① APQP：产品质量先期策划。

理、抽真空与检验试验等进行全方位质量控制，以确保所生产产品可靠性高、性能优良、质量稳定。

（2）成本控制优势。致远新能的成本控制优势主要来自自主研发与自主改进设备、自主研发自动化控制系统及生产的规模效应所带来的营运成本的下降与产品良率的提高。

（3）公司发展战略明确。在“双碳”目标驱动下，公司积极响应国家低碳经济、节能减排的大政方针，顺应汽车市场的技术发展趋势，扎根清洁能源与新能源装备制造行业，加快布局新能源、电动车及燃料电池新产业领域战略布局，进一步丰富公司产品结构，提升产品竞争力，重点对锂电池负极材料产品、氢燃料电池汽车供氢系统等关键技术研究，力争尽快实现产业化。

2. 可能面临的风险

（1）募投项目实施效果难以达到预期的风险。如果未来整个新能源汽车行业因产业政策变化发生周期性波动，将导致公司下游锂电池的下游行业需求显著不及预期。

（2）产品核心技术无法及时更新迭代的风险。随着公司经营业务规模及业务领域不断扩大，如果公司未能正确判断未来技术和产品开发的趋势，在研发方向、资源投入和研发人员配备等方面不能满足市场对技术更新的需要，有可能造成公司技术落后于将来的行业技术水平，也可能会产生产品核心技术无法及时更新迭代的风险，以及新产品、新技术和新工艺的研发风险。

（3）自身存在的不足。受产业政策变化影响，致远新能期末存货余额较大，较大的存货余额会一定程度上影响公司资金周转速度和经营活动现金流量，降低资金运营效率。公司产品所属重型商用车行业，2021 年受产业政策影响，客户更倾向于购买售价更为低廉的国五柴油重卡。

（二）“值得信赖”维度评价

1. 企业规模扩张面临挑战

（1）营业收入大幅下降。2019—2021 年致远新能营业收入连续下滑，其中 2021 年同比减少 70.17%，营业收入规模缩减至上年的三分之一。

（2）总资产逐年增加。面对 LNG 供气系统业务承压，致远新能不断加大对氢燃料新能源及燃料电池项目的资金投入。近年来公司总资产呈现上升趋势，2022 年总资产同比增长 10.19%，其中在建工程较期初增长 226.21%。

2. 加强新产品技术储备

（1）研发投入逐年减少。虽然 2021 年公司研发强度在赛道中位列第三，但研发强度相对上年的上升主要在于当年营业收入的大幅下降，而不是研发投入的实质增加，2019—2021 年来致远新能的研发投入连续下降。

（2）加大锂电池负极材料、车载液氢瓶项目资金投入。致远新能站在时代的高度，用战略的眼光迎难而上，开发新型负极材料及配套技术，积极发展具有优势的产品领域，科学合理调整自己的原料结构、产品结构和技术结构，保持企业的先进性，是未来公司持续发展的重要保障。

3. 运营能力有待提升

（1）已建立较为完整的风险评估机制。致远新能结合自身经营环境的特点已建立了较为完整的风险评估机制。公司在制订战略规划与经营目标时，全面系统持续地收集相关信息，形成了包括目标规划、方案设计、持续修正和灵活执行的重大项目执行模式。公司还建立了重大风险预警机制和突发事件应急处理机制，明确风险预警标准。

（2）完整的员工培训体系。致远新能根据经营和管理的需要制订人员招聘及培训计划，定期组织企业内部培训，公司通过开展多元化培训活动激发员工潜能，帮助新员工了解与融入公司，帮助各层级管理者提升团队管理与统筹规划能力，增加团队协作能力，提升组织凝聚力。

四、富瑞特装：亟待强化公司发展能力

富瑞特装是国内唯一一家具有液化天然气（LNG）全产业链整体解决方案的高新技术企业，其产品 LNG 车用供气系统、撬装式 LNG 加气站销量位居全国第一，并且多次获得创新先锋企业、示范企业等荣誉。近年来，富瑞特装发展较为缓慢，企业规模扩张处于停滞状态，品牌价值在“氢能源”赛道中为中等水平，专利数量偏少，但技术研发人才实力强劲且企业平台先进，研发创新潜力较大。在财务维度中，富瑞特装的偿债能力、发展能力、盈利能力和营运能力都表现一般，且总资产出现负增长，主营业务收入呈下降趋势。未来富瑞特装需对上述不足加以重视，提升企业核心竞争力，打造出装备制造与新能源相互赋能的商业生态蓝图。

（一）优势与风险

1. 拥有与国际标准比肩的核心竞争力

（1）嗅觉敏锐的企业家精神。作为 LNG 装备的开拓者，邬品芳带领着富瑞特装砥砺前行、艰苦创新，走过了二十多年风雨历程，迎来了 LNG 发展的春天。

（2）产品的市场竞争力不断增强。技术创新和新品开发是富瑞特装发展战略的核心。2021 年，富瑞特装在氢燃料电池车用液氢供气系统及配套氢阀、HPDI（高压直喷）带泵气瓶及供气系统、液氢装卸臂、新型智能化罐箱、液氨船用燃料罐、低温电磁阀、高压氢阀、LNG-Trailer（液化天然气运输车）装置等领域进行重点研发，产品的技术壁垒和市场竞争力不断增强。

（3）海外市场竞争优势明显。富瑞特装为客户提供符合指定国际标准技术体系要求的产品，海外市场竞争优势明显，2021 年富瑞特装还取得了意大利 RINA 船级社（中国）颁发的世界首套船用液氨燃料罐 AIP 证书，进一步提高了富瑞特装的相关产品的市场竞争力。

（4）比较稳定的客户关系。经过多年的积累，富瑞特装及旗下子公司与下游主要客户建立了稳定的业务合作关系。

（5）LNG 全产业链协同优势。富瑞特装近年来不断整合内部资源，优化资源配置，增强了公司的整体竞争能力。同时在总部的统一协调和领导下，各相关子公司分工协作、形成经营合力，都取得了良好的成效。

2. 可能面临的风险

（1）国内外的市场风险。2022 年以来，国际地缘政治局势紧张，大宗商品价格高位波动，天然气等能源供应偏紧，国际贸易市场与全球供应链存在巨大的不确定性，这对富瑞特装海外战略的推进带来了一定的风险。另一方面，国内 LNG 重卡市场仍未见起色，下游需求不振，对其主营产品之一 LNG 车载供气系统的销售仍然存在负面影响。

（2）原材料价格波动风险。近年来，大宗商品、有色金属价格持续波动，国内环保政策趋于严格，原材料价格呈现持续的上涨态势，对生产成本的影响较大。

（3）应收账款信用损失风险。随着富瑞特装海外业务占比的不断提高，其订单交付和付款周期较长，且单一项目订单金额较大，国际市场的复杂性增加了应收账款的信用风险。另一方面，富瑞特装将部分原有的装备销售改为与能源方合作运营的方式也延长了公司的投资回收期，存在收款不及时的风险。

（4）募投项目实施的风险。富瑞特装募投项目在实施过程中可能会受到宏观环境、行业和市场等因素变化的影响，实施进度与收益水平存在不确定性，存在新增产能不能及时消化、研发失败及业绩不达预期等风险。

（5）自身存在的不足。2021 年富瑞特装的总资产呈负增长，发展能力有所下降，发展性能受到一定影响。富瑞特装未来需加强研发技术能力建设，在技术研发创新、知识产权专利发明等方面积极规划。此外，富瑞特装品牌优势不够突出。

（二）“值得信赖”维度评价

1. 企业规模小幅扩张

（1）总资产规模较为稳定。2021 年富瑞特装总资产规模较大，达 35.38 亿元。但从 2017—2021 年的资产总额增长趋势来看，总体呈稳中有降趋势。从 2017 年的 42 亿元缩减到 2021 年的 35 亿元，增长率呈负增长状态，其中 2017—2019 年公司总资产下降速度较快。

（2）收入规模接近 20 亿元。富瑞特装主营业务为 LNG 装备制造业务、化工及海工重型装备制造业务。总体来说富瑞特装主营业务收入规模较大，但未呈现持续增长的趋势。2018—2020 年公司主营业务收入规模持续扩大，于 2021 年规模相对缩小。

（3）员工规模持续增长。富瑞特装 2018 年在职员工合计为 1458 人，2019 年为 1486 人，2020 年为 1623 人，2021 年为 1680 人，2018—2021 年员工人数增幅为 15.23%。

2. 关键技术研发制造能力持续提升

（1）研发平台和创新网络实力较为强劲。富瑞特装建有国家级企业技术中心、国家级博士后科研站、省级液化天然气应用装备工程技术研究中心和企业研究生工作站等研发平台，先后与高等院校和科研院所开展了深度的产学研合作。

（2）研发强度较高。富瑞特装的研发强度处于中等偏上位势，但是略低于平均水平 5.81%。

3. 运营能力欠佳

（1）财务管理能力总体表现一般。2021 年富瑞特装偿债能力处于中等水平，用于衡量该能力的财务指标流动比率为 1.49，行业中流动比率最高的公司为致远新能（7.27），是其流动比率的 4.88 倍。其次，经营能力一般，处于赛道中等偏下水平，仅为 11.44 分，稍低于赛道平均水平 14.38 分。第三，富瑞特装以净资产收益率衡量的盈利能力表现一般，为 62.08 分，同样稍低于赛道平均水平 66.01 分。第四，发展能力较弱，总资产增长率为 –0.06%，仅高于京城股份（–8.03%），而赛道内该得分最高的企业为致远新能（46.47%）。

（2）公司治理有序合理。富瑞特装公司治理结构设置合理，建立了股东大会、董事会、监事会的法人治理结构；制定了三会议事规则，严格明确决策、执行、监督等方面的职责权限，用制度的约束力使得三会各司其职、规范运作，形成了科学有效的职责分工、制衡机制。富瑞特装能够做到有效的内部控制，公司治理成效显著。

五、京城股份：品牌价值有待提升

京城股份深耕气体储运装置制造，致力于不断突破新产品关键技术和工艺瓶颈，持续优化升级现有产品，逐渐成长为储氢领域领跑者。京城股份已形成多方面的核心竞争力，包括企业家有力支持、持久的战略定力优势、逐步积累的技术创新优势以及比较完备的国内外销售网络优势。但也面临一些问题，例如转型升级中潜在的风险问题和危机管理能力不足的问题。此外，就企业规模、品牌价值、营运能力方面而言，仍与氢能源领域的竞争者存在差距，需要加以改进。

（一）优势与风险

1. 核心竞争力

（1）企业家的有力支撑。经过二十多年的经营发展，王军带领企业建立了八个专业气体储运装备生产基地（北京天海、明晖天海、天海低温、天津天海、上海天海、宽城天海、天海氢能、江苏天海），同时凭借对清洁能源市场的准确把握，布局氢能应用领域，聚焦储氢装备。

（2）持久的战略定力优势。京城股份强化战略执行的刚性约束和有效落地，确保“十四五”战略目标的顺利实现，对战略目标和战略举措作了详细分解，在建设中国特色现代企业制度、推动公司产业结构调整、提高企业活力和效率、落实首都城市战略定位、做强做优做大国有企业、实现公司高质量发展等方面取得了明显成效，切实增强了公司的竞争力、创新力、控制力、影响力和抗风险能力。

（3）逐步积累技术创新优势。京城股份加强研发项目管理，进一步实施“揭榜挂帅”机制，牢牢抓住国家科技创新政策和机遇，加大科技研发投入，攻坚克难，解决卡脖子问题，不断在新产品关键技术和工艺瓶颈上寻求突破，持续推动现有产品优化升级，提升企业创新能力和产品核心竞争力。

（4）比较完备的国内外销售网络。京城股份建立了完备的销售网络。在国内拥有三十多个经销网点，实现全国各个地区全覆盖；在境外建立了八个销售网点，相关产品已被全球最具影响力的八大气体公司中的七家接受。为了打通基层与市场的链接，提高战略执行单元的活力和经营业绩，公司对内部的管控模式进行了转型升级，使各下属公司建立起研产供销为一体的事业部模式。

2. 可能面临的风险

（1）行业政策风险。其一受油气价差、新能源产业政策等方面因素的影响，天然气储运行业市场需求变动明显，对公司主营业务天然气储运板块产生一定的影响；其二公司所涉及的氢能储运板块属于新产业，容易受国家政策、经济环境、上下游产业链发展等因素的影响。

（2）市场竞争加剧风险。尽管气体储运市场总体呈现稳中有升的态势，但是行业竞争愈加激烈，未来产品市场可能发生变化，也会给公司的经营发展带来一定的不确定因素和影响。

（3）新业务新市场开拓风险。目前在中国，氢能及燃料电池的使用以商用车为主，主要应用在物流、公交和大巴等领域，尚处于蓄势待发阶段，受国家和各地方政策等较多不确定因素影响，公司在发展新业务、新市场开拓方面会遇到不可预期的风险。

（4）自身存在的不足。企业处于转型初期，如何在数字化转型阶段，运用不同的方法将数字化升级工作落地值得进一步思考。此外，京城股份旗下子公司北洋天青目前仍存在客户集中度较高、产品及服务被替代等风险，公司能否顺利完成对北洋天青的业务整合具有一定不确定性。

（二）“值得信赖”维度评价

1. 企业规模有待改善

（1）总资产略有下降。受疫情的影响，京城股份总资产未有大幅度提升，反而略有缩减。根据数据显示，京城股份 2019—2021 年总资产分别为 16.71 亿元、17.05 亿元、15.68 亿元，复合增长率为 –3.13%。

（2）营业收入整体持平。值得一提的是，京城股份的营业收入出现回暖。2019 年总营业收入 11.96 亿元，2020 年 10.88 亿元，2021 年 11.83 亿元，同比增长 8.67%。

（3）员工规模缩减。受新冠疫情影响，企业经营面临运营成本增大，市场不稳定等困难，导致人员流失较大。2019 年员工总人数 1470 人，2020 年员工总人数 1385 人，2021 年员工总人数达 1264 人，复合增长率为 –7.27%，公司员工人数逐年减少。从研发角度看，2019 年公司研发人员占比为 12.3%，2021 为 7.2%，有大幅度降低。

2. 创新能力良好

近年来，京城股份聚焦氢能及燃料电池行业，完成了公路客车和公交车70MPa压缩氢气铝内胆碳纤维全缠绕复合气瓶（三型瓶）的设计、测试和型式认证，并推出具有完全自主知识产权的新一代车载储氢气瓶，突破了氢气瓶设计制造关键技术。京城股份目前取得了领先的研发成果，但未来仍需以亿华通为标杆，继续提高自身的创新能力。

3. 运营能力有待提升

（1）公司治理良好。京城股份股东大会、董事会、监事会及经理层之间权责明确，实现了股东、员工、社会等各方利益的协调平衡，共同推动公司持续、健康发展。但2021年京城股份股权制衡度为2.47，落后于“氢能源”赛道其他企业，独立董事比例为36.4%，属于行业平均水平，整体来看企业治理结构仍需改善。

（2）人才体系完善。公司建立了符合市场竞争要求的内部组织体系、运行机制、绩效考核机制和薪酬福利体系，为干部员工提供个人与企业共同成长、共享发展成果的事业发展平台，创造良好的企业文化氛围，实现事业留人、待遇留人、感情留人。

六、宝丰能源：亟待提升自主技术创新

作为能源化工龙头企业，宝丰能源早已确定了将绿氢产业作为未来的重要发展方向之一。在国家政策和自身实力加持下，宝丰能源一直争做低碳变革的开拓者，也在全方位推动氢能与多种能源形式的连接，建立耦合发展体系，促进工业、交通、建筑等多领域深度脱碳，着力打造绿氢全产业链，构建一副“大氢能”图景。近年来宝丰能源的市场优势不断扩大，品牌价值日益彰显，为氢能产业作出了突出贡献。同时，也应该注意到宝丰能源在研发强度和偿债风险方面存在着突出问题。在今后的发展规划中，宝丰能源应当重视对于自身不足点的优化。

（一）优势与风险

1. 具备内外部双因素加持的综合胜势

（1）区位优势。宝丰能源本部位于中国能源化工“金三角”之一的宁东国家级能源化工基地核心区，产业链原料供给充足、便利，原料成本更低；内蒙古子公司更加靠近华北、华东等主要产品销售区域，物流运输发达便利，运输成本更低。

（2）成本优势。主要表现在投资成本优势。宝丰能源开展循环经济产业链一次性规划，集中布局，分期实施，形成了超大单体规模的产业集群，上下游生产单元衔接紧密，大幅降低了单体项目投资、公辅设施投资及财务成本。

（3）运营成本优势。宝丰能源的产业链紧密衔接，有力保障了原料的稳定供

应和生产的满负荷运行，大幅降低了能源消耗、物流成本、管理成本，运营成本比同行业同规模企业低约30%。

（4）财务成本优势。宝丰能源有息负债规模较小，融资利率低；实行产销平衡的经营策略，流动资金占用少；采用先款后货的销售模式，资金周转效率高；长期保持生产平稳运行，资产周转率高。

（5）管理优势。宝丰能源充分发挥规模优势和产业链集中优势，实行扁平化管理，企业管理人员占比少，人工成本低；实行规模化采购和集中销售，采取直采直销模式，采购、销售管理成本低；全面预算管理与绩效考核有效结合，目标达成率高；将企业文化理念融入规章制度和日常管理中，员工积极主动性强，管理优势比较突出。

（6）营销优势。宝丰能源实行产销研一体化，生产、销售、研发紧密衔接，密切关注国家政策和市场变化，努力抢抓市场主动权。

（7）技术优势。宝丰能源开展的一期、二期、三期烯烃项目均集成了国际国内先进的技术和工艺。

2. 可能面临的风险

（1）安全生产风险。由于行业的特殊性，宝丰能源的化工产品生产及煤矿开采具有一定的危险性，在现代煤化工产品生产方面仍存在高温高压、易燃易爆、有毒有害气体等不安全因素，在煤炭开采中也存在瓦斯、煤尘、水害、火灾等不安全因素。

（2）产品价格波动风险。受部分地区国际局势紧张的影响，可能导致全球石油、天然气价格波动幅度增大，对公司产品价格造成不利影响。而忽视原料价格变化，供应商和渠道单一化，势必会为公司带来价格风险而造成成本上升、效益缩减，甚至影响原材料供应。

（3）自身存在的不足。对于创新型氢能源企业来说，宝丰能源的研发力量需要加强，从而加快技术突破。如果不重视创新研发，企业技术和产品容易遭到市场淘汰而失去竞争力。2021年宝丰能源的流动比率为0.42，大幅低于正常水平，说明宝丰集团的偿债能力有所不足。

（二）“值得信赖”维度评价

1. 企业整体实力处于行业内领先地位

（1）企业规模明显扩大。2021年，宝丰能源的总体规模迅速扩展，主要体现在总资产、主营业务收入均有持续显著增长。2019—2021年的总资产分别为332.95亿元、381.05亿元、443.74亿元，2021年总资产较上年增长率为16.45%。同年实现营业收入233.00亿元，同比增加73.73亿元，增长46.29%。可以看出，宝丰能源收入规模和资产力量均有大幅提升。

（2）企业价值优势显著。从企业价值维度看，宝丰能源在“氢能源”赛道中处于遥遥领先的地位，超过排位第二的美锦能源将近一倍，可见在该行业，宝丰能源的市场价值非常瞩目，领群效应明显，拥有非常强大的市场竞争优势。

2. 创新研发能力表现中等

宝丰能源在创新研发方面有一定成效。但是在同行业的创新开发能力比较中，仍有明显不足，主要体现在创新研发投入较少以及专利成果未有较大突破两方面。公司在进行企业规模扩张的同时也应当重视科研创新的培育。专利数目为 42 个，在赛道内处于中等层次，与其他企业相比还存在较大差距。

3. 运营管理能力不断提升

（1）公司治理有序开展。宝丰能源第一大股东与第二大股东所持股份间的比率为 1.30。说明与同行业相比，宝丰能源的股权制衡度较高，能够有效做到权力制衡、管理科学。此外，宝丰能源的独立董事比例达 33.33%，处于行业平均水平，同时，能够做到两职分离以及有效的内部控制，公司治理成效显著。

（2）人才体系合理构建。宝丰能源的人才结构整体上合理，公司在职员工共计 14211 人。其中生产人员 10816 人，占比 76.11%，基本符合氢能源行业对于生产人员需求的把控。

七、中材科技：要将稳步推进国际化战略摆在更加突出的位置

中材科技，深耕特种纤维复合材料与新能源材料领域，其苏州子公司凭创新力突破氢气储运核心技术，领跑车载储氢装备领域。公司秉承创新驱动，依托技术、战略与品牌优势，矢志成为世界级竞争力企业。同时，强化人才与创新体系，专注复合型人才培养。在氢能赛道上，公司规模扩张，品牌价值显著，但是也面临偿债力与发展力挑战。未来中材科技需持续激发创新活力，紧抓“双碳”机遇，加速新能源版图扩张，致力于构建高质量发展新篇章，化解既有难题，引领行业前行。

（一）优势与风险

1. 着力打造国家级高层次研发平台

（1）企业家的有力支持。面对经济内生动力不足、行业产能刚性过剩、竞争激烈的外部经营环境，薛忠民坚守科技研发的初心，率领广大干部职工持续开展科技创新体系机制的设计与探索，奠定扎实的研发基础，也掀开了中材科技腾飞的序幕。

（2）比较突出的技术创新优势。首先，中材科技重视应用基础研究，设立特种纤维复合材料国家重点实验室应用基础研究专项，不断加大支持力度。其次，中材科技拥有稳定高效的高层次研发平台，为企业技术创新提供支撑。同时凭借持续投入研发，中材科技不仅拥有丰富的专利资源，还获得了较为突出的技术创新优势。

（3）战略协同优势。中材科技在“十四五”开局之年，围绕新材料、新能源方向，加速核心产业布局，全面发挥集团协同优势，扩大战略合作朋友圈。区域战略合作优势进一步强化了产业发展。

（4）品牌形象优势。中材科技坚持以“打造主导产业、推进机制创新、强化

运营管理、塑造知名品牌”为指导思想大力发展主导产业，凭借雄厚的技术实力、优质的产品与服务在行业中始终享有较高的商誉和知名度。

2. 可能面临的危险

（1）国际化实施风险。在实施国际化的进程中因境外投资及海外开拓经验不足，缺乏相应人才，存在国际化成效不显著的风险。

（2）投融资风险。根据中材科技的战略规划，“十四五”期间公司的产业发展路径将主要通过自主新建与投资并购，一方面投资发展存在巨大的资金需求，另一方面自主投资或外延并购项目必将带来包括经营管理、文化融合、经济效益等各个方面的风险。

（3）自身存在的不足。中材科技目前着手布局海外市场，实施国际化战略，但由于处于初期阶段，国际化能力尚且不足。中材科技运营能力的不足主要体现在有明显的偿债压力。

（二）“值得信赖”维度评价

1. 企业规模持续扩大

（1）总资产规模稳步提升。2019—2021 年，中材科技总资产分别为 292.85 亿元、336.95 亿元、376.27 亿元。其中 2020 年较上年增加 15.06%，2021 年较上年增加 11.67%，复合增长率 13.35%。

（2）收入规模持续增长。中材科技 2019—2021 年营业总收入分别为 135.90 亿元、187.11 亿元、202.95 亿元。2020 年较上年增加 37.68%，2021 年较上年增加 8.47%。复合增长率 22.20%。每股收益由 2019 年的 0.82 元 / 股增长到 2021 年的 2.01 元 / 股，经营能力大幅提升。

（3）员工规模不断扩大。中材科技 2019 年总人数为 17609 人，2020 年总人数为 17219 人，2021 年总人数达 18525 人，人员规模持续扩大。2021 年研发人员数量为 2278 人，较 2020 年的 2185 人也有小幅度增加。可见，随着企业规模和业务范围的扩大，企业需要更多的研发人员来支持新产品的开发和改进。

2. 创新能力比较突出

中材科技始终以科技创新为企业发展的战略支撑，加强应用基础研究，开展工程化技术、产业化技术创新，围绕三个主导产业不断加强自主研发能力。

3. 运营能力有待提升

（1）公司治理体系比较完善。从治理结构上看，中材科技股东大会、董事会、监事会及经理层之间权责明确、各司其职、运营合规，能够充分尊重和维护相关利益者的合法权益，实现股东、员工、社会等各方利益的协调平衡，共同推动公司持续、健康发展。

（2）人才结构完善。在人才培养方面，中材科技设立新进博士科研启动专项资金、建立了“不求为我所有，但求为我所用”的人才新模式，来整合外部科研人才资源。总体来看，中材科技重视人才队伍的建设，建立“立体化”人才流动机制，培养造就了一批复合型人才。

八、雄韬电源：需要增加研发投入，提升品牌优势

雄韬电源，蓄电池制造领域的佼佼者，深耕化学电源、储能、动力及燃料电池领域，以创新技术与管理为驱动，引领行业发展。其产品线覆盖密封铅酸、锂离子电池及氢燃料电池，全面满足市场需求。通过精准市场布局与新客户拓展，雄韬电源在国内外市场稳步前行，业绩持续增长。然而面对挑战，公司的研发投入仅占营业收入的2.49%，品牌竞争力仍有提升空间，特别是在“氢能源”赛道上品牌优势有待加强。因此，平衡研发投入与盈利能力，成为雄韬电源巩固行业领先地位、持续领跑的关键任务。未来，雄韬电源将聚焦创新与质量，力求在新能源浪潮中乘风破浪，再创辉煌。

（一）优势与风险

1. 围绕新能源储能和电池打造核心竞争力

（1）重视技术创新。将在若干市场前景好、公司有良好客户基础或能把握业务关键成功要素的领域实现高度专业化经营，通过沿价值链的前伸后延和配套服务等新手段的运用，为国内外客户提供全面增值服务，最终成为一个UPS行业领先的服务解决方案提供商。

（2）狠抓产品质量控制工作，取得多项国际认证。雄韬电源自成立以来就高度重视产品质量控制工作；通过国内外多家知名企业的认可，充分证明公司的产品质量达到了国际水平。

（3）在燃料电池研发方面拥有较好的人才储备。雄韬电源现有超过100人规模的尖端技术人才队伍。核心团队具有多年的燃料电池电堆开发经验，是一支在质子膜燃料电池领域经验丰富、专业专长优势互补的科研团队，主导并参与多项国内燃料电池研发公关项目。

2. 可能面临的风险

（1）原材料价格波动风险。如果未来公司不能与大部分客户继续保持铅价联动机制，或者铅价联动的幅度和时间滞后于铅价的变动，则铅价波动会对公司利润产生较大影响。此外，塑料、铜、硫酸等相关原材料的价格波动也会对公司的生产成本造成一定的影响。

（2）环境保护及员工职业健康风险。如果雄韬电源的环保设备未能有效运行，有关安全生产、三废排放和职业病防治的管理制度不能继续得到严格执行，可能导致生产经营中的铅原材料外泄，危害周边环境及职工健康。

（3）市场及行业风险。如果未来在新产品或技术的开发、销售网络构建等方面不能有效适应市场的变化，公司在市场竞争中可能难以保持快速增长，甚至失去已有的市场份额。

（4）公司规模扩大及新业务拓展带来的管理风险。如果在规模扩大的过程中不能有效地进行控制和管理，将对公司的高速发展形成一定风险。

（5）自身存在的不足。雄韬电源研发投入增加金额较少，但对研发投入的重视在不断提高，研发人才结构也有显著提升。然而，离自主掌握氢燃料电池整车的一系列关键核心还有差距，技术的研发力量还不够强。雄韬电源仍需注意品牌优势值的提高。此外，雄韬电源的偿债能力表现较弱。

（二）“值得信赖”维度评价

1. 企业规模持续扩大

（1）总资产缓慢增长。受新冠疫情的影响，雄韬电源 2021 年总资产并未有大幅度的提升。数据显示，雄韬电源 2019 年总资产为 44 亿元，2020 年总资产为 52 亿元，2021 年总资产为 57 亿元，虽然总资产规模增长较为缓慢，但总体趋势向好发展。

（2）收入规模整体增长。值得一提的是，雄韬电源营业收入虽然在 2020 年有所下降，但是 2021 年营业收入并未受新冠疫情影响，反而得到较大幅度的增长。

（3）对员工结构进行调整。随着雄韬电源规模的扩大、经营模式的变化和并购子公司的不断增加，组织结构和管理体系更趋复杂，公司经营决策、风险控制的难度大大增加，对经营团队的管理水平、风险防控能力、反应速度、资源整合能力、协同工作能力形成挑战，对中高级技术及管理人才的需求也日益增加。

2. 具备一定独立自主创新能力

雄韬电源主导产品均以自主创新开发为主。拥有专利数 115 个，可以看出雄韬电源具备一定的自主研发创新实力。

3. 运营能力有待提升

（1）公司治理体系比较完善。股权制衡度较低。雄韬电源股权制衡度 2021 年达 5.1 分，排名第四。独立董事比例达 33.33%，处于同行业平均水平，独立董事较好地履行了职责；实现了两职分离。

（2）人才体系逐步完善。研发人员数量稳步增长，具有硕士研究生学历的人数不断增加，2021 年达到 37 人，但远低于中材科技（382 人）和亿华通（100 人）。雄韬电源在人才体系建设方面仍有待加强。此外，氢能源汽车技术研发省部级平台、国家级平台也需要更加重视。

九、厚普股份：亟待打造数字技术下的精细化管理体系

厚普股份是一家专注于清洁能源领域的高新技术企业，通过坚持创新驱动发展理念，在氢能源领域创造了数个国内第一。经过多年积累，厚普股份打造了“厚普生态圈”，以整合产业链上下游的资源，助力企业健康发展，同时形成了比较突出的数字技术优势、氢能产业链一体化优势，不断向着“全球技术领先的清洁能源整体解决方案供应商”的愿景目标迈进。但近几年来，厚普股份也暴露出精细化管理不足，财务能力、运营能力不足等问题。未来，厚普股份仍需加强精

细化管理，坚持推行“制、储、运、加”整体解决方案，深度推进“氢能战略”，坚持“自主研发、突破关键、引领未来”的创新思路，提升公司技术创新体系的高度、深度和宽度。

（一）优势与风险

1. 着力打造健康、全面的“厚普生态圈”

（1）企业家的有力支持。作为厚普股份的掌舵人，王季文瞄准清洁能源大方向，同时为企业擘画经营发展蓝图。带领公司打造“厚普生态圈”，明确各子公司发展定位，重点培育新优势，围绕股份公司主营业务板块，充分发挥产业协同优势，稳步推进公司全方位发展。此外，王季文掌舵后，坚持创新驱动发展战略，不断加大对氢能源领域的投资布局力度，自主研发的多项氢能加注设备关键部件打破了国际垄断。

（2）比较突出的数字技术优势。厚普股份近年来持续加强对互联网信息技术的投入与研发，利用信息化技术、云计算技术、大数据技术、物联网技术在清洁能源领域成功推出 HopNet 能源物联网平台。

（3）氢能产业链一体化优势。目前，厚普股份在加氢站领域已形成了从设计到关键部件研发、生产，成套设备集成、加氢站安装调试和技术服务支持等覆盖整个产业链的综合能力。

（4）党建引领的文化优势。厚普股份始终坚持以人为本的经营管理理念，注重党建强基，重视员工职业道德建设，通过组织开展红色主题党日等活动，将革命人实事求是、拼搏创新的精神融入企业文化之中，坚定员工的理想信念，提高员工的责任意识。

2. 可能面临的风险

（1）政策风险。氢加注基础设施是氢能产业发展的重要配套设施，但氢加注基础设施成本高昂，政策细则模糊，厚普股份面临的政策风险较大。此外，中国氢能管理政策体系亟待构建。

（2）应收账款风险。厚普股份主营产品交付及验收周期较长，虽然其客户大部分信用较好，但若宏观经济环境、客户资金状况等发生急剧变化，导致应收账款不能按合同规定及时收回或发生坏账，则可能使公司资金周转速度与运营效率较低，存在流动性风险或坏账风险。

（3）市场不确定风险。一方面，氢燃料电池车数量直接影响加氢站基础设施的建设进程。另一方面，缺乏成熟便捷的加氢站基础设施也会影响消费端对氢燃料汽车的购买意愿。虽然国家对氢能产业提供了政策支持，但由于成本与利润原因，加氢站基础设施的建设较为缓慢，市场具有不确定性风险。

（4）自身存在的不足。零部件的价格波动将直接影响设备的采购成本；零部件的制造质量将直接影响设备的品质、安全可靠性及性能稳定性。在产品管理方面，产品标准化和模块化不足，导致企业生产成本增加、生产效率低下，同时缺乏灵活性，很难快速响应市场和客户需求的变化。厚普股份市场认可度并不高，导致消费者对品牌的印象模糊。厚普股份的营运能力不足主要体现在有明显的偿债压力和盈利困难。

（二）"值得信赖"维度评价

1. 企业规模持续扩大

（1）总资产不断增加。2019—2021 年，总资产分别为 18.00 亿元、19.12 亿元、21.82 亿元，复合增长率为 10.10%。2021 年较上年增长 14.12%。

（2）收入规模显著提升。2019—2021 年，营业收入分别为 5.43 亿元、4.78 亿元、8.75 亿元。2021 年较上年增长 83.05%，有较大幅度提升。复合增长率为 26.94%。

（3）人员规模持续扩大。2020 年总人数为 898 人，2021 年达 1086 人，人员规模持续扩大。2021 年研发人员数量为 186 人，相较于 2020 年的 152 人，增长 22.37%。可见，随着企业规模和业务范围的扩大，企业需要更多的研发人员来支持新产品的开发和改进。

2. 创新能力较为突出

近几年来，厚普股份以技术创新为中心，打造企业发展的"护城河"。不仅在氢能核心零部件、成套装置等方面实现多个产品的国产自主可控，还在解决我国氢能行业关键技术难题上发挥了重要作用，助力打造国内氢能储运加注装备的技术高地和标准输出平台。但与世界领先技术相比，仍有较大差距。可见厚普股份重视发明专利的布局。

3. 营运能力不足

（1）公司治理体系较为完善。厚普股份股东大会、董事会、监事会及经理层之间权责明确、各司其职，能充分尊重和维护相关利益者的合法权益，实现股东、员工、社会等各方利益的协调平衡，共同推动公司持续、健康发展。

（2）人才体系逐步改善。厚普股份在人才体系方面亟待加强。此外，公司实施分层级差异化培养的策略，有效推动人才的梯队建设，并且建立了有效的激励政策，为员工实现自我价值提供机会，促进公司人才的可持续发展。

十、大元泵业：亟待实现从产品创新到技术创新的能力跨越

大元泵业自创立以来一直深耕泵业领域，专注于自主产品，是国内知名的屏蔽泵龙头行家，也是我国最早的一批驰名商标企业。近年来紧跟新能源产业的创新步伐，公司业务不断扩展，目前已经成为氢能源汽车供应链的重要上游企业。同时，大元泵业的公司规模不断扩大，财务管理稳健运行，公司治理成效显著，整体人才体系科学合理，在员工权益保护、员工发展培育、公益事业方面也均有突出建树。但仍存在诸如企业市值偏低、缺乏高学历人才支撑、研发投入和技术发明专利偏少以及发展能力减缓的问题。大元泵业需对上述不足加以重视，提升企业综合胜势，实现从产品创新到技术创新的能力跨越。

（一）优势与风险

1. 具备多重核心竞争优势

（1）一定的研发优势。大元泵业通过多年持续的研发投入，形成了较为明显的技术创新优势。作为我国屏蔽泵行业内的领军企业，掌握有输送易气化介质的内部加压型多级屏蔽泵、超高温屏蔽泵、全熔型屏蔽电泵、节能型壁挂炉泵等多项发明及实用新型专利。

（2）齐全的产品品类。大元泵业是目前国内同行业公司中产品品类较为齐全、市场布局较为全面的泵业企业。公司的产品线具备较强的业务横向拓展能力，同时公司在过去多年的经验积累中，也具备较强的能满足业务延伸需求的组织支撑能力。

（3）推行双品牌运营策略。大元泵业自 20 世纪 90 年代涉足泵产品业务领域，近 30 年来专注于技术水平和产品质量的提升，品牌推广已深入目标客户群体中，拥有较高的知名度和美誉度。

（4）一定的渠道优势。经过多年经营，大元泵业国内的分销体系业已覆盖全部省份，且伴随渠道下沉策略实施已深入到重点县域。海外市场的经销商覆盖了欧洲、美洲、亚洲、非洲及大洋洲，完善的海外分销渠道，在有效保证公司产品海外销售速率的同时，也有效分散了公司对单一市场的依赖风险。

2. 可能面临的风险

（1）原材料价格波动风险。近年来国际大宗商品价格持续处于高位震荡运行态势，如未来主要原材料价格持续上涨，将会导致产品的单位生产成本上升，从而对大元泵业经营利润产生不利影响。

（2）规模快速扩张导致的管理风险。若大元泵业未来无法在组织与人力资源管理、成本与费用管控、产品与服务质量、知识产权保护等方面采取更具针对性的管理应对措施，可能将增加经营风险，并可能对公司未来的发展产生不利影响。

（3）应收账款发生坏账、存货减值的风险。若客户未来因各种原因不能及时或无能力支付货款，公司将面临应收账款发生巨大坏账损失的风险。未来如果市场需求发生变化，或公司原常用规格型号产品滞销，则公司存货存在减值的风险。

（4）市场竞争加剧的风险。未来如果更多企业进入本行业，将导致市场竞争加剧。公司如果不能持续对相关产品进行创新，将导致竞争力下降，从而影响公司盈利能力。

（5）自身存在的不足。大元泵业在资本市场的实力以及投资者对公司的认可度偏低，公司股本小，股价走势低迷。相比同行业其他企业，大元泵业研发队伍中高学历技术人员数量偏少，还需加强对于高层次研发人才的培育。大元泵业的研发投入水平与自身资产实力不相匹配，创新投入偏少。大元泵业的自主技术创新能力偏弱。2021 年大元泵业的总资产增长率放缓，发展能力有所下降，发展性能受到一定影响。

（二）“值得信赖”维度评价

1. 企业规模持续扩大

2021 年大元泵业总体规模呈现扩大趋势。一方面，总资产逐年提升，2019—2021 年总资产分别为 14.16 亿元、15.96 亿元、16.57 亿元，三年间年增长率分别为 12.71%、3.82%，可见，受新冠疫情影响，大元泵业 2021 年总资产增长率有所放缓，但仍保持正增长，发展势头向好。另一方面，主营业务收入有所增长。大元泵业 2020 年主营业务收入为 13.79 亿元，2021 年增长至 14.44 亿元，增长率为 4.71%。可见，大元泵业仍有较好的增长势头，企业利润空间持续扩充。

2. 创新研发仍有进步空间

不可否认，大元泵业在创新研发方面有一定成效。但是在同行业的创新开发能力比较中，仍有明显不足，主要体现在创新研发投入较少以及专利成果未有较大突破两方面。2021 年大元泵业全年研发投入仅占营业收入 4.17%，在“氢能源”赛道中处于中等偏下水平，排名第一的亿华通的研发投入占比为 26.20%，是大元泵业的近 7 倍之多。可见，大元泵业需要加大对于产品、技术的创新支持力度。

3. 具备出色的运营管理能力

（1）财务管理稳健运行。一方面，可以关注到大元泵业在偿债能力、运营能力、盈利能力三个维度表现突出。2021 年，大元泵业的流动比率为 3.129，处于行业中上水平，偿债能力良好；总资产周转率高达 87%，与赛道其他企业相比，运营能力最为优异；同时，大元泵业 2021 年净资产收益率为 11.79%，虽次于美锦能源（21.85%）、宝丰能源（25.33%）、中材科技（25.29%），但与赛道其他企业已拉开较大差距。

但另一方面，大元泵业的发展能力有待提高。2021 年大元泵业的总资产增长率为 3.82%，而同行业致远新能可达 46.47%，公司发展能力处于行业下游水平。但即便如此，其总资产增长率未见负值，仍有良好发展空间。

（2）公司治理有序开展。大元泵业第一大股东与第二大股东所持股份间的比率为 1，与同行业相比，大元泵业的股权制衡度较高，能够有效做到权力制衡、管理科学。此外，大元泵业的独立董事比例达 42.86%，处于行业较高水平。

（3）高层次人才短缺。2021 年，大元泵业研发队伍中，博士学历 0 人，硕士学历 14 人，本科学历 116 人，专科学历 64 人，高中学历 42 人。硕士及以上学历占总体比重为 5.93%。而同赛道上的致远新能、亿华通、雄韬股份等公司，该比例均超 40%，相较于这些企业，大元泵业研发队伍内部高层次人才明显不足。

十一、亿华通：应重视品牌建设与市场开拓

亿华通主要从事氢燃料电池发动机研发与产业化，通过打造以氢燃料电池为核心的全方位产品和服务体系，成为行业的先行者。经过多年积累，亿华通形成

健全、稳定的核心零部件供应体系和规模生产优势，同时坚持“研发驱动发展”理念，着力打造全方位氢燃料电池的研发体系，重点突破“卡脖子”技术，推动氢能行业稳步发展。然而，亿华通主营业务毛利率有降低迹象，随着市场竞争加剧，存在毛利率持续下降风险。同时，由于氢燃料电池尚未实现规模化生产，较难实现规模经济，且研发费用高，亿华通面临盈利不足的困境。未来，亿华通需探寻技术降本的有效路径，同时需要不断提升研发能力，围绕氢燃料电池等主要环节创新，重点突破“卡脖子”技术，抓好氢能产业未来发展窗口期。

（一）优势与风险

1. 着力打造氢燃料电池的市场优势

（1）企业家的引领作用。作为亿华通的掌舵人，张国强紧抓氢能源发展的窗口期，持续开展研发创新，推动氢能全产业链布局，带领亿华通不断向全球一流企业迈进。在张国强的带领下，亿华通先后攻克了燃料电池系统、电推、双极板等一系列关键技术，带动了产业链上下游协同创新，实现零部件国产化率达到100%。

（2）比较完整的核心零部件供应体系。亿华通形成了较为完整的零部件选型、验证及质量检验体系。我国燃料电池系统行业处于产业化初期，产业链基础较为薄弱，但燃料电池系统及电堆的生产涉及大量零部件采购，亿华通通过长期的磨合及自主培养供应商，与国内主流的零部件供应商建立了稳定的供应关系与合作开发机制。

（3）正在提升规模化生产能力。亿华通已拥有半自动化燃料电池系统生产线，具备年产 2000 台 / 年的产能，其控股子公司上海神力拥有年产能 1000 台 / 年电堆的生产线。

（4）重视产学研协同。通过与国内外优势企业合作，实现强强联合，亿华通做到了产业协同创新，打造了氢能与燃料电池产业合作创新平台，为京津冀氢能与燃料电池产业发展贡献坚实力量。

2. 可能面临的风险

（1）市场开拓风险。当前加氢站存在建设成本高、氢气成本高、补贴支持政策滞后以及审批管理机制不健全等情况，导致当前我国加氢站建设推广进度较慢且现阶段多数加氢站处于亏损状态，进而导致现阶段终端用户实际用氢成本较高。如果上述因素发生不利变动，将对公司开拓市场及行业的发展进程带来不利影响。

（2）产业政策风险。我国燃料电池汽车的监管框架及政策相对较新，且仍在演变，如果政策变动、财政紧缩或其他原因而导致减少或取消财政补贴及经济激励等优惠政策，将会对公司的燃料电池系统业务产生不利影响。

（3）核心竞争力风险。公司持续投入研发以期形成满足客户及市场需求的产品，但持续开展的研发活动面临着技术迭代、行业技术路线变化等风险。如果公司的研发活动成果失败或不及预期，公司的产品将无法满足客户需求、获得客户认同，进而对公司的持续经营产生不利影响。

（4）自身存在的不足。公司尚处于研发及产业化初期阶段，债务融资能力较为有限，如果未来不能持续拓宽融资渠道，不能有效改善经营性现金流情况，则公司存在现金流持续为负导致营运资金不足的风险。市场竞争的加剧也将导致公司毛利率下降。从“氢能源”赛道来看，亿华通品牌优势值位于赛道末端。

（二）“值得信赖”维度评价

1. 企业规模持续扩大

（1）总资产规模稳步提升。2019—2021 年，亿华通总资产分别为 16.83 亿元、30.48 亿元、36.24 亿元。2020 年较上年增长 81.11%，有大幅提升，主要是亿华通首次公开发行股票募集资金所导致。2021 年总资产规模较上年增长 18.90%。

（2）收入规模持续增长。2019 年营业收入 5.53 亿元，同比增长 50.25%；2020 年营业收入为 5.72 亿元，较上年增长 3.44%；2021 全年营业收入达 6.30 亿元，比 2020 年同期增长 10.14%。

（3）员工规模不断扩大。2019 年亿华通员工总数为 548 人，2020 年员工总数达 571 人，2021 年总人数增长为 812 人，较 2020 年增长 42.21%，公司人员需求随着业务需要不断扩大。2020 年研发人员数量为 202 人，2021 年研发人员的数量达 255 人，较 2020 年增长 26.24%。

2. 创新能力较为突出

亿华通始终坚持“预研一代、开发一代、推广一代”的研发理念，具体围绕燃料电池系统的环境适应性、耐久性、可靠性、能量转换效率、经济性及安全性等核心技术指标开展研发活动。较高的研发强度展现出亿华通坚持以技术研发驱动发展的战略决心。研发人员拥有的发明专利数为 248 件，在“氢能源”赛道中遥遥领先，可见亿华通重视发明专利的布局。

3. 运营能力有待加强

（1）公司治理体系逐步完善。亿华通董事会下设战略委员会、审计委员会、提名委员会、薪酬与考核委员会四个专门委员会，为董事会的重大决策提供咨询、建议，以保证议事、决策的专业化和高效化。此外，公司已建立股东大会、董事会、监事会和管理层的运行机制，独立董事和董事会秘书能够有效增强董事会决策的公正性和合理性，公司治理架构逐步完善。

（2）积极完善人才队伍建设。亿华通重视人才队伍的建设，为未来快速发展积累了较为充足的人才储备。此外，亿华通建立了院士工作站、工程技术中心和社会实践基地等研发创新平台，引进燃料电池领域内的研发、技术和生产人才。

后　记

本书源于武汉科技大学管理学院创新管理研究团队与《经济观察报》合作发起的“值得信赖”中国汽车新供应链企业竞争力研究。通过近距离观察和了解中国汽车新供应链，科学定量评价值得信赖的汽车企业与产品，洞见即将发生的汽车行业未来趋势，为汽车企业制定竞争策略提供科学依据，以期更好地助推中国汽车产业成长。

本文的编写和出版得到了多方帮助。感谢《经济观察报》提供的调研机会，感谢为本研究提供评价指标咨询的专家：中国汽车工业咨询委员会主任安庆衡、中国汽车技术研究中心有限公司首席专家黄永和、中国汽车工业协会副秘书长师建华、清华大学陈劲教授、浙江大学特聘领导力讲师赵英著、上汽红岩汽车有限公司品牌公关部总监蒋建华，感谢参与和研讨的汽车供应链企业，同时感谢参与此次编写的武汉科技大学管理学院刘海兵教授、王旭老师、曾妍琪老师，以及参与数据收集及分析的武汉科技大学学生陈博桢、付嘉其、李雯、蔡淑美琳、周杞贞、刘梦浛、夏长衎、阮微、丁芳、王璇，浙江大学学生刘雨菲，香港中文大学学生许书馨。在此，对他们表示由衷的谢意！

由于编者水平有限、编写时间仓促，有疏漏之处敬请广大同仁和读者给予批评指正。

黄天蔚

2024 年 10 月